Ungewollter Sex in der Beziehung

Sven Grüttefien

Ungewollter Sex in der Beziehung

Wenn ein Partner beharrlich nach Sex verlangt
und der andere notgedrungen zustimmt

Bibliografische Information der Deutschen Nationalbibliothek:
Die Deutsche Nationalbibliothek verzeichnet diese Publikation in der
Deutschen Nationalbibliografie; detaillierte bibliografische Daten sind
im Internet über dnb.dnb.de abrufbar.

Umschlagdesign, Satz und Verlag: BoD · Books on Demand GmbH,
In de Tarpen 42, 22848 Norderstedt, bod@bod.de

Druck: Libri Plureos GmbH, Friedensallee 273, 22763 Hamburg

ISBN:978-3-7597-8324-0

Inhalt

1.   Was ist ungewollter Sex?

Hast du schon einmal Sex mit deinem Partner gehabt, obwohl du ihn in diesem Moment gar nicht wolltest? Hast du schon einmal deinem Partner zuliebe mit ihm geschlafen, obwohl du selbst gar nicht in der Stimmung warst? Wenn sich dir dein Partner zärtlich angenähert hat, hast du dann schon manches Mal innerlich gehofft, es werde dieses Mal nicht zum Sex kommen? Und wenn es doch passiert ist: Hast du dir dann gewünscht, der Sex wäre schnell vorbei?

Sicherlich hat jeder schon einmal die Situation erlebt, dass der Partner nach sexueller Nähe sucht, obwohl man im Moment nicht dazu aufgelegt ist. Der Partner schmiegt sich an, streichelt den Arm, küsst zärtlich die Wange, flüstert kosende Worte und wirft verliebte Blicke zu – aber man ist einfach nicht in der Stimmung. Das kann in einer Beziehung passieren, schließlich tritt sexuelle Lust nicht immer zeitgleich bei beiden Partnern auf. Unangenehm wird es aber, wenn der Partner die Unlust des anderen in dessen Worten oder nonverbalen Signalen nicht wahrnimmt, sie einfach ignoriert oder falsch interpretiert. Wenn er seine zärtlichen Annäherungsversuche einfach fortsetzt und nicht damit aufhört, wenn er drängt und den anderen beharrlich zum Sex zu überreden versucht, kommt dieser in eine ziemlich prekäre Lage: Er muss seinem Partner erklären, dass er keinen Sex will, ohne ihm damit zu verstehen zu geben, dass er ihn nicht mehr liebt. Es ist ein Dilemma, das nicht selten mit Ausflüchten zu umgehen versucht wird.

Es ist eine höchst undankbare Aufgabe, dem Partner begreiflich machen zu müssen, dass man nicht auf dessen sexuelle Wünsche eingehen will, während dieser nicht lockerlässt und sich immer weiter körperlich aufdrängt. Den Spagat zwischen Höflich-bleiben-Wollen und Deutlich-werden-Müssen meistern viele nicht und lavieren dann zwischen vagen Andeutungen, halbherzigen Einwänden und erkennbaren Ausflüchten hin und her – immer in der Hoffnung, der drängende Partner möge doch endlich von selbst dahinterkommen, dass der Zeitpunkt ungünstig gewählt ist, um ihm durch eine direkt ausgesprochene Ablehnung eine Enttäuschung zu ersparen. Betroffene verharren auf diese Weise in einem Zwiespalt und beschäftigen sich innerlich verzweifelt mit der Frage: Merkt er es selbst, dass es heute nichts wird? Muss ich noch deutlicher werden? Oder gebe ich doch nach, damit endlich Ruhe ist?

Die Tür zum sexuellen Vergnügen, die durch die Unentschlossenheit, den Zweifel und das Zögern des bedrängten Partners offen bleibt, stößt der drängende Partner mit seinem unnachgiebigen Willen auf, um sich hindurchzuzwängen. Der Ausgang dieses Interessenkonflikts ist jedes Mal offen: Mal gibt der Betroffene dem Druck nach und lässt sich zum Sex überreden und mal zieht sich der drängende Partner zurück. In diesem Ringen zwischen Wollen und Nichtwollen ist nicht immer eindeutig auszumachen, ob es sich bei dem notorischen Anbändeln schon um ein grenzüberschreitendes Verhalten des drängenden Partners handelt oder der unentschlossene Partner einfach nur einen »kleinen Schups« benötigt, um sich der Verlockung hinzugeben.

Um ungewollten Sex handelt es sich, wenn ein Partner den anhand von Worten oder nonverbalen Zeichen geäußerten Unwillen seines Partners nicht erkennt oder dessen Grenze nicht zu akzeptieren bereit ist, beharrlich auf ihn einredet und ihn zu manipulieren versucht oder sich bereits an ihm vergreift – und zwar so lange, bis dieser endlich dem Sex zustimmt, obwohl er gar nicht möchte und sich nur deswegen darauf einlässt, um Nachteile durch eine Verweigerung für sich abzuwenden. Diese Art von Sex findet zwar scheinbar einvernehmlich statt, ist aber in Wirklichkeit nicht gewollt.

Das leidige Dauerverhandeln um Sex ist auf unbewusste defizitäre Eigenschaften beider Partner zurückzuführen, die den Konflikt aufrechterhalten: Dem drängenden Partner mangelt es an Einfühlungsvermögen und Selbstbeherrschung, um Rücksicht auf den anderen zu nehmen, dem unwilligen Partner hingegen an Selbstachtung und Mut, um für sich einzustehen und die eigenen Grenzen zu markieren. Beide befinden sich in einem Spannungsfeld zwischen ein eindeutiges Ja nicht abwarten und ein klares Nein nicht aussprechen können. Der eine hört nicht auf, Druck auszuüben, und der andere lässt sich die Belästigung zu lange gefallen. Dabei entsteht ein Kräfteverschleiß, bei dem einer irgendwann aufgibt.

Gibt der bedrängte Partner nach und lässt er sich am Ende auf Sex mit dem drängenden Partner ein, kommt er nicht auf die Idee, dessen Verhalten als rücksichtslos, geschweige denn als übergriffig zu bezeichnen, denn schließlich hat er ja zugestimmt – wenn auch nicht gerade mit Begeisterung. Die Grenze zwischen freiwilligem, einvernehmlichem Sex und Nötigung ist in diesem Fall nicht immer leicht zu ziehen. Kann man von einvernehmlichem Sex sprechen, wenn man vom Partner unter Druck gesetzt wird und letzten Endes nur zustimmt, um die Drangsalierung zu beenden oder den möglichen Konsequenzen einer Verweigerung aus dem Weg zu gehen? Oder ist es keine Nötigung, wenn der Sex zwar einvernehmlich, aber ohne jegliche Lust eingegangen wird? Nicht immer haben wir Lust auf bestimmte Dinge, stimmen ihnen aber dennoch aus Pflicht oder Anstand des lieben Friedens willen zu. Wir tun es zwar, fühlen uns deswegen aber nicht genötigt. Wann geht es also nur darum, den inneren Schweinehund zu überwinden? Und wann lässt der äußere Schweinehund nicht mehr locker und wendet Zwang an?

Oft verschwimmt im Alltag einer Beziehung die Grenze zwischen Lust und Last: Man tut etwas, was man in diesem Moment gar nicht möchte, weil man sich verpflichtet fühlt oder Angst vor den Folgen hat, wenn man es unterlässt. Der Frage, ob man es auch gerne tut oder vielleicht sogar gegen die eigene Überzeugung, wird dann nicht weiter nachgegangen. Man willigt ein und meint, es sei schon richtig so – oder eben unumgänglich. Viele denken, es gehöre nun einmal zu einer Beziehung, mit seinem Partner zu schlafen, und man enttäusche diesen, wenn man ihm den Beischlaf verwehrt. Man will ein guter Partner sein, die Liebe nicht in Frage stellen und den Frieden in der Beziehung nicht unnötig gefährden. So passiert es dann, dass man etwas tut, das man eigentlich gar nicht will, sich hinterher schlecht fühlt und schämt oder sich beschönigende Begründungen einfallen lässt, um sich den Selbstverrat nicht eingestehen zu müssen.

Auf der anderen Seite ist dem Drängenden oft gar nicht bewusst, dass er eine Grenze überschreitet, wenn ihm diese von seinem Partner nicht klar und unmissverständlich aufgezeigt wird. Er empfindet sein Verhalten ganz und gar nicht als nötigend, sondern empört sich vielmehr darüber, dass sich sein Partner anscheinend mit plumpen Ausreden vor dem Sex drücken will oder dabei irgendwie lustlos wirkt. Es ist ihm überhaupt nicht klar, warum sich sein Partner so reserviert verhält, und bringt dessen Widerwillen keineswegs mit seiner Aufdringlichkeit in Verbindung. Er merkt nur, dass er sich jedes Mal den Mund fusselig reden und ungewöhnlich viel Zeit und Mühe investieren muss, bis der verstockte Partner endlich zustimmt. Da es am Anfang der Beziehung deutlich leichter war, den Partner zum Sex zu motivieren, gibt er nun dessen vermeintliche Verschlossenheit und Trägheit die Schuld, statt darüber nachzudenken, ob er sich vielleicht mit seiner zudringlichen Art gegenüber dem Partner falsch verhält.

Fraglich dürfte sein, ob der drängende Partner überhaupt wahrnimmt, wenn seine Lustgefühle eine bestimmte Schwelle überschreiten, er die Kontrolle über seine Geschlechtsimpulse verliert und kurz davor ist, den Partner zum Triebabbau zu missbrauchen. Ist er sich in diesem Moment bewusst, was mit ihm geschieht und was er anzurichten vorhat? Manchmal kann die Begierde so stark ansteigen, dass das eigene Bedürfnis alles andere überlagert und die Grenze des Partners nicht mehr mit dem notwendigen Feingefühl wahrgenommen oder schlicht nicht toleriert wird. Die Triebimpulse können nicht mehr beherrscht werden und in der Folge wird durch ein zu forsches und regelrecht unverschämtes Annähern Vertrauen leichtfertig verspielt.

Andererseits stellt sich die Frage: Warum wird eigentlich auf das Begehren des Partners eingegangen, wenn man doch gar keinen Sex will? Welche Motive oder Ängste schwingen im Hintergrund mit, die eine Einwilligung unvermeidlich zu machen scheinen? Inwieweit wird die Entscheidung eines unter Druck gesetzten Partners durch belastende Gefühle oder moralische Gebote so beeinflusst, dass er darüber das Gespür sowohl für das nötigende Verhalten seines Partners als auch für seine persönliche Grenze verliert? Was hindert ihn daran, Nein zu sagen? Der Mangel an Willen zur Abgrenzung auf der einen Seite und der Unwille zur Anerkennung eines entgegengesetzten Willens auf der anderen Seite lassen die Grenzen verschwimmen. Die Frage, warum der drängende Partner die Grenze des anderen trotz dessen Äußerungen oder Verzögerungstaktik nicht erkennt und warum der andere seinen Körper hergibt, obwohl er es gar nicht will, soll in diesem Buch näher untersucht werden.

Worum geht es in diesem Buch?

Die wenigsten Betroffenen sind sich bewusst, dass sie in ihrer Beziehung zum Opfer sexueller Ausbeutung werden, wenn sie Sex zustimmen und ihn ertragen, obwohl sie ihn nicht wollen und auch nicht entsprechend erregt sind. Um das zu bekommen, was er sich wünscht, übt ihr Partner sexuellen Druck auf sie aus, geht über ihre Bedürfnisse hinweg und verletzt ihre persönliche Grenze. Dies mag sich zunächst gar nicht so anfühlen, weil der Partner sich liebevoll annähert und den anderen mit Charme und Einfallsreichtum zu überzeugen versucht. Doch die zunehmende Hartnäckigkeit und Intoleranz bei entsprechendem Widerstand verraten das selbstsüchtige Verlangen des Drängenden hinter dessen zärtlichen Avancen. Diese Form von sexueller Belästigung – die nur zu oft von Betroffenen und Tätern gleichermaßen verharmlost wird und deswegen unerkannt bleibt – muss durchaus als sexuelle Gewalt bezeichnet werden. Da sexuelle Gewalt aber in der Regel mit einer Vergewaltigung assoziiert wird, bei der dem Opfer körperliche Gewalt angetan wird und dieses sich ganz offensichtlich dagegen wehrt, fällt sexuelle Belästigung bestenfalls in die Rubrik »Lümmelhaftes Benehmen«. Sexuelle Gewalt fängt aber schon viel früher an: mit sexuellem Druck und Einschüchterung, mit Respektlosigkeit und Grenzverletzungen, Manipulation und Instrumentalisierung.

Partner in Beziehungen – vor allem Frauen – haben mit dieser oft unerkannten Form der sexuellen Aggressivität im Alltag zu kämpfen. Oft sprechen Betroffene nicht über die sexuelle Zudringlichkeit ihres Partners: Entweder schämen sie sich oder empfinden das Verhalten ihres Partners nicht als grenzüberschreitend oder gar als gewalttätig. Das Thema, vom Partner zum Sex gedrängt zu werden, wird tabuisiert und vor anderen verschwiegen. Gerade Frauen fühlen sich oft verpflichtet, den Mann sexuell zu befriedigen, und merken nicht, wie sie dabei ihre eigenen Grenzen aufgeben und so zum Opfer sexueller Ausbeutung werden, während Männer meist glauben, einen rechtmäßigen Anspruch auf sexuelle Versorgung durch die Frau zu haben. Diese sich gegenseitig bestätigende Haltung führt dazu, dass Sex nicht zur beiderseitigen Freude wird, sondern für den einen zur Strapaze und für den anderen zur Machtdemonstration – mit der Folge, dass die Beziehung auf Dauer darunter leidet.

Was soll aufgezeigt werden?

Zunächst soll das unterschiedliche sexuelle Erleben von Mann und Frau näher beschrieben werden, um darüber Missverständnisse, Wissenslücken und Vorurteile aufzudecken, die dazu führen, dass Erwartungen, Ängste und Grenzen sowie geschlechtsspezifische Präferenzen und Aversionen leicht übersehen oder ignoriert werden. Denn das sexuelle Erleben und die sexuellen Vorlieben von Mann und Frau unterscheiden sich in ganz erheblicher Weise, so dass es leicht zu gegenseitigen Enttäuschungen kommen kann, wenn man die Unterschiede nicht kennt oder sich nicht darauf einstellt. Ein für beide Seiten befriedigendes Geschlechtsleben kann nur zustande kommen, wenn als Grundlage die gegenseitige Akzeptanz der individuellen Sexualität sowie eine partnerschaftliche Abstimmung und Rücksichtnahme vorhanden sind. Werden die eigenen Bedürfnisse über alles gestellt und die Vorstellungen und der Wille des Partners nicht berücksichtigt, kann es in der Folge zu grenzverletzendem Verhalten kommen. Wie sich dann Tendenzen zur Übergriffigkeit in einer Beziehung zeigen und entwickeln und wie sich beide Partner fühlen, wenn ihre sexuellen Bedürfnisse nicht respektiert werden, soll in den folgenden Kapiteln aus der jeweiligen Geschlechterperspektive beschrieben werden:

- Wie geht ein Partner vor und wie nähert er sich an, wenn er Sex will, der andere aber kein Interesse hat?
- Wie reagiert der unwillige Partner auf einen unerwünschten

Annäherungsversuch? Wie fühlt er sich dabei und wie wehrt er sich?

- Wie gelingt es dem drängenden Partner, den unwilligen Partner letzten Endes doch noch »herumzubekommen«?
- Wie übersteht der unwillige Partner den Sex? Was empfindet er im Moment des ungewollten Sex und wie erträgt er diese Zeit?
- Wie erlebt der drängende Partner den Sex mit einem unwilligen Partner? Wie geht er mit der Unlust seines Partners um?
- Wie fühlen sich beide nach dem erzwungenen Sex? Wie geht der genötigte Partner mit dieser Erfahrung um, wie der drängende?
- Wie entwickelt sich der Konflikt im Verlauf der Beziehung, der durch die ständige Nötigung auf der einen Seite und die wiederholte Unwilligkeit auf der anderen Seite entsteht?

So sehr das Drängen zum Sex zu einer zunehmenden Belastung in der Beziehung wird – und zwar für beide Partner, für den Drängenden wie für den Unwilligen gleichermaßen –, so wenig kommt es in den meisten Fällen zu einer Klärung des tieferliegenden Grundkonfliktes. Entweder wird das Grundproblem nicht erkannt oder ein Gespräch aus Angst vor Unannehmlichkeiten und negativen Konsequenzen gemieden. Das Problem wird unter den Teppich gekehrt und in der Folge türmt sich der Frust auf beiden Seiten immer weiter auf. Jeder der Beteiligten findet dann seine eigenen Vorgehensweisen, um mit diesem heiklen Thema umzugehen: Die Reaktionen des unwilligen Partners reichen von der Duldung sexueller Übergriffe und ungewolltem Intimverkehr über perfide Abwehrstrategien bis hin zu subtilen und teilweise gemeinen Bestrafungen, während der drängende Partner aufgrund des Widerstandes oft noch zudringlicher wird oder seinerseits den Partner für die Verweigerung bestraft. Die Folgen aus dem Wechselspiel von Angriff und Verteidigung sind permanente gegenseitige Verletzungen, die das Beziehungsleben belasten und die Liebe zunehmend töten mit dem Ergebnis, dass Sex immer öfter ausbleibt oder unbefriedigend verläuft, wenn er einmal zustande kommt. Dabei wird weder dem drängenden noch dem unwilligen Partner bewusst, welchen Anteil er an dieser Entwicklung trägt. Die Schuld wird einseitig dem anderen zugeschrieben und dort wird auch eine Veränderung erwartet.

Ein Weg aus diesem Dilemma kann nur gefunden werden, wenn sich beide der eigenen Verantwortung stellen, ihre unangemessenen Verhaltens- und Reaktionsmuster erkennen, deren Auswirkung sowohl auf das Sexualleben wie auch auf das gesamte Beziehungsleben akzeptieren und gemeinsam daran arbeiten, den Konflikt zu überwinden. Es gibt Möglichkeiten, wie der sexuelle Trieb kontrolliert werden kann, damit man den Partner nicht zum Sex nötigen muss und leichter eine Abweisung akzeptieren kann. Und es gibt Möglichkeiten, wie man der Zudringlichkeit seines Partners begegnen und ihm verständlich machen kann, dass man derzeit keine Lust auf Sex hat oder sich eine andere Form von Intimität wünscht, ohne ihn damit zu verletzen. Wenn beiden klar wird, wie unvorteilhaft ihr jeweiliger Umgang mit den sexuellen Bedürfnissen ihres Partners ist und wie sehr ein Blockieren, Leugnen und Unterdrücken den Konflikt nur verschärfen, können auch Wege gefunden werden, den Kampf um Sex endlich zu beenden und zu einer friedlichen Beziehung zu gelangen, in der es keinen erzwungenen, sondern stattdessen einen liebevollen Sex gibt.

Anmerkungen zur gewählten Darstellungsform

Die folgenden Beschreibungen und Analysen beziehen sich auf sexuelle Belästigungen in langjährigen Beziehungen. Dies muss hier hervorgehoben werden, weil der Sex zu Beginn einer Beziehung in der Regel von beiden Partnern als lustvoll und begehrenswert erlebt wird und es deshalb in dieser Phase nicht zwangsläufig zu Übergriffigkeiten kommt, weil sich ein Partner verweigert. Im Laufe der Beziehung können sich allerdings das Verlangen, die Bedürfnisse und die Gewohnheiten ändern und der gemeinsame Sex kann im Leben der beiden Verliebten eine neue Bedeutung bekommen. Zusätzliche Aufgaben, Pflichten und Sorgen sowie unterschiedliche Interessen schleichen sich vermehrt in den Alltag und verdrängen die flammende Leidenschaft. Es geht dann nicht mehr nur darum, sich zu lieben, sondern auch zu lernen, miteinander zu leben – was nicht selten aufgrund unterschiedlicher Vorstellungen und Erwartungen zu Frust in der Beziehung führt. An meiner Seite liegt dann plötzlich nicht mehr nur der sexuell attraktive Partner, mit dem das Idealbild einer großartigen Liebe gelebt werden kann, sondern es stellt sich auf einmal heraus, dass dieses Wesen zudem noch Eigenschaften und Verhaltensweisen besitzt, die weniger anziehend sind. Aus dem Traumpartner wird auf einmal ein normaler Mensch mit seinen Schwächen und Defiziten – und die Illusion vom einmaligen, unzerstörbaren Glück muss einem realistischen Bild weichen.

An dieser Stelle zeigt sich, ob eine Beziehung gelingen kann, auch wenn es nicht mehr die ganze Zeit nur um Liebe und Sex geht. Manchen gelingt der Übergang vom Rausch zur Normalität nicht und es kommt sehr schnell zu einer Trennung, sobald das Feuer der Leidenschaft erlischt. Manche wollen aber den eingeschlagenen Weg gemeinsam weitergehen und finden tragfähige Kompromisse für ein Miteinander. Und um diese Kompromisse geht es in diesem Buch – und ganz besonders um den, der die Gestaltung des gemeinsamen Sexlebens betrifft. Wenn sich der Lustfaktor verändert und das Bitten um Sex zu einem Dauerthema in der Beziehung wird, stellen sich essentielle Fragen: Wie bekomme ich Sex, wenn ihn mein Partner nicht zulässt, oder wie verhindere ich Sex, wenn mein Partner nicht aufhört, ihn einzufordern? Dieses Buch soll aufzeigen, wie folgenschwer solche ungeklärten Fragen sein können, wenn die unterschiedlichen sexuellen Vorstellungen und Bedürfnisse eines jeden Partners nicht angemessen berücksichtigt oder einfach übergangen werden.

Des Weiteren muss darauf hingewiesen werden, dass in dieser Abhandlung von einem normalen Interesse an sexueller Betätigung sowie der uneingeschränkten sexuellen Funktionstüchtigkeit beider Partner ausgegangen wird. Das Versagen genitaler Reaktionen wie die Erektionsstörung beim Mann oder die mangelnde vaginale Lubrikation bei der Frau, das Auftreten von Funktionsstörungen wie eine mangelnde Kontrolle der Ejakulation beim Mann oder der Vaginismus bei der Frau, wiederkehrende Schmerzen beim Geschlechtsverkehr oder ein Mangel an sexuellem Verlangen wie auch ein gesteigertes stellen zum Teil unüberwindbare Erschwernisse dar, die verhindern, dass beide Partner den Sex als befriedigend erleben können. In diesen Fällen beruhen die geringe Lust an sexueller Betätigung und die Abweisung des Partners oder die fehlende Rücksichtnahme auf dessen Bedürfnisse und Vorlieben nicht auf mangelndem Wollen, sondern auf organischen oder psychogenen Störungen. Diese Problematik muss an anderer Stelle behandelt werden und ist nicht Thema dieses Buches.

Weil Drängen und Zwingen-Wollen mit einer maskulinen Energie einhergehen und Männer eher dazu neigen, die Grenzen der Frau zu überschreiten, als dies umgekehrt der Fall ist – was in den nachfolgenden Erläuterungen über die geschlechtsspezifischen Unterschiede noch herausgearbeitet werden wird –, soll in diesem Buch aus Gründen der Anschaulichkeit die typische Rollenverteilung zwischen Mann und Frau beschrieben werden. Dabei soll es allerdings nicht darum gehen, einseitig Männer für ihren zudringlichen Charakter zu verurteilen und Frauen von jeglicher Schuld zu entlasten. Auch Frauen können starken Druck ausüben und Männer zum Sex nötigen. Es soll in den Beschreibungen vornehmlich darum gehen, ein bestimmtes wiederkehrendes und den Intimverkehr beeinträchtigendes Muster aufzudecken, das sowohl von dem einen wie auch von dem anderen Geschlecht – oder auch in homosexuellen Beziehungen – Anwendung findet. Zuweilen können die Rollen in einer Beziehung auch situativ oder phasenweise wechseln: Der bedrängte Partner verwandelt sich zum Drängenden oder der drängende Partner wird plötzlich zum Genötigten. Es geht nicht um die Bewertung und Verurteilung der Geschlechter, sondern um das individuelle sexuelle Werbungsverhalten in einer Partnerschaft sowie um die Folgen, wenn dieses aggressiv und rücksichtslos ausgelebt wird.

Der Glaubwürdigkeit meiner Darstellungen geschuldet möchte ich an dieser Stelle noch anmerken, dass die beschriebenen Verhaltensmuster und nachfolgenden Erklärungen keinen Anspruch auf wissenschaftliche Genauigkeit erheben. Meine Abhandlung gründet sich nicht auf systematische Feldstudien, sondern beruht auf den subjektiven Erfahrungen und Berichten unzähliger Klienten, die ich beraten und in ihrem Prozess der Konfliktbewältigung und Persönlichkeitsentwicklung begleiten durfte. Dabei spiegelt der beschriebene Konflikt im Sexualleben den Grundkonflikt der Beziehung wider, weshalb ich einen detaillierten Einblick in ein Thema erhielt, das zunächst von den meisten Betroffenen gar nicht zu problematisieren beabsichtigt war und mehr oder weniger nebenbei erwähnt wurde, um damit lediglich die mangelnde Rücksichtnahme, die ihnen im täglichen Miteinander mit ihrem Partner begegnete, zu unterstreichen. Weil sich aber die unbefriedigenden Erlebnisse im sexuellen Bereich vieler Betroffenen so sehr ähnelten, habe ich mich diesem Thema intensiver gewidmet und ihm mit diesem Buch einen besonderen Schwerpunkt verliehen.

2. Unterschiedliches sexuelles Erleben von Mann und Frau

Bevor sexuell übergriffiges Verhalten in seinen Erscheinungsformen und Auswirkungen näher beschrieben wird, sollen zunächst die Unterschiede im sexuellen Erleben von Männern und Frauen dargestellt werden, um daraus eine nachvollziehbare Erklärung abzuleiten, warum es in Paarbeziehungen leicht zu Grenzüberschreitungen und mangelnder Rücksichtnahme auf die sexuellen Wünsche und Bedürfnisse des Partners kommen kann. Dabei geht es nicht um eine vollständige anatomische, physiologische Erklärung der sexuellen Vorgänge im Körper von Mann und Frau, sondern in erster Linie um das körperliche und emotionale Erleben beim Sex. Die unterschiedlichen Gefühle, Empfindungen und Gedanken beider Geschlechter während des Intimverkehrs sollen erläutert werden, um das Konfliktpotential zu verdeutlichen.

Männer und Frauen präferieren unterschiedliche sexuelle Vorgehensweisen und Praktiken und fühlen sich auf unterschiedliche Weise erregt. Dies stellt an sich kein Problem dar – liegt doch die Magie von Sex darin, den Partner in seiner Individualität zu erfahren und sich von ihr begeistern zu lassen. Es wird allerdings zu einem Problem, wenn die unterschiedlichen Bedürfnisse und zum Teil völlig konträren Vorstellungen hinsichtlich sexueller Freuden ignoriert werden und sowohl der Mann als auch die Frau stillschweigend davon ausgeht, dass der Partner entweder dieselben Vorlieben hat und dasselbe fühlt oder dem anderen schon gefallen wird, was man an sexueller Fertigkeit anzubieten hat. Die eigenen Wünsche und Vorstellungen von Sex werden nicht hinlänglich mit den Wünschen und Vorstellungen des anderen abgeglichen. Viel zu oft geben sich Mann und Frau zu wenig Mühe, herauszubekommen, was der andere wirklich möchte und ihm gefällt. Teilweise mangelt es auch an Wissen in Bezug auf die Sexualität des anderen Geschlechts, weshalb blind am Körper des anderen herumexperimentiert wird. Da aber ein offenes Gespräch über die eigene Sexualität und die eigenen Fantasien wie auch über diejenigen des Partners Schamgefühle auslösen könnten, werden Wissenslücken durch Mythen ersetzt, die im Laufe der Zeit entstanden sind und an denen man sich unkritisch orientiert. Dies führt dazu, dass entweder die eigenen Wünsche nicht klar artikuliert oder signalisiert werden oder dass unreflektiert Forderungen gestellt werden, die vom Partner erfüllt werden sollen, ohne vorher dessen Bereitwilligkeit geprüft zu haben.

Die Folgen sind grundlegende Missverständnisse zwischen Mann und Frau, die zu unbefriedigendem Sex führen und das Bild vermitteln vom Mann, der immer Lust hat, und von der Frau, die immer passiv sein und den Mann gewähren lassen muss. Hinzu kommt noch die irrige Annahme, dass Mann und Frau Sex ähnlich erleben. Wird dieses Bild zur Leitidee, wundert es nicht, wenn Männer meinen, die Initiative ergreifen zu müssen, um die Frau zum Sex zu bewegen, und dabei nicht selten die Grenze des Anstands überschreiten – sei es, weil sie es selbst nicht merken oder weil die Frau ihre Grenze nicht deutlich markiert oder nicht so genau kennt. Aufgrund eines mangelnden Gefühls für die Grenze des anderen oder der Scheu, die eigene Grenze klar zu benennen und zu verteidigen, schleichen sich dann Formen der Übergriffigkeit in sexuelle Annäherungsversuche ein, die fatalerweise oft gar nicht als solche erkannt und daher auch nicht thematisiert werden.

Sexualität wird von jedem Menschen anders erlebt und ausgedrückt

Das altbekannte Klischee, dass Männer immer wollen und können und Frauen langsamer in Fahrt kommen und seltener das Bedürfnis nach Sex haben, trifft sicher nicht auf jeden Mann und auch nicht auf jede Frau zu. Auch wenn Männer in sexueller Hinsicht tendenziell initiativer und Frauen zurückhaltender sind, muss man doch unabhängig vom Geschlecht die Veranlagung und Stimmung der jeweiligen Person und die Situation, in der sie sich gerade befindet, berücksichtigen. Eine Person kann in einem Moment noch kein Bedürfnis nach Sex haben und wenig später kann es unerwartet stark in ihr erwachen. Ein und dieselbe Person kann das eine Mal ihren Wunsch nach Sex höflich vorbringen und es dem Partner überlassen, ob er darauf eingeht oder nicht, und ein anderes Mal wild und stürmisch werden und es kaum abwarten können, bis der Partner auch endlich bereit ist. Es gibt kein einheitliches und allgemeingültiges Verhaltensmuster – weder bei Männern noch bei Frauen –, nach dem sie ihr sexuelles Bedürfnis äußern und einfordern. Die Art kann von Mal zu Mal variieren, da jeder Mensch seine Sexualität zu jedem Zeitpunkt anders erlebt und ausdrückt. Dennoch sind typische geschlechtsspezifische Reaktions- und Erlebnisweisen zu beobachten, die zur besseren Darlegung der Grundproblematik, die in diesem Buch behandelt werden soll, herangezogen und im Folgenden näher beschrieben werden sollen – im Wissen, dass es mannigfache Abweichungen davon geben kann.

2.1 Das sexuelle Erleben der Frau

Das sexuelle Erleben der Frau – und auch später dasjenige des Mannes – soll anhand der vier Phasen des sexuellen Reaktionszyklus erklärt werden, der von den amerikanischen Sexualforschern William Masters und Virginia Johnson im Jahr 1966 ausgearbeitet wurde[1]: Erregungsphase, Plateauphase, Orgasmus und Entspannungsphase. Diese Phasen dienen der besseren Einordnung, können aber sowohl geschlechtsspezifisch als auch individuell abweichen und sehr unterschiedlich erlebt werden. Da sexuelles Erleben von einer komplexen Wechselwirkung vieler Faktoren abhängt, kann es sein, dass sich nicht jeder in diesem Schema wiederfindet.

Erregungsphase
Die Frau mag sinnliche Berührungen wie Küssen, Umarmen, Streicheln und Liebkosen. Sie mag es, wenn körperliche Nähe hergestellt wird und darüber das Gefühl von Zuneigung und Verbundenheit entsteht. Dieses Gefühl intensiviert sich für die Frau, wenn ihr

---

[1] Wikipedia, Sexueller Reaktionszyklus, Okt. 2022, https://de.wikipedia.org/wiki/Sexueller_Reaktionszyklus

Partner sich ihr öffnet und vertrauensvoll mit ihr spricht, ihr dabei liebevoll in die Augen sieht und ihre Hand zärtlich in seiner hält. In einem derart intimen Augenblick genießt sie die Nähe und Innigkeit. In einer solchen Atmosphäre kann sich sexuelle Erregung aufbauen – muss es aber nicht. Bei einer Frau löst emotionale und körperliche Nähe nicht automatisch auch ein sexuelles Verlangen aus. Daher kann es leicht passieren, dass der Mann meint, sich schon im Stadium des sexuellen Vorspiels zu befinden, während die Frau derartige Absichten noch gar nicht hegt.

Entsteht nach einer Weile des vertrauensvollen und zärtlichen Beisammenseins bei der Frau ein sexuelles Interesse, kann ihre Erregung durch eine Stimulation der erogenen Zonen anwachsen: Zartes Berühren, Küssen und Streicheln von Hals und Nacken, Ohr und Ohrläppchen, Stirn und Wange, Finger und Handgelenken, Brüsten und Bauchdecke, Po und Schenkel. Auch scheinbar unwichtige Areale wie z. B. die Achselhöhlen oder Kniekehlen, die jedoch reich an sensiblen Nerven sind, können die Durchblutung der Geschlechtsorgane der Frau anregen und ihre Lust steigern. Diese zarten und vor allem über den ganzen Körper verteilten Berührungen führen dazu, dass die Vagina feucht wird und die Schamlippen und Klitoris anschwellen – vor allem, wenn die sinnliche Verwöhnung zusätzlich noch mit verbalen Liebkosungen des Partners einhergeht. Sind die Küsse zu grob und gierig, wiederholt sich das Streicheln oder Kitzeln auf stereotype Weise an immer denselben Stellen, so dass es sich eher wie ein Scheuern anfühlt, will der Mann zu früh zur Penetration übergehen oder macht er unsensible Bemerkungen, kann die Erregung der Frau unverhofft schnell wieder abflauen.

Die zunehmende Erregung der Frau kann sich darin äußern, dass ihre Küsse intensiver und leidenschaftlicher werden, dass sie sich mehr und mehr an den Körper des Partners schmiegt, seine erogenen Zonen häufiger berührt und dass sich ihr Puls und ihre Atemfrequenz erhöhen. Berührt der Mann dann mit seinen Lippen, Fingern oder seiner Zunge die Schamlippen, Klitoris oder den Eingang der Vagina und übt er über sanftes Massieren oder Streicheln leichten Druck auf diesen hochempfindsamen Bereich aus, kann die Lust der Frau erheblich anwachsen. Allerdings gibt es kein verbindliches Schema oder Erfolgsrezept, wie eine Frau am besten zu erregen und zum Sex zu bewegen ist. Vieles kann eine Frau erregen, vieles auch nicht – der Mann muss das selbst herausfinden. Nicht jede Frau hat die gleichen erogenen Stellen und ein und dieselbe Frau kann sich beim nächsten Mal auf ganze andere Weise erregt fühlen. Es gibt keine Garantie dafür, dass sie immer wieder mit einer bestimmten Methode erregt wird. Nicht zuletzt trägt auch der Zyklus der Frau dazu bei, dass ihr sexuelles Verlangen schwankt: In der Phase des Eisprungs ist das Verlangen für gewöhnlich höher – eben dann, wenn sie am fruchtbarsten ist –, danach nimmt es wieder ab. Allerdings wird jede Frau von ihrem monatlichen Zyklus auf völlig unterschiedliche Weise beeinflusst, so dass auch hieraus keine generelle Voraussage abgeleitet werden kann.

Bei der Frau führt vor allem eine vielfältige und abwechslungsreiche Stimulierung zu einer starken Erregung und sie braucht in der Regel länger als der Mann, bis sie auf Sex eingestimmt ist. Dabei spürt die Frau die ansteigende Erregung im ganzen Körper und nicht nur im Genitalbereich. Es breitet sich eine prickelnde Wärme aus und in der Klitoriszone entsteht ein leichtes Brennen, das sich über den gesamten Vaginalbereich erstreckt, verbunden mit einem gesteigerten Verlangen nach Berührungen – vor allem an den Brüsten, dem Po und der Vagina.

Plateauphase

Die meisten Frauen mögen das Liebkosen während des Vorspiels so sehr, dass sie am liebsten gar nicht mehr damit aufhören möchten. Manchen reicht es sogar, um allein darüber einen Orgasmus zu erfahren – wenn sie nur unaufhörlich stimuliert und auf gleichbleibend zärtliche wie liebevolle Weise behandelt werden. In der Regel sind Frauen nicht so orgasmusfixiert wie der Mann, sondern schätzen das Vorspiel allein um seines selbst willen. Statt gleich zum Geschlechtsverkehr überzugehen, würden die meisten Frauen gerne viel länger in dem Gefühl der Erregung verweilen. Sie wünschen sich, dass erotische Spiele mehr aus sinnlichen Berührungen bestehen und weniger – und vor allem nicht so schnell – genital bezogen sind. Für sie ist die Erregung das Schönste am Sex und sie wollen den Orgasmus – sowohl den eigenen wie auch den des Mannes – am liebsten bis in alle Ewigkeit hinauszögern. Wenn sie die Erregung nur lange genug auskosten können, fühlt es sich für sie fast schon so an, als hätten sie einen Orgasmus. Gar nicht so selten kommt es sogar vor, dass Frauen sofort das Interesse verlieren, sobald nach dem leidenschaftlichen Küssen und sinnlichem Streicheln auf einmal der genitale Verkehr einsetzt. Im Vordergrund stehen für sie die erotische Nähe zum Partner und die Spannung, die sich durch das Verzögern des Geschlechtsverkehrs zunehmend aufbaut. Sie liebt diesen verheißungsvollen Schwebezustand – die Phase zwischen Luststeigerung und dem Widerstehen eines Orgasmus. Daher können Frauen auch ohne Orgasmus auskommen, wenn denn das Vorspiel ganz nach ihrem Geschmack ist. Fällt dieses bedauernswert kurz aus oder findet es gar nicht erst statt, fällt es einer Frau schwerer, während des Geschlechtsverkehrs einen Orgasmus zu erreichen – nicht selten mit der Folge, sich um die Freuden des Sex betrogen zu fühlen.

Erreicht der Mann zu schnell seinen Höhepunkt, ist die Frau häufig frustriert, weil sie die Erregungsphase nicht voll auskosten konnte oder kurz vor dem eigenen Orgasmus abbrechen muss, weil für den Mann der Sex vorbei ist. Sie fühlt sich dann enttäuscht, häufig sogar missbraucht. Oft wird sie auch wütend und fordert sogar, dass der Mann weitermachen soll, obwohl er es aus physiologischen Gründen nicht mehr kann. Dieses Gefühl, immer hintanstehen zu müssen, ist für sie unerträglich – es demütigt sie. Wiederholt sich der »orgastische Kurzschluss« des Mannes zu oft, neigen Frauen irgendwann dazu, beim Sex abzuschalten, nichts mehr zu erwarten, den Akt einfach über sich ergehen zu lassen und abzustumpfen. Sie resignieren ob der Tatsache, dass der Mann seine Ejakulation nicht steuern kann, und erwarten nicht mehr, dass ihr Partner ihnen ein schönes sexuelles Erlebnis bereitet.

Frauen mögen es nicht sonderlich, wenn sich der Mann an ihnen vergreift, sein Programm abspult und sie ihm mehr oder weniger dabei zusehen müssen, ohne selbst etwas machen und sich an den Sexspielen beteiligen zu dürfen. Der Zauber des Gleichklangs geht auf diese Weise für sie verloren. Frauen wollen Sex zu einem gemeinsamen Erlebnis machen und hassen es, wenn der Mann nur schnell seinen Orgasmus erleben will.

Nicht jede Stellung, die der Mann beim Geschlechtsverkehr anbietet oder fordert, ist ein Genuss für die Frau. Die gewöhnliche Missionarsstellung gilt bei Frauen häufig noch als eine der beliebtesten, weil in dieser Stellung der Augenkontakt hergestellt werden kann und besonders intensiv wirkt. Auch die Liebkosung ist intensiver. Beim Sex geht es der Frau weniger um den rein mechanischen Vorgang, der zur höchsten Erregung führen und den Körper in Ekstase versetzen soll, als vielmehr um das sinnliche Erlebnis – die Erfahrung, mit einem anderen Menschen eins zu werden, ihn bei sich zu haben, ihn in sich zu haben und ihn bei allem, was er erlebt, zu spüren und zu halten.

Jede Frau hat andere sexuelle Vorlieben und nicht jede Frau empfindet und agiert in der hier beschriebenen Weise. Es gibt es auch Frauen, die in ihrem Verhalten und Erleben davon abweichen. So kann eine Frau durchaus Gefallen an einem schnellen oder gar groben Akt finden, wenn sie sich dabei geliebt und respektiert fühlt und sich aktiv in das Geschehen einbringen kann. Erlebt sie egoistischen Sex – egal ob lang oder kurz, schnell oder bedächtig, hart oder weich –, ohne dass auf ihre Bedürfnisse Rücksicht genommen wird, dann verachtet sie ihren Partner für dessen Gefühllosigkeit. Das sexuelle Erlebnis mit diesem Mann wird ihr kaum in guter Erinnerung bleiben.

Orgasmus

Es ist nicht richtig – wie oft behauptet wird –, dass der Orgasmus für die Frau nicht wichtig wäre. Sie ist vielleicht nicht so orgasmusgetrieben wie der Mann und kann den Sex auch als schön empfinden, wenn er nicht mit einem grandiosen Abschluss endet. Sie würde ihn aber schon gerne erleben – und sich nicht nur für den Mann freuen oder sogar neidisch auf ihn sein, wenn er ihn erlebt.

Vielmehr ist es so, dass Frauen häufig unter dem Druck stehen, einen Orgasmus haben zu müssen, um der Erwartung des Mannes gerecht zu werden und dessen Wunschbild von einem erfahrenen und unwiderstehlichen Liebhaber zu bestätigen. Sie haben oft das Gefühl, für den Mann eine Rolle spielen zu müssen, für ihn zu »funktionieren«, damit er nicht unzufrieden mit ihnen ist und daraufhin die Beziehung als Ganzes in Frage zu stellen beginnt. Daher verschweigen manche Frauen dem Mann auch lieber, dass sie keinen Orgasmus hatten, um ihm nicht das Gefühl zu geben, versagt zu haben. Dieser Druck hindert sie allerdings daran, den Sex genießen zu können, sich frei und hingebungsvoll auf den Geschlechtsverkehr einlassen zu können und somit überhaupt erst die Voraussetzung für einen eigenen Orgasmus zu schaffen. Fordern sie hingegen ihr Recht auf einen Orgasmus aktiv ein und verlangen sie, dass der Mann sich zurückhält und sich auf ihre Bedürfnisse einstellt, empfindet dies der Mann oft als Zurechtweisung. Er gerät dann seinerseits unter Druck und kann sich ebenfalls nicht mehr frei dem sexuellen Spiel hingeben. So kann der Wunsch nach einem Orgasmus zwar bei beiden vorhanden sein, aber unter dem Druck der Notwendigkeit scheitern.

Im Allgemeinen ist es für die Frau schwieriger, zum Orgasmus zu gelangen, als für den Mann. Daher würde es ihr leichter fallen, einen Orgasmus zu bekommen, wenn der Mann dem Vorspiel eine höhere Bedeutung beimessen würde. Auf der anderen Seite ist der Orgasmus der Frau meist sehr viel intensiver und hält auch länger an als beim Mann. Die meisten Frauen erreichen ihn durch die Stimulierung der Klitoris, allerdings befindet sich diese etwa sechs Zentimeter von der Vagina entfernt. Dies bedeutet, dass die Klitoris während der Penetration überhaupt nicht vom Penis des Mannes berührt wird und es daher für die Frau schwierig ist, auf diese Weise einen Orgasmus zu erreichen. Unter diesen Umständen kann es durchaus mühsam sein, den richtigen Reibungspunkt zu finden, vor allem, wenn sich beide nicht sicher sind, wo er sich genau befindet oder einer dafür eine unbequeme Stellung einnehmen muss. Allerdings kann durch die Druckausübung des Mannes beim Gleiten des Penis in der Vagina der sogenannte G-Punkt der Frau stimuliert werden. Meist ist es aber genauso schwer, diesen magischen Punkt zu finden. Bestenfalls wird die Klitoris beim vaginalen Geschlechtsverkehr indirekt stimuliert: Wenn der Penis in die Vagina eindringt und wieder herausgezogen wird, reibt er die Schamlippen, die mit der Klitorisvorhaut verbunden sind. So wird die Klitoris über das Stoßen zwar gereizt, häufig reicht dies aber nicht aus, um die Frau zum Orgasmus zu bringen. Am ehesten gelingt dies noch, wenn die Frau oben liegt und ihre Klitoris durch Vor- und Rückwärtsbewegungen am Schambein des Mannes reibt.

Nach übereinstimmender Beobachtung der Wissenschaft erreicht eine Frau ihren Orgasmus durchschnittlich nach etwa 25 Minuten.[2] Ein weiblicher Orgasmus braucht recht lange, bis er sich entwickelt, aufbaut und letztlich einsetzt. Aber dadurch, dass er länger andauert als beim Mann und sich der Erregungszustand der Frau nicht so schnell wieder abbaut, kann er leichter wiederholt werden. Letztlich ist dies aber nur ein Durchschnittswert: Neben Frauen, die multiple Orgasmen beim Geschlechtsverkehr mit einem Mann erleben können, gibt es Frauen, die noch nie einen Orgasmus mit einem Mann erlebt haben. Es gibt Frauen, die brauchen länger als die Durchschnittszeit, um zu einem Orgasmus zu kommen, und andere brauchen sehr viel kürzer. Es gibt Frauen, die schon bei geringsten zärtlichen Berührungen (z. B. Knabbern am Ohrläppchen) einen Orgasmus bekommen können und keine weitere genitale Stimulation benötigen. Und es gibt Frauen, die auch mit aufwendigsten Methoden ihren Höhepunkt nicht erleben. Manche erleben nur einen einzigen Orgasmus während des Geschlechtsverkehrs, bei anderen geht ein Orgasmus in den nächsten über. Manche Frauen spüren während des Orgasmus nur ein leichtes Ziehen in der Vagina, andere erleben regelrechte Vulkanausbrüche. Bei Frauen sind multiple Orgasmen in schneller Zeitabfolge möglich, während der Mann nach seinem Orgasmus meist eine Ruhepause einlegen muss, bevor er einen weiteren erleben kann. Wenn eine Frau nach ihrem Orgasmus erregt bleibt, kann sie durchaus noch einen weiteren erleben, wobei die Anstrengung hierfür deutlich geringer ist als beim ersten Mal, weil sie sich noch in der Nähe der Hocherregung befindet.

Frauen beschreiben ihren Orgasmus oft als einen Höhenrausch,

---

[2] Vgl. Sam Linton und Craig Colby, Lust und Liebe, Die Sexualität des Menschen, Discovery Communications 2006, DVD, Kapitel 1.2.

eine fantastische Überflutung aller Nerven, ein Kitzeln, Vibrieren und Pochen in der Gegend um die Klitoris herum, das sich über die gesamte Vagina und den Beckenbereich ausweitet und sich wie eine Explosion unglaublicher Hitze anfühlt, meist verbunden mit einem großen Verlangen nach weiterer Penetration. Dieser außerordentliche Erregungszustand kann mit Schreien, Zittern, Zucken, Ächzen oder Weinen einhergehen. Jeder Muskel des Körpers spannt sich und dieser wird von Krämpfen geschüttelt, beinahe wie bei einem epileptischen Anfall.[3] Wie Wellen breitet sich das Zusammenziehen der Vagina über den gesamten Körper aus. Manche Frauen geben sich in diesem Moment ganz ihren Gefühlen hin, andere bewegen sich während ihres Orgasmus nur wenig und lassen nach außen kaum erkennen, in welch hocherregtem Zustand sie sich gerade befinden. Ihr Gesicht bleibt ausdruckslos und zeigt keinerlei Anzeichen, die auf einen solchen Zustand schließen lassen würden. Sie erleben den Höhepunkt mehr innerlich, als ihn körperlich auszudrücken, und sind während dieses Erlebnisses ungewöhnlich passiv. Männer können diese Reaktion leicht falsch verstehen und die Regungslosigkeit der Frau als geringes Interesse an ihren sexuellen Bemühungen auffassen. Ein guter Orgasmus kann ihrer Meinung nach nur dann stattgefunden haben, wenn die Frau vor lauter ekstatischem Schreien kaum noch Luft bekommt. Dies ist aber mitnichten so: Frauen haben vielfältige Ausdrucksformen, den Gipfel ihrer Lust zu erleben und ihr Umfeld daran teilhaben zu lassen.

Zudem gibt es auch Frauen, die sich fürchten, unansehnlich oder sogar absonderlich auszusehen, wenn sie sich während ihres Orgasmus ungezügelt gehenlassen – was ihre Fähigkeit, zum Orgasmus zu gelangen, natürlich verringert. Sie glauben, sich peinlich zu verhalten, wenn sie die Beherrschung verlieren und zu einem Spastiker mutieren. Andere Frauen hingegen verbieten sich sogar, einen Orgasmus zu bekommen, weil sie glauben, sonst egoistisch zu sein. Es gibt viele Gründe, warum Frauen sich beim Erlangen eines Orgasmus zurückhalten oder es dem Mann auch mit der besten Technik nicht gelingt, ihnen zu diesem Hochgefühl zu verhelfen. Manche

---

[3] Vgl. Shere Hite, Der Hite Report, München 1977, Seite 129 ff.

Frauen, die beim Sex einfach keinen Orgasmus bekommen können, lenken ihre Konzentration auf den Orgasmus des Mannes und erleben ihn sozusagen als Ersatz für den eigenen mit. Über das Gefühl der Verbundenheit können sie den Orgasmus des Mannes dann als genauso beglückend empfinden – allerdings nicht auf körperlicher, sondern nur auf emotionaler Ebene. Weil sie dem Mann in diesem Moment so nahe sind, empfinden sie seine Freude als ebenso befriedigend wie er.

Frauen können, anders als Männer, auf unterschiedlichen Wegen zum Höhepunkt kommen: Stimulation der Vagina, der Klitoris oder des G-Punktes – oder einfach nur über ihre Fantasie. Die zu den unterschiedlichen Systemen gehörenden Nerven führen zu unterschiedlichen Orgasmen, die sich alle anders anfühlen – keiner gleicht dem anderen. Die Erregung fühlt sich immer wieder anders an und für Frauen ist es daher schwieriger, herauszufinden, was ihnen guttut und gefällt, wann sie wirklich einen Orgasmus erleben und wann sie vielleicht nur in seine Nähe kommen, dabei aber denken, dies sei schon ein vollendeter Orgasmus. Manchmal folgen mehrere kurze Orgasmen hintereinander und manchmal ist aufgrund der Abfolge wiederholter Kontraktionen für die Frau schwer festzustellen, wann ein Orgasmus endet und ein neuer beginnt. Frauen haben manchmal Probleme, die Hinweise, die ihnen ihr Körper gibt, richtig zu deuten und zu verstehen. Bei Männern ist dies viel eindeutiger – zumal der Orgasmus durch eine Ejakulation nicht nur fühlbar, sondern auch sichtbar wird.

Männer gehen vielfach davon aus, dass die Frau genauso funktioniert wie sie und dass es nur an ihr liegen kann, wenn sie nicht so leicht erregt wird und zum Orgasmus gelangt. Viele Männer verstehen nicht die Komplexität der Geschlechtsanlage einer Frau, ihre diffizilen Reizempfindungen sowie die Tiefe ihrer sinnlichen Bedürfnisse. Voller Enthusiasmus drücken und rubbeln sie mit ihren Fingern, ihrer Zunge oder ihrem Penis an verschiedenen Bereichen des Körpers herum in der Hoffnung, die richtige Stelle zu treffen. Sie geben sich zu wenig Mühe, den Körper und das Empfinden einer Frau wirklich kennenzulernen und zu verstehen. Ihnen fehlt die Geduld und auch das rechte Verständnis für die weibliche Sexualität.

Daher bleibt dieser Bereich für sie oft ein unergründliches Geheimnis.

Laut wissenschaftlichen Untersuchungen kommen die meisten Frauen während des Geschlechtsverkehrs durch das Stoßen des Penis nicht zum Orgasmus, jedoch bei klitoraler Stimulation (bei manueller Stimulation mit oder ohne Partner) recht regelmäßig. Es ist somit nicht so, dass die Frau zum Orgasmus unfähig wäre und er nur möglich ist, wenn der Mann hart und lang genug zustößt. Das Problem liegt vielmehr in einer ungenügenden und unspezifischen Stimulierung. So sehr Frauen den Koitus mögen und ihn im Grunde der Masturbation vorziehen, weil sie dabei die Nähe zum Partner spüren, so ist er für sie weniger geeignet, einen Orgasmus zu erreichen.[4] Da Männer im gesunden Zustand kein Problem damit haben, beim Geschlechtsverkehr einen Orgasmus zu erleben, halten sie es für anormal, wenn die Frau nicht dieselbe Fähigkeit besitzt. Die tatsächlichen physiologischen Funktionen des Körpers einer Frau und deren individuelle Erlebnis- und Reaktionsweise werden vom Mann oft sträflich ignoriert. Unterstützt werden die Annahmen des Mannes zur Orgasmusfähigkeit der Frau zudem noch durch die längst überholte Freud'sche These, dass eine Frau aus psychoanalytischer Sicht Komplexe hat und unreif ist, wenn sie beim Geschlechtsverkehr nicht zum Orgasmus gelangt. Die Frau wird damit pathologisiert und der Mann kann so sein Recht legitimieren, der Frau Vorwürfe zu machen, wenn sie keine Freude am Sex hat.

Frauen erleben eine andere Intensität des Orgasmus, wenn sie masturbieren. Der Orgasmus bei der Masturbation ist sehr viel explosionsartiger, während er bei der Penetration weniger intensiv und meistens flüchtiger und diffuser ist. Dafür ist er aber beim Geschlechtsverkehr nicht nur auf den Genitalbereich zentriert wie bei der Masturbation, das prickelnde Gefühl erstreckt sich über den gesamten Körper. Das Gefühl von Verbundenheit durch die Nähe und Wärme des männlichen Körpers erweitert die Erregung um einiges mehr, als wenn sich die Frau lediglich selbstbefriedigt. Da sich

---

[4] Vgl. Shere Hite, Der Hite Report, München 1977, Seite 209 f.

beim Geschlechtsverkehr das Lustgefühl des Orgasmus durch den gesamten Körper zieht, wird es von der Frau auch als schöner erlebt als bei der Masturbation – auch wenn er in diesem Fall nicht so intensiv ist. Doch die Nähe zum Partner und die Sinnlichkeit beim Geschlechtsverkehr gleichen häufig diesen Unterschied aus. Daher empfinden viele Frauen die klitorale Selbstbefriedigung zwar als intensiver, aber örtlich begrenzt und nicht so ausgedehnt und pulsierend. In manchen Fällen kann es sogar sein, dass sich die Frau nach der Selbstbefriedigung einsam und leer fühlt, weil sie das Gefühl vermisst, einen Partner an ihrer Seite zu haben.

Das Gefühl des Zusammenseins und des Geliebtwerdens erzeugt bei der Frau eine weit höhere Stimulierung, als es beim Mann der Fall ist. Vor allem, wenn ihre Erregung nach der Masturbation anhält und sich nicht gleich wieder legt, wird sie unruhig. Oft verlangt sie danach nach einem Geschlechtsverkehr mit dem Mann, weil sie unbedingt vaginal stimuliert werden will und ihr Körper die Leere in sich durch den Samen des Mannes zu füllen sucht. Ist sie aber dann mit einem Mann intim, hält sie sich oft zurück, passt sich an und will sich mehr um ihn als um sich selbst kümmern. Vielleicht ist dies der Grund, weshalb es der Frau während des Geschlechtsverkehrs schwerer fällt, einen Orgasmus zu erlangen. Intensiver und stärker ist der Orgasmus jedenfalls, wenn sie sich selbstbefriedigt, schöner und vollkommener aber ist derjenige mit dem Partner. Dieses Empfinden kann jedoch von Frau zu Frau variieren und lässt sich nicht grundsätzlich verallgemeinern.[5]

Es gibt auch Frauen, die noch nie einen Orgasmus hatten – weder beim Masturbieren noch beim Geschlechtsverkehr mit einem Mann. Manche versuchen es mühevoll, es gelingt ihnen aber nicht. Andere schämen sich dafür, wenn sie sich an ihrem Genitalbereich berühren und selbstbefriedigen, und werden dadurch am Orgasmus gehindert. In der Folge wissen solche Frauen gar nicht, wie sich ein Orgasmus anfühlt – ein Zustand, der Männern völlig fremd ist, sofern bei ihnen keine Erektionsstörung vorliegt. Diese Frauen können ihr körperliches Empfinden nicht richtig deuten: In etwas

---

[5] Vgl. Shere Hite, Der Hite Report, München 1977, 162 ff.

stärkerer Erregung meinen sie, bereits einen Orgasmus wahrzunehmen oder irgendetwas, was diesem wohl nahekommen muss. Sie wissen es aber nicht genau, können dem Mann dann auch nicht sagen, wie er vorgehen soll, um sie beim Erlangen eines Orgasmus zu unterstützen. Oft ist es ihnen auch peinlich und sie fühlen sich wie ein unreifes Kind, das sich in der Tat von einem Mann sagen lassen muss, wie es geht und wie es sich anfühlt. Erleben sie den Orgasmus nicht – obwohl ihn andere Frauen erleben und geradezu euphorisch davon schwärmen –, fühlen sie sich überfordert und denken, den Wünschen eines Mannes niemals gerecht werden zu können. Oft bleibt ihnen dann nichts anderes übrig, als dem Mann einen Orgasmus vorzutäuschen und ihm damit zu bestätigen, wie schön es sich anfühlt, mit ihm intim zu sein. Es gibt Frauen, die sich dafür schämen, keinen Orgasmus bekommen zu können, und auch mit niemandem darüber sprechen, weil sie der Meinung sind, etwas müsse mit ihnen nicht in Ordnung sein.

Entspannungsphase

Während der Mann in der Regel nur einen Orgasmus beim Geschlechtsverkehr erlebt, sich nach der Ejakulation geschwächt fühlt und erst einmal wieder erholen muss, gelangen Frauen nicht gleich in einen entspannten Zustand zurück, sondern verweilen in einem erregten Zustand, der der Phase kurz vor dem Orgasmus gleicht. Daher wollen sie den Geschlechtsverkehr am liebsten auch noch nicht abbrechen. Wird die Frau in diesem Zustand weiter stimuliert, kann sie noch weitere Orgasmen erleben, bis dann irgendwann die Befriedigung einsetzt. Es ist also eine falsche Annahme – meist die von Männern –, dass eine Frau einen einzigen, ultimativen Orgasmus erlebt und dann befriedigt ist. Je mehr Orgasmen die Frau erlebt, desto stärker können die Intensität und die Tiefe eines jeden nachfolgenden sein und desto hemmungsloser kann sie werden. Oft sind sich Frauen aber des Ausmaßes ihrer sexuellen Potenz überhaupt nicht bewusst, weil sie sie gar nicht voll in Anspruch nehmen und sie nie die Erfahrung gemacht haben, dass es nach einem Höhepunkt noch sehr lange weitergehen kann, wenn sie denn entsprechend stimuliert werden. Da der Mann nur einmal kann, bleibt der Frau in den meisten Fällen auch nichts anderes übrig, als ihren eigenen Orgasmus entweder zeitgleich mit dem des Mannes oder vor diesem zu erleben – was sie extrem unter Zeitdruck setzt.

Frauen fühlen meist eine starke Hingezogenheit zum Partner, wenn die Erregung nachlässt und sie wieder in einen Ruhezustand zurückkehren, ein Gefühl von Zuneigung und Liebe und den Wunsch nach Nähe. Die Liebe für den Partner wächst in diesem Moment besonders stark an. Oft wird dieser Zustand von der Frau sogar als der schönere Teil des Sex empfunden. Sie ist dann besonders anhänglich und liebesbedürftig – viel mehr als vor dem Sex. Bei einigen Frauen tritt nach dem Orgasmus auch ein Gefühl von Kraft und Lebendigkeit ein: Sie fühlen sich auf einmal besonders dynamisch, es geht ihnen prächtig und sie schöpfen aus der sexuellen Vereinigung mit ihrem Partner Motivation, Mut und Zuversicht. Die Frau befindet sich also nach dem Orgasmus immer noch in einem hochemotionalen Zustand und wird von ihren Gefühlen geradezu überschwemmt. Daher ist es für Frauen häufig so deprimierend, wenn sich der Mann nach seinem Orgasmus einfach umdreht, einschläft und keine liebevollen Umarmungen oder Küsse folgen. Die Frau fühlt sich dann vom Mann verlassen – oft wie weggeworfen. Es ist für sie hochgradig verletzend, wenn ein bis zu diesem Punkt vielleicht schönes sexuelles Erlebnis allein durch die nachfolgende Unaufmerksamkeit des Mannes so radikal zerstört wird.

Das seelische Erleben der Frau beim Sex

Die Frau legt viel mehr als der Mann Wert darauf, Sex zu einem Wir-Erlebnis zu machen und eine emotionale Übereinstimmung zu erreichen. Sie möchte über die körperliche Erregung hinaus das selige Gefühl von Verbundenheit, Innigkeit und Zugehörigkeit erleben. Sie möchte mit dem Mann gemeinsam Sex machen und dabei ihre Gefühle und Gedanken mit ihm teilen. Es ist ihr wichtig, dass er weiß, wie sie fühlt und was in ihr vorgeht, sie möchte aber auch wissen, was in dem Mann vor sich geht. Deshalb erwartet sie, dass der Mann sich öffnet und ehrliches Interesse an ihr zeigt – nicht nur an ihrem Körper, sondern auch an ihrem Innenleben. Der Mann soll mit ihr sprechen und ihr zuhören, er soll an ihrem Erleben teilhaben und Verständnis für ihre Gefühle und die Art und Weise ihrer Sexualität haben. Er soll aufmerksam, sanft und geduldig sein, auf sie Rücksicht nehmen und ihre Eigenschaften wertschätzen. Sie erwartet von ihm Aufrichtigkeit und Taktgefühl. Nur so kann die Frau Vertrauen zu ihrem Partner aufbauen und sich sicher und geborgen fühlen. Neben der körperlichen Befriedigung soll auch eine emotionale Befriedigung eintreten, sonst ist der Geschlechtsverkehr für die Frau kein erfüllendes Erlebnis und sie kann sich dem Mann nicht wirklich hingeben, weil sie ständig das Gefühl hat, dass etwas nicht stimmt.

Sie möchte gerne, dass der Mann fühlt, was sie fühlt, aber nicht nur auf der körperlichen Ebene über den Orgasmus, sondern vielmehr auf der seelischen Ebene über das Gefühl der Liebe. Auch wenn sie nichts dagegen hat, dasselbe körperliche Hochgefühl beim Sex zu erleben wie der Mann, so macht sie es nicht zur Bedingung. Sie kann auch darauf verzichten, wenn ihre emotionalen Bedürfnisse beim Sex in vollem Umfang befriedigt werden. Vielmehr liegt ihr daran, dass der Mann das Erlebnis von Verbundenheit und gegenseitigem Vertrauen in derselben Tiefe wahrnimmt wie sie und sich am Aufbau einer liebevollen Atmosphäre beteiligt. Erst dann fühlt sie sich wirklich vereint mit ihm – wenn er ganz bei ihr ist und zwei Herzen wie eins schlagen.

Die Frau sucht in der Intimität und körperlichen Nähe zum Mann die Möglichkeit zur Überwindung des Getrenntseins, des Schmerzes des Alleinseins, der sich manchmal während des Alltags bei ihr aufstaut und sich dann im sexuellen Kontakt mit dem Partner auflöst. In der Zuneigung und gegenseitigen Fürsorge, in dem Miteinander-Teilen und Gemeinsam-Fühlen, dem Aneinander-Festhalten und Aneinander-Pressen spürt sie die seelische wie körperliche Verschmelzung. Dabei kann in der Frau sogar der Wunsch entstehen, der Mann möge nicht nur mit seinem Penis in sie eindringen, sondern ganz in sie hineinkriechen, den ganzen Rumpf ausfüllen und eins mit ihr werden. Diese tiefe Sehnsucht nach der Vereinigung mit einem anderen Wesen, dieses durchdringende Gefühl der Liebe, getragen von Zärtlichkeit und Mitgefühl, kann sich so unendlich schön anfühlen, dass die Frau auf einmal zu weinen beginnt, wenn sie es erfährt.

Das Gefühl des Zusammenseins und des Geliebtwerdens kann die Frau oft allein schon befriedigen und ist häufig ein ausreichender Ersatz für einen entgangenen Orgasmus. Aber sie braucht hierzu die aufrichtige Anteilnahme des Mannes an ihrem Wesen: Er muss ihr das Gefühl geben, für sie da zu sein, sich um sie zu kümmern, sie mit Respekt zu behandeln und alles so zu machen, wie sie es wünscht und braucht. Er muss ihr die Bestätigung geben, dass er alles, was er tut, nur ihretwegen tut und dasselbe niemals für eine andere Frau tun würde. Daran misst sie seinen Wert – und nicht allein an der Tatsache, ob es ihm gelingt, ihr einen Orgasmus zu bescheren.

Für die Frau ist Sex immer auch ein Stück Beziehungsarbeit, bei der über das Aufeinander-Eingehen und Füreinander-da-Sein das Gefühl von Vertrauen und Verbundenheit anwächst. Männer hingegen fragen sich oft, was diese sentimentalen Dinge mit Sex zu tun haben sollen. Für den Mann stellt der Sex in erster Linie ein persönliches Erfolgs- und Spaßerlebnis dar und er sieht Sex zwar als etwas, das unbedingt zu einer Beziehung dazugehört, es erschließt sich ihm aber nicht, welcher Einfluss die Art seines sexuellen Verhaltens auf den Rest der Beziehung hat.

Um in seine Nähe zu gelangen und harmonische Zweisamkeit zu erfahren, versucht die Frau manches Mal, den Mann zu umgarnen und ihm zu schmeicheln – nicht unbedingt, um Sex mit ihm zu haben, sondern um ihr seelisches Bedürfnis nach Nähe und Geborgenheit zu befriedigen. Dabei sendet sie gelegentlich die falschen Signale aus, die der Mann missversteht, weil sie ihr Bedürfnis nicht klar äußert. Der Mann denkt dann sofort, dass die Frau Sex haben möchte, und gibt sich daher besonders viel Mühe, sie zu erregen. Die Frau sehnt sich aber nur nach Geborgenheit und aus Angst, den Mann zu enttäuschen oder gar zu verlieren, wenn sie eine Grenze setzt, gibt sie ihm alles, was er sich wünscht, und ermutigt ihn durch ihre unbewusste Verhaltensweise dazu, weiterzumachen. Sie denkt, er werde sie nicht mehr lieben und sich ihr auch nicht mehr liebevoll zuwenden, wenn er nicht befriedigt ist. Dabei wünscht sie sich vielfach einfach nur zärtliche Nähe, die nicht automatisch in sexuelle Handlungen münden muss: Ein minutenlanger, sanfter Blick in die Augen des anderen, das gegenseitige Halten der Hände und das enge

Beisammensein können so schön sein und so tief empfunden werden, dass sie Sex überflüssig machen – ja, er würde die Entfaltung der Liebe sogar stören.

2.2 Das sexuelle Erleben des Mannes

Bei vielen Männern herrscht leider immer noch das Bild vor, dass es für guten Sex nichts weiter braucht als einen übergroßen, stahlharten Penis, eine stundenlang anhaltende Erektion sowie eine endlose Aufeinanderfolge exzessiver Orgasmen. Die Fantasie einer regelrechten Maschine zwischen den Beinen und einer unversiegbaren Potenz schwingt in der männlichen Vorstellung zumindest unbewusst immer mit, weshalb der Phallus mit seiner Größe und Leistungsfähigkeit für den Mann ein Symbol seiner Stärke und Einzigartigkeit ist. Der Penis wird somit für den Mann zum Hauptdarsteller beim Sex, alles dreht sich um sein »bestes Stück«. Wenn dieser Körperteil zu klein, zu dünn, zu lasch oder zu kraftlos ist und versagt, dann wird der Mann in seinem Selbstbild getroffen und er glaubt, einer Frau nichts bieten zu können. Alles macht der Mann von der reibungslosen Funktionstüchtigkeit seines Penis abhängig: seinen Wert und seine Selbstsicherheit, seine Attraktivität und Unwiderstehlichkeit, seine Überlegenheit und Macht.

Weil dem Phallus so viel Bedeutung beigemessen wird, ist er auch ein beliebtes Gesprächsthema unter Männern. Männer prahlen gerne mit ihrer Potenz und überbieten sich dabei gegenseitig mit Lügen. Dabei sind der Übertreibung kaum Grenzen gesetzt, und alle Schilderungen bestärken sich gegenseitig darin, dass man ohne ein gesundes und kräftiges Geschlechtsteil nichts ist. Auf diese Weise wird ein Mythos geschaffen und genährt, der sich in den Köpfen von Männern festsetzt und zum allgemeingültigen Ideal wird. Dieses unrealistische Bild vom sexuell allzeit bereiten und unermüdlichen Mann übt auf Männer, die sich von diesen Heldengeschichten einschüchtern lassen und denken, dass sie mit den vermeintlichen Sexgranaten nicht mithalten können – und das sind nicht wenige –, einen erheblichen Druck aus: Sie leiden unter ständigen Zweifeln und reden sich ein, niemals gut genug für eine Frau sein zu können. Sie haben sogar Angst davor, dass die Frau über sie lachen könnte, wenn sie ihr einen vermeintlich unterdurchschnittlichen Penis präsentieren oder sie bereits nach wenigen Sekunden einen Orgasmus haben und danach nicht gleich weitermachen können – so wie scheinbar alle anderen Männer. Sie unterliegen der Gefahr, aufgrund dieses unauslöschlichen Mythos Minderwertigkeitskomplexe zu entwickeln, und glauben, niemals ein guter Liebhaber sein zu können. Aufgrund ihrer Selbstzweifel holen sie sich dann in Ratgebern oder Videos Rat oder eifern den sexuellen Praktiken erfolgreicher Pornodarsteller nach – nur um sich nicht vor der Frau zu blamieren. Der Sex dient dann dem Mann vor allem dazu, der Frau zu zeigen, was er kann, und zu beweisen, dass er voll und ganz dem Ideal eines frei erfundenen Mythos entspricht.

Die Realität sieht in den meisten Fällen nämlich ganz anders aus: Abgesehen von einigen wenigen Männern, die von der Natur mit einem Riesengenital und reichlich Potenz ausgestattet wurden, hat der Mann im erigierten Zustand gewöhnlich eine Penislänge von durchschnittlich etwa 18 Zentimetern, kann seine Ejakulation kaum länger als 10 Minuten zurückhalten und ist nach dem Orgasmus nicht gleich wieder zu einem Neustart fähig, sondern braucht mindestens 15 Minuten – meistens länger –, um noch einmal durchzustarten. Trotz dieser wissenschaftlich unstrittigen Wahrheit halten Männer an dem völlig überzogenen Bild eines sexuellen Teufelskerls fest und glauben, im Bett eine hammerharte Stoßmaschine sein zu müssen, um die Frau beeindrucken und glücklich machen zu können. Dabei hat die Wissenschaft längst herausgefunden, dass die Größe des Penis für die körperliche Stimulation gar nicht entscheidend ist.[6] Sie dient eher der Fantasie, denn allein die Vorstellung von einem großen Penis kann den Mann wie die Frau gleichermaßen stimulieren – aber eben vorrangig auf der emotionalen Ebene. Im körperlich-technischen Gebrauch ist sie weniger von Belang. Die sexuelle Stimulation der Vagina findet vor allem im vorderen Teil statt, ein

---

[6] Vgl. Sam Linton und Craig Colby, Lust und Liebe, Die Sexualität des Menschen, Discovery Communications 2006, DVD, Kapitel 1.2

größerer und härterer Penis erhöht somit nicht die Intensität und die Lust der Frau. Die Anatomie ist also weitaus unbedeutender als die Technik, die beim Sex angewendet wird.

Männer machen sich große Sorgen um die Standhaftigkeit ihres Penis. Nichts ist beschämender für den Mann, als wenn sein gutes Stück schlapp macht – und dies auch noch vor den Augen der Frau. Wenn die sexuelle Leistungsfähigkeit des Mannes beeinträchtigt ist, kann dies eine gravierende Auswirkung auf sein Selbstwertgefühl haben. Ein Mann, der seine Erektion verliert, nicht lange genug durchhält und nicht mehrmals zum Orgasmus kommt, glaubt, an Männlichkeit einzubüßen. Daher meint er, die Frau unbedingt zufriedenstellen zu müssen – weniger ihretwegen als vielmehr darum, seinen Wert als Mann darüber bestätigt zu bekommen. Er meint, der Frau unbedingt zu einem Orgasmus verhelfen zu müssen, denn dieser ist für den Mann der Beweis dafür, dass die Frau den Sex mit ihm genießt und ihn über alles begehrt. Gelingt es ihm nicht, dann bedeutet dies aus seiner Sicht, dass sie nicht zufrieden und er ein Versager ist.

Weil ihnen in Pornos ein forsches und ungehemmtes Vorgehen präsentiert wird, haben Männer zudem häufig im Hinterkopf, dass Frauen Gefallen an aggressivem Sex haben und es gar nicht so sehr auf Zärtlichkeit und Gefühl ankommt. Daher meinen sie, die dominante Rolle einnehmen und der Frau einen ordentlichen Orgasmus verpassen zu müssen. Männer wollen mit ihrer Kraft, Beweglichkeit und Geschicklichkeit die Frau zum höchsten Glück treiben – ja manchmal regelrecht anpeitschen – und glauben, dafür Bewunderung von ihr zu bekommen. Folglich muss es für sie irritierend sein, wenn die Frau diese Form von Sex ablehnt und mehr Zurückhaltung und Zärtlichkeit fordert. Viele Männer wissen dann mit diesem Wunsch gar nichts anzufangen und glauben, die Frau sei unerfahren und wisse nicht, was gut ist.

Erregungsphase

Während sich die Erregung der Frau über den gesamten Körper ausbreitet, konzentriert sich dieses Erleben beim Mann hauptsächlich auf dessen Genital. Zwar mag er auch intensive, leidenschaftliche

Küsse, sanftes Knabbern am Ohr, zärtliches Saugen oder Lecken an den Brustwarzen oder leichtes Kreisen mit dem Finger um den Bauchnabel. Seine erogenste Stelle ist aber sein primäres Geschlechtsorgan inklusive des umliegenden Hautareals. Wenn die Frau den Penis des Mannes in die Hand nimmt, daran reibt oder mit der Zunge leckt oder wenn sie seine Hoden sanft drückt, dann steigt die Erregung des Mannes gewaltig an. Während sich die Frau überwiegend durch zärtliche Berührungen und die emotionale Nähe zum Partner stimuliert fühlt, führt beim Mann vor allem die visuelle Stimulierung zu einer starken Erregung: Der bloße Anblick weiblicher Formen und Rundungen kann bereits zu einer Erektion führen, ohne dass körperliche Berührungen vonnöten sind.

Männer sind im Allgemeinen viel schneller erregt als Frauen. Haben sie eine bestimmte Schwelle der Erregung überschritten, können sie ihren Trieb kaum noch steuern und müssen unbedingt mit dem vaginalen Verkehr beginnen. Daher ist dem Mann ein ausgedehntes Vorspiel häufig lästig – oft tut er es nur, um der Frau zu gefallen und diese zu verführen. Rechte Freude kann er daran aber nicht entwickeln, weil es ihn zu stark zum Geschlechtsverkehr drängt und er sich deswegen beim Vorspiel anstrengen muss, nicht übereifrig zu werden und die Frau damit womöglich zu verärgern.

Die wenigsten Männer würden sich wohl einfach nur auf ein Vorspiel einlassen und sich mit zärtlichen Körperberührungen und einigen Küssen begnügen. In liebevollen Umarmungen und tiefen Blicken sehen sie nicht oder nicht nur einen Ausdruck von Zuneigung und Liebe, sondern vielmehr eine unablehnbare Einladung zum Sex. Und wenn sie erst einmal richtig erregt sind, werden sie wie von einem Sog in den Genitalbereich der Frau gezogen: Sie können einfach nicht anders und fühlen sich dabei wie fremdgesteuert. Daher können viele Männer das Vorspiel gar nicht richtig genießen. Während für Frauen Umarmungen, Streicheln und Küssen nicht unbedingt mit einem Wunsch nach Sex einhergehen müssen, scheint der Sex als Folge dieser Berührungen für die meisten Männer unvermeidlich. Versetzt die Frau den Mann in eine Warteschleife und versucht sie, den Moment der geschlechtlichen Vereinigung hinauszuzögern, fragt sich der Mann ungeduldig, wann es denn nun endlich losgeht und das kindische Poussieren zu Ende ist. Ein Vorspiel ohne anschließenden Sex erscheint für den Mann sinnlos – im Grunde weiß er gar nicht, was das bezwecken soll.

Für den Mann ist es wichtig, der Frau mit einer Erektion seine Liebe und Gefühle zu zeigen. Sie soll wissen, dass sie ihn erregt und er großes Gefallen an ihr findet, wenn er ihr sein mächtiges Genital entgegenstreckt. Bleibt dieses Indiz für seine Lust aus, ist dies für den Mann ein schwerer Schlag und er weiß kaum noch, wie er seiner Partnerin nun noch zeigen soll, was er für sie empfindet. Oft ist Sex für Männer der einzige Weg, ihre Verbundenheit und Liebe zu einer Frau auszudrücken. Manche Männer gehen in einer Beziehung mit Gesten der Zuneigung und Wertschätzung so sparsam um, dass sie sich zu solchen Regungen nur herablassen, wenn die Frau anschließend mit ihnen Geschlechtsverkehr hat. Viele Frauen würden sich freuen, Wertschätzung und körperliche Nähe zu erfahren, ohne dass sie anschließend mit dem Mann Sex haben müssen. Frauen gehen daher in gar nicht so seltenen Fällen nur deswegen auf seine Avancen ein, weil sie in der Beziehung ansonsten nie das Gefühl bekommen würden, ihrem Partner etwas zu bedeuten.

Dem Mann fehlt die Vorstellung, auch ohne eine Erektion Sex zu praktizieren. Viele Männer meinen, dass die Erregung immer weiter ansteigen muss, bis sie schließlich in einem exorbitanten Orgasmus gipfelt. Das Sex auch langsam vonstattengehen kann, dass auch mit anderen Körperteilen als dem Penis der Frau ein schönes Erlebnis bereitet werden kann, dass das Tempo variieren und die Erregung zwischendurch abgesenkt oder gar eine Ruhephase, die lediglich aus sanftem Streicheln besteht, eingelegt werden kann, ist ihm völlig fremd. Wenn er einmal aufdreht, ist er nicht mehr zu bremsen und muss auf schnellstem Weg zum Ziel gelangen. Dabei merkt er nicht, wie er nicht nur die Frau, sondern auch sich selbst um den vollen Genuss bringt. Auf der anderen Seite kann aber ein zu angepasstes und zurückhaltendes Verhalten des Mannes der Frau signalisieren, für ihn nicht attraktiv und erregend genug zu sein. Die Frau interpretiert die Zögerlichkeit des Mannes dann falsch und sieht darin keine partnerschaftliche Rücksichtnahme, sondern erwartet, dass er endlich loslegt, um in der Leidenschaft des Mannes ihre eigene Attraktivität bestätigt zu sehen.

Plateauphase

Viele Männer sind zu erregt, um auf den Wunsch der Frau einzugehen, den Orgasmus hinauszuzögern. Männer wollen so schnell wie möglich mit der Penetration beginnen. Sie können sich nicht mit dem Zustand der Erregung begnügen, sondern wollen befriedigt werden und drängen der Frau dann häufig ihren Willen auf. Diese muss sich fügen und dem unkontrollierbaren Verlangen des Mannes folgen.

Widmen sich Männer einem längeren Vorspiel – aus Rücksicht auf die Frau und ohne selbst Freude daran zu haben –, sind ihre taktilen Berührungen oft mechanisch, gleichförmig und ohne jegliche emotionale Teilnahme. Sie können sich nach einer Zeit sogar unangenehm anfühlen, mehr wie ein Kratzen oder Scheuern, das wehtut. In ihren Liebkosungen schwingt ein Hauch von Abneigung oder Langeweile mit und die Frau fängt an, sich unwohl zu fühlen – was selbstverständlich die Lust an weiterer sexueller Betätigung erheblich drosselt. Aus der spürbaren Ungeduld des Mannes leitet sie ab, irgendetwas falsch zu machen oder nicht richtig zu funktionieren. Sie fühlt sich daraufhin schuldig, obgleich dieses Unwohlsein viel mehr an der mangelnden Bereitschaft des Mannes liegt, sich wirklich auf die Frau einzulassen, als an ihrer Sexualität.

Manche Männer können recht aggressiv werden, wenn ihre Methode, die Frau zu stimulieren, nicht schnell genug anschlägt. Sie sehen das Problem mangelnden Lustempfindens der Frau nicht bei sich: Weder kommen sie auf den Gedanken, ihre Methode zu ändern, noch fragen sie die Frau nach deren Vorlieben oder nehmen sich die Zeit, genau hineinzuspüren, wie die Frau ihre Berührungen empfindet. Sie legen einfach los und glauben schon zu wissen, was der Frau gefällt. Schließlich könnte langes Zögern oder Nachfragen eine Schwäche ihrerseits bedeuten. Daher tappen sie häufig im Dunkeln und versuchen allerlei Dinge, die ihrer Meinung nach funktionieren sollten. Und wenn dies nicht klappt, schieben sie einfach der Frau die Schuld in die Schuhe und behaupten, dass sie ihre Bemühungen nicht zu schätzen wisse – oder geben gekränkt auf.

Orgasmus

Der Mann hat das Problem, dass er ab einem bestimmten Punkt der Erregung nicht mehr darüber entscheiden kann, ob er einen Orgasmus haben möchte oder nicht. Sein vegetatives Nervensystem übernimmt die Steuerung und der Samenerguss entlädt sich unwillentlich. Daher muss der Mann aufpassen – will er der Frau ein schönes Erlebnis bereiten –, dass er diesen Punkt nicht überschreitet. Manche Männer haben Schwierigkeiten, die Ejakulation richtig zu steuern: Sie ejakulieren schon, wenn sie nur sanft berührt werden, andere, sobald sie in den Genitalbereich der Frau gelangen, und manche innerhalb weniger Sekunden nach der Penetration. Andere wiederum können wenigstens noch ein paar Mal zustoßen, haben aber keine Kontrolle darüber, wann sie ejakulieren – es passiert einfach und sie können es nicht zurückhalten. Sie würden den Orgasmus gerne hinauszögern, sich und auch der Frau zuliebe, aber es gelingt ihnen nicht. Das führt natürlich dazu, dass der Mann während des Geschlechtsverkehrs besonders angespannt ist und versucht, mit seinem Willen eine vorzeitige Ejakulation zu verhindern. Um diese Anspannung zu minimieren, gibt es jedoch Techniken, die einen vorzeitigen Samenerguss verhindern, wie z. B. Training der Beckenmuskulatur, regelmäßiger Stellungswechsel während des Geschlechtsverkehrs, häufiges Ändern des Rhythmus beim Stoßen sowie Stopp-Start-Wechsel. Männer können lernen, ihre Ejakulation zu kontrollieren, so dass der Sex für beide Partner ein gleichermaßen befriedigendes Erlebnis wird.

Doch manche Männer verlangen von der Frau, dass sie Verständnis dafür aufbringt, wenn er nicht lange durchhalten kann, und gehen auch nicht weiter darauf ein. Oder sie lassen sich platte Ausreden einfallen und schieben die Schuld auf die Frau. Die meisten Männer wollen nicht auf den Orgasmus verzichten, auch wenn sie wissen, dass sie der Frau mit einer vorzeitigen Ejakulation keine Freude bereiten. Manche begründen die Notwendigkeit des Orgasmus auch ganz plump damit, dass ein Ausbleiben zu Beschwerden führen könne – zum sogenannten »Dicke-Eier-Syndrom«: Die Hoden könnten zu schmerzen beginnen oder sich entzünden, wenn der Mann keinen Orgasmus bekomme. Dies ist natürlich nur äußerst selten der Fall und dient vielmehr der Rechtfertigung als einer gesundheitlichen Prävention.

Männer gelangen viel problemloser zum Orgasmus als Frauen und können ihn zudem noch in verschiedenartigsten Stellungen erreichen. Dafür hält er aber nicht so lange an wie bei der Frau: durchschnittlich nur drei bis zwölf Sekunden. Während seiner Ejakulation versteift der Körper des Mannes, er dehnt und streckt krampfhaft seine Glieder und sein Gesicht verzerrt sich. Er stöhnt, keucht und fühlt ein mächtiges Pochen, Pressen und Pumpen in seinem Glied. Es ist ein explosives Gefühl, das ihn überwältigt und sich vor allem im Genitalbereich sammelt.

Entspannungsphase

Ist der Orgasmus vollzogen, ist auch der Sex für den Mann beendet: Er fühlt sich befriedigt, erschöpft und schläfrig. Im Gegensatz zur Frau kehrt er ziemlich schnell sowohl körperlich wie auch emotional in einen entspannten Zustand zurück. Daher kann er auch nicht gleich weitermachen, sondern braucht eine Erholungsphase – oft zum Leidwesen der Frau, die noch erregt ist und Interesse an einer Zugabe hat. Statt sich aber der Frau zuzuwenden und sich um sie zu kümmern, schläft der befriedigte Mann neben ihr ein.

Die meisten Männer kommen gar nicht auf die Idee, sich nach ihrem Orgasmus der Erregung der Frau zu widmen und diese noch eine Weile lang aufrechtzuerhalten. Eine erneute Erektion direkt nach dem Orgasmus ist nicht möglich und sie kommen auch nicht auf den Gedanken, zur Stimulation der Frau andere Mittel als nur ihren Penis einzusetzen. Sie denken, wenn sich ihr Penis abmeldet, sei auch der Geschlechtsverkehr beendet. Aufgrund dieser aus Sicht des Mannes indiskutablen Logik wenden sich manche Herren auch direkt nach ihrem Hocherlebnis anderen Tätigkeiten zu: Fernsehen, Rauchen, Duschen, Essen, Internet-Surfen, Telefonieren, Bearbeiten von Mails. In manchen Fällen stellt die abrupte Hinwendung zu diesen Aktivitäten auch eine Flucht dar, weil der Mann sich der Liebkosung und einem Gespräch mit der Partnerin entziehen will.

Seelisches Erleben des Mannes beim Sex

Für die meisten Männer ist Sex ein rein körperlicher Vorgang, der durch heftige Bewegungen und ekstatische Gefühle gekennzeichnet ist. Ihr Augenmerk richtet sich in erster Linie auf die Ausführung und die richtige Technik: die Stellung, die Stoßkraft und das Durchhaltevermögen. Da sie beim sexuellen Akt so stark auf ihre Technik achten, geht ihnen nicht selten der Sinn für die Wünsche und das Empfinden der Frau verloren. Dies wird noch zusätzlich dadurch gefördert, dass der Mann beim Sex in erster Linie auf den Körperbau der Frau achtet und sich vom Anblick ihrer erotischen Reize anfeuern lässt. Der Drang nach einem Höhepunkt und einer Entladung wird auf diese Weise so sehr erhöht, dass er die Kontrolle über seinen Körper verlieren kann und von seinem eigenen Erleben dann so überwältigt wird, dass er darüber hinaus nicht anderes mehr wahrnimmt. Er hat eine Art Tunnelblick, in dem sein sexuelles körperliches Erleben außerordentlich gesteigert, seine Wahrnehmung aber völlig selbstzentriert ist.

Weil er nur sein eigenes Empfinden wahrnimmt und es als überaus berauschend und befriedigend erlebt, meint er, der Frau seine Liebe damit zu beweisen, dass er ihr dasselbe Erlebnis bereitet. In seiner Selbstbezogenheit geht er davon aus, dass die Frau nur dann voll befriedigt sein kann, wenn der Geschlechtsverkehr für sie genauso grandios ist wie für ihn selbst und sie dabei denselben Höhenflug erlebt. Für ihn ist es Ausdruck seiner Liebe, wenn er der Frau das gibt, was er für sich als schön und reizvoll erfahren hat. Tatsächlich ist es aber eher ein Ausdruck von Überheblichkeit, wenn er sein eigenes Erleben zum Maßstab für guten Sex macht und von der Frau erwartet, ihm willenlos zu folgen und seine Praktiken genauso ansprechend finden zu müssen wie er. Er meint, aufgrund seiner eigenen, überragenden Erfahrungen zu wissen, wie sich guter Sex anfühlt, und fragt deswegen auch nicht nach den Wünschen der Frau.

Auf diese Weise findet beim Geschlechtsverkehr zwar eine körperliche Vereinigung statt, die seelische Vereinigung misslingt aber, weil die emotionalen Bedürfnisse der Frau nicht hinreichend berücksichtigt und in das Vorgehen des Mannes integriert werden. Der Mann benutzt den Körper der Frau nur, um ihr zu zeigen, was er draufhat. An ihrem wahren inneren Erleben zeigt er kein echtes Interesse. Er möchte sie mit seinen sexuellen Künsten und seiner Potenz beeindrucken und in ihrem Verlangen gespiegelt bekommen, dass er ihr Held ist. Er will seine Einzigartigkeit bestätigt haben und in dem Sich-Verzehren der Frau nach ihm sein Ego befriedigt wissen. Mit dieser Einstellung versetzt er die Frau aber unter den Druck, ihn in seinem Bild unterstützen zu müssen, indem sie ihm das Gefühl gibt, er mache sie mit allem, was er sexuell darbietet, restlos glücklich.

Der Mann hat gelernt, dass es nicht besonders attraktiv auf eine Frau wirkt, wenn er unwissend, zögerlich oder ängstlich beim Sex vorgeht, weshalb er sich das Gegenteil aneignet und seine unsichere und verletzbare Seite hinter einer dominanten Sexualität verbirgt. Er übernimmt beim Sex die Regie und will die Frau unbedingt von sich begeistern, bekommt aber gar nicht mit, wie er sich und die Frau damit überfordert. Zuweilen leidet der Mann auch selbst darunter, immerzu stark sein zu müssen und sich keine Schwäche anmerken lassen zu dürfen, kann sich von diesem Bild, das ihm gesellschaftlich auferlegt wird, aber nicht lösen. Er meint, in jedem Moment funktionieren und die Kontrolle bewahren zu müssen.

Das Gemeinsame, das Verbindende und gegenseitig Bereichernde bleibt somit auf der Strecke. Der eine handelt, der andere sieht zu und bekommt gar keine Chance, sich einzubringen, weil der Agierende dies sofort als Kritik an seinem Können auffassen würde. Der Sex besteht dann aus einem Aufeinandertreffen von Einzelkämpfern: Der eine ist damit beschäftigt, eine perfekte Performance abzuliefern, um darüber Bewunderung zu bekommen und seinen Selbstwert aufzupäppeln. Der andere muss aufpassen, dass er nichts falsch macht und die Illusion des anderen nicht durch unbedachtes Handeln zerstört und damit die Beziehung gefährdet.

2.3 Die unzureichende Abstimmung sexueller Vorlieben

Da der Mann in der Regel schneller zum Orgasmus kommt und die Frau länger dazu braucht, stellt das gemeinsame Erleben eines sexuellen Höhepunktes keine Selbstverständlichkeit dar. Es braucht schon etwas Übung oder ist häufig ein zufälliges Ereignis, wenn beide ihn gleichzeitig erleben. Allein aus dieser biologischen Tatsache ergibt sich beim Sex häufig ein unüberwindbares Problem: Einer muss sich immer anstrengen, entweder länger durchzuhalten oder schneller fertig zu werden. Ist der finale gemeinsame Höhepunkt das ersehnte Ziel und eine zwingende Notwendigkeit, wird Sex zum Stress – entweder für beide, mindestens aber für einen. Unter diesen Umständen kann man sich gar nicht frei und unbeschwert dem Fluss seiner Sexualität hingeben, ein nicht unerheblicher Erfolgsdruck schwingt im Hintergrund immer mit. Man ist vor allem darauf bedacht, alles richtig zu machen und dem anderen zu gefallen. Dadurch, dass man sich mehr mit der eigenen Leistung oder der Interpretation des Empfindens des Partners beschäftigen muss, kann das sinnliche Erlebnis häufig gar nicht in vollem Maße genossen werden. Meist ist genau dieser innere oder äußere Druck der Grund dafür, dass es gar nicht erst zu einem Orgasmus kommt – manchmal nicht einmal zu einer Erektion.

Aus evolutionärer Sicht ist der Mann für die Erhaltung seiner Art zuständig. Insofern ist es im Sinne der Erfüllung der ihm übertragenen biologischen Aufgabe verständlich, wenn er sich aktiv nach Gelegenheiten umschaut, nicht besonders wählerisch ist und schnell zur Sache kommt. Im Gegensatz zum Mann ist die Frau dazu berufen, den Nachwuchs zu gebären, ihn zu behüten und zu versorgen. Insofern ist es auch hier verständlich, wenn die Frau mit mehr Hingabe, Feingefühl und Fürsorglichkeit an diese Aufgabe geht. Dies garantiert den Schutz und die Gesundheit ihrer Kinder. Die Tatsache, dass die Unterschiede im sexuellen Verhalten von Mann und Frau biologisch erklärbar sind, bringt uns jedoch nicht der Lösung näher, wie beide Partner gleichermaßen erfüllten Sex erleben können. Die biologische Erklärung bietet ein Verständnis bezüglich der unterschiedlichen Herangehensweisen von Mann und Frau. Sie beschreibt aber nicht, wie über den reinen Befruchtungsvorgang hinaus Sex zu einem erfüllten Erlebnis werden kann. Wenn Sex nur der profanen Reproduktion von Genen dienen würde, würde der Mensch in seiner Entwicklung auf der Stufe der Tiere stehen bleiben. Sex kann aber sehr viel mehr leisten als nur die Sicherung der Arterhaltung auf der körperlichen Ebene: Über die seelische Ebene fördert er den Aufbau von Vertrauen, Sicherheit, Verbundenheit, Verantwortung und Liebe. Wer sich auf seinen Partner sexuell einlässt, seine Bedürfnisse versteht und unterstützt, wer seine Lust dazu nutzt, sich in den anderen einzufühlen, ihn zu verwöhnen und ganz für ihn da zu sein, der fördert damit gleichzeitig auch seine Liebesfähigkeit und sein seelisches Wachstum.

Die Ansprüche der Frau an den sexuellen Verkehr gehen weiter und können vom Mann nie allein auf der körperlichen Ebene befriedigt werden. Ihr Erleben ist tiefer und umfassender. Männer sind häufig zu einseitig körperorientiert, während die Frau daneben auch noch seelenorientiert ist. Diese unterschiedliche Ausrichtung führt in einer Beziehung auf Dauer dazu, dass rein körperlicher Sex von der Frau nicht immer als zufriedenstellend erlebt wird, weil sie dabei nicht alles findet, was sie braucht. Manchmal hat sie aber auch bei ihrem umfangreichen sexuellen Empfinden noch nicht ganz herausgefunden, was sie eigentlich braucht. Es wäre dann die Aufgabe des Partners, dies gemeinsam mit ihr herauszufinden, statt ihr einfach etwas überzustülpen. Hierin liegt auch gleichzeitig die Chance für den Mann, die Stufe der ausschließlichen sexuellen Körperlichkeit hinter sich zu lassen und eine Stufe emporzusteigen, auf der die Nähe zum Partner und der Sex als sehr viel intensiver erlebt werden können.

Natürlich kann ein Mann die Frau mit der richtigen Technik auf der körperlichen Ebene hervorragend stimulieren und ihr damit ein himmlisches Vergnügen bereiten. Dies sollte aber nicht darüber hinwegtäuschen, dass es noch schöner sein könnte, wenn die seelische Ebene ebenfalls in vollem Umfang angesprochen würde. Leider lässt jedoch die Kompetenz des Mannes hinsichtlich des Umgangs mit der Sexualität der Frau häufig zu wünschen übrig. Es ist keineswegs so, dass der Mann stets zielsicher die erogenen Punkte der Frau trifft und dies im Handumdrehen dazu führt, dass diese wahre Orgasmusorgien erlebt. Wie bereits erwähnt, sind dies in den meisten Fällen nur Männerfantasien – obwohl es sicher einigen talentierten Männern gelingt oder manche Frauen extrem schnell erregbar sind. Es entspricht aber nicht der Normalität. Frauen brauchen ein viel komplexeres Zusammenspiel aus körperlicher und emotionaler Stimulation, als es der Mann für gewöhnlich anbietet.

Im Grunde müssten die Andersartigkeit der weiblichen Geschlechtsanlage und deren Empfindungstiefe Männern gehörigen Respekt einflößen. Der Facettenreichtum im Erleben der Frau beim sexuellen Verkehr übertrifft bei Weitem das Erlebnisspektrum des Mannes. Der Mann betritt hier eine völlig andere Welt, in der sich das, was er erlebt und empfindet, für den anderen völlig anders anfühlt. Es ist dann schon sehr anmaßend, wenn Männer meinen, sich mit dem Geschlechtssystem der Frau bestens auszukennen, sich nicht weiter damit beschäftigen zu müssen und ihr auch noch erklären zu wollen, wie sie zu empfinden und zu funktionieren hat. Die Folge dieser Überheblichkeit kann dann sein, dass der Mann zu übereifrig an die Frau herantritt und ihr seinen Willen aufzuzwängen versucht, ohne nachempfinden zu können, was er ihr damit antut. Seine fehlende Kenntnis bezüglich der Sexualität der Frau sowie seine mangelnde Rücksichtnahme und Empathie, sobald sein sexuelles Begehren einen bestimmten Punkt übersteigt, können in einer Beziehung zu sexuellen Grenzüberschreitungen führen, die weder der Mann als solche benennen würde, weil er glaubt, alles richtig zu machen, noch die Frau, die denkt, dass der Mann eben nicht anders kann oder es so sein müsse.

Auf der anderen Seite muss auch der Frau bewusst sein, dass sie den Mann im Unklaren lässt, wenn sie ihm nicht angemessen zu verstehen gibt, was ihre sexuellen Wünsche sind und wie er sich auf ihre Bedürfnisse und ihr Empfinden einstellen kann. Ihm sollte deutlich gemacht werden, dass er damit eine andere, ihm noch fremde Welt betritt und dass es ihn in seiner Männlichkeit nicht abwertet, wenn er achtsam ist, sich zurückhalt und anpasst. Frauen sollten dem Mann helfen, sie besser zu verstehen, ohne ihn für seine Sexualität zu verurteilen oder ihm seine Wünsche auszureden. Sie sollten ihm in einem vertrauensvollen Austausch zu verstehen geben, dass sie eine andere Vorstellung von Sexualität haben und es noch eine weitere Dimension im sexuellen Erleben gibt, die er erfahren kann, wenn er sich darauf einzulassen bereit ist.

3. Wenn sich die Gelegenheit zum Sex bietet

Schnelle Erregbarkeit, Ungeduld, unzureichende Kenntnisse der sexuellen Vorlieben der Partnerin sowie mangelnde maßvolle Berücksichtigung derselben führen so manches Mal dazu, dass die Annäherung des Mannes bemerkenswert einfallslos und unsensibel ausfällt und dieser nach Sex verlangt, wenn die Frau nicht oder noch nicht dazu aufgelegt ist. Während der Frau in diesem Moment der Sinn gar nicht nach sexuellem Vergnügen steht oder sie sich höchstens nach emotionaler Nähe sehnt, ergreift der Mann forsch die Initiative und denkt nur an das eine. Dieses ungleiche Triebverhalten kann zu einer großen Belastung in der Beziehung führen, wenn ein Partner ständig zu drängen beginnt und dabei leichtfertig die Grenze zur Übergriffigkeit übertritt.

Die andersartigen und vielschichtigen sexuellen Bedürfnisse und Vorlieben der Frau machen es einem Mann in einer langjährigen Beziehung nicht gerade leicht, seine Partnerin mal eben zu erobern und zum Sex zu verführen. Während es dem Mann nie schnell genug gehen kann, braucht die Frau in der Regel eine etwas längere Aufwärmphase. Sie muss in der richtigen Stimmung sein oder sanft und einfühlsam hineinversetzt werden. Sie braucht das Gefühl, dass es ihr Partner ehrlich mit ihr meint und er sie nicht nur für eine schnelle Befriedigung benutzen will. Dies bedeutet für den Mann, dass er sich wohl oder übel den Ansprüchen der Frau anpassen muss, wenn er Sex haben möchte. Diesen Umstand wollen viele Männer aber im Laufe einer Beziehung umgehen, indem sie die Zurückhaltung der Frau mit forschem Voranpreschen auszuhebeln versuchen. Dass ihnen dies aber nur Stress und am Ende immer weniger Sex einbringt, lernen sie oft erst, wenn es zu spät ist.

Während beide Partner am Anfang der Beziehung noch bereit sind, sich voll und ganz aufeinander einzustellen und sich nach allen Regeln der Kunst gegenseitig zu verwöhnen, lassen ihre Bemühungen im Laufe der Beziehung meist nach. Vor allem verliert der Mann mit der Zeit die Geduld, wenn er sich jedes Mal erst an einem langatmigen Vorspiel beteiligen muss und seiner zügig ansteigenden Erregtheit nicht freien Lauf lassen darf. Es strengt ihn an, sich aus Rücksicht auf die Frau zurückhalten zu müssen, und im Grunde tut er es nur, um nicht allzu egoistisch zu erscheinen und sich nicht wieder Vorwürfe anhören zu müssen.

Am Anfang ist man noch bereit, alle möglichen sexuellen Spielarten mitzumachen, auch die, die weniger gefallen. Man will den Partner nicht verärgern, ihn verwöhnen und ihm zeigen, wie sehr man ihn begehrt, indem man alles für ihn zu tun bereit ist – vor allem dann, wenn man selbst von dem Partner auf himmlische Weise verwöhnt wird. Man will kein Spielverderber sein und sich für die Gefälligkeiten revanchieren, ist zu Experimenten bereit und lässt so manche Praktiken zu, die vorher undenkbar schienen. Da sich die körperliche Vereinigung mit jedem Partner neu und anders anfühlt, kann im Feuer der Leidenschaft auf einmal das Spaß machen, was zuvor unvorstellbar oder bei früheren Partnern unangenehm war. Am Anfang wollen beide mit dem Körper des anderen verschmelzen, können gar nicht genug von ihm bekommen und häufig braucht es auch kein langes Vorspiel, um hocherregt zu sein. Oft genügt schon der bloße Anblick des anderen, um sich nicht mehr zurückhalten zu können.

Doch mit der Zeit wird der Geschlechtsakt immer mehr zur Routine: Man stellt sich aufeinander ein, kennt die Gewohnheiten des anderen, seine Vorlieben, aber auch seine Grenzen und hält sich daran. Der Sex ist zwar noch schön, aber nichts Außergewöhnliches mehr – man weiß eben, was kommt. Kurz vor dem Ausknipsen der Nachttischlampe wird der Beischlaf mehr oder weniger routinemäßig ohne besondere Vorkommnisse abgewickelt. Ärger vermeidet man am besten, indem man es so macht wie immer: Man begeistert seinen Partner zwar nicht mehr, enttäuscht ihn aber auch nicht.

Dies kann dazu führen, dass die eingeübte Routine stupide und mechanisch abgewickelt wird und nur dazu dient, sich selbst über zielgerichtete Bewegungen ein schönes Erlebnis zu bereiten, ohne dabei in echte Resonanz mit dem Partner zu gelangen. Oft ist es dann die Frau, die die Lust an dem obligatorischen Sex verliert, weil ihr dabei das Gefühl von Liebe viel zu kurz kommt. Der Sex dient nur noch zur Stimulierung und dazu, berauschende Gefühle zu erleben – ein Gefühl emotionaler Verbundenheit kommt dabei kaum noch auf. Gerade bei Frauen verstärkt sich dann das Gefühl, nur noch ihren Körper zur Verfügung stellen zu müssen, damit der Mann seine Freude hat. Sie verlieren oft das Interesse, weil sie beim Sex nicht mehr so viel empfinden oder sich ausgenutzt fühlen.

Es können aber auch andere Einflüsse die Bereitschaft der Frau zum Sex deutlich mindern: Streit und Ärger in der Partnerschaft, am Arbeitsplatz, mit den Kindern oder Eltern, mit Bekannten. Seelische Konflikte oder auch wiederkehrende Alltagssorgen und -pflichten führen häufig dazu, dass die Frau – bei einer ohnehin meist geringeren Triebveranlagung als der Mann – kaum noch Interesse an Sex verspürt, während der Mann Sex häufig braucht, um sich vom Stress des Tages abzulenken und den Kopf freizubekommen. Frauen reagieren in der Regel sensibler auf Störeinflüsse, die ihr inneres Gleichgewicht ins Wanken bringen, und brauchen länger, um sich innerlich wieder auszubalancieren und unbefangen dem Partner hingeben zu können. Dies führt dann dazu, dass immer weniger vor dem Ausknipsen der Nachttischlampe passiert und dem Partner bestenfalls noch ein Gute-Nacht-Küsschen auf die Wange gedrückt wird. Dies stößt bei einem sexuell aktiven Mann jedoch keineswegs auf Zustimmung, schon gar nicht, wenn sich solche Vorfälle häufen. Er bringt wenig Verständnis dafür auf, wenn die Frau von ihrem Recht auf Verzicht Gebrauch macht und damit das abendliche Ritual, das für den Mann oft zur Selbstverständlichkeit geworden ist, ständig verschiebt oder ganz verweigert. Der Mann fühlt sich dann dazu genötigt, die Frau zum Sex zu überreden.

So kann das Zubettgehen für die Frau zu einer allabendlichen Tortur werden: Während sie sich einfach nur ins Bett fallenlassen möchte und nichts weiter als einen erholsamen Schlaf anstrebt, beginnt der erregte Mann, sich emsig an ihrem Körper zu schaffen zu machen. Wenn er mit seinen gierigen Fingern ihren Bauch oder Po zu streicheln beginnt, ahnt die Frau schon, was ihr bevorsteht. Sie muss dem Mann nun klarmachen, dass sie nicht gewillt ist. Dabei

macht sie regelmäßig die Erfahrung, dass die simple Inanspruch-
nahme ihres Vetorechts bei Weitem nicht ausreicht, um den ambi-
tionierten Mann zu verscheuchen. Er wird es nicht müde, mit seinen
Annäherungsversuchen die Frau umzustimmen und doch zum Sex
zu bewegen zu versuchen. Während die Frau von den Strapazen des
Tages erschöpft ist oder mit ihren Gedanken einfach einen Moment
allein sein will, hat sie nun auch noch alle Hände voll damit zu tun,
den Mann von ihrem Leib fernzuhalten und endlich Ruhe vor ihm
zu bekommen. Dieser wiederkehrende Kampf kann für die Frau zu
einer ständigen Belastung und Quelle der Frustration werden. Oft
graut ihr dann schon vor dem Gang ins Schlafzimmer und sie sucht
nach Wegen, die Zeremonie des Zubettgehens so zu gestalten, dass
der Mann gar nicht erst durch ihre Reize in Versuchung gerät.

Die Frau kann vor sexuellen Übergriffen nie sicher sein

Dieser Stress begleitet die Frau oft den ganzen Tag hindurch und
kommt nicht erst auf, wenn sie das Schlafzimmer betritt und sich ihr
Partner über sie hermachen will. Häufig beginnt es schon auf dem
Sofa vor dem Fernseher: Der Mann rückt verdächtig nah an die Frau
heran, kuschelt sich an sie und beginnt ganz langsam mit dem Be-
fingern, bis es der Frau zu viel wird und sie mit den barschen Worten
»Lass das!« von ihm abrückt, als sei sie von einer Wespe gestochen.
Oder sie macht sich hübsch zurecht, um mit einer Freundin oder
Bekannten auszugehen, und muss damit rechnen, dass ihr Partner
beim Anblick ihres reizvollen Outfits seine Finger nicht bei sich behalten kann und ihr unter den Rock oder die Bluse greift – nicht
ohne zu erwähnen, dass sicher noch Zeit für einen »Quickie« sei.
  Sicher kann sich die Frau vor unwillkommenen Übergriffen
eigentlich nie sein: Legt sie nur mal den Kopf auf seine Schulter,
weil sie seine Nähe braucht, sieht der begierige Mann darin eine
günstige Gelegenheit und übertritt dabei gedankenlos eine Grenze.
Beim Kochen schlüpft plötzlich die Hand ihres Partners unter ihren
Rock und gleitet an ihrem Körper hinauf, während die andere geschickt den Knoten ihrer Schürze löst. Unter der Dusche muss sich die
Frau vorsehen, dass der Mann nicht zufällig auch gerade das Bedürfnis hat, sich frischzumachen, und kurzerhand mit unter die Brause

springt. Die Frau verschließt daher vorsorglich die Badezimmertür oder huscht nur für einen kurzen Augenblick unter die Dusche, damit der Mann nicht auf dumme Gedanken kommt. In manchen Fällen wird auch die Tochter oder Sohn mit unter die Dusche genommen, um auf diese Weise dem Partner den Zugang zu verschließen.

Auch erregt es manche Männer außerordentlich, wenn ihre Partnerin am Steuer sitzt und den Wagen durch den Stadtverkehr navigiert. Der konzentrierte, nach vorn gerichtete Blick, die Schenkel in angewinkelter, höchst verführerischer Position: Dieser Anblick, gepaart mit der vermeintlichen Wehrlosigkeit der Frau – die ja schließlich angeschnallt ist und sich auf den Verkehr konzentrieren muss –, hat schon so manchen Mann um den Verstand gebracht. Unfähig, der Versuchung zu widerstehen, nutzt er diese einmalige Gelegenheit.

Die Gefahr lauert überall und die Frau muss ordentlich auf der Hut sein, will sie nicht von der allgegenwärtigen Wollust des Mannes überrascht werden. Manche Frauen stellen sich die berechtigte Frage, warum Männer bei allem, was sie tun, sofort eine Erektion bekommen können: Ganz normale Verrichtungen wie Putzen, Bügeln oder Gartenarbeiten, die nicht einmal den Hauch von Erotik beinhalten, können in seinem Kopf unglaublich erregende Fantasien auslösen. Die Frau kann sich nie sicher sein, womit sie ihren Partner gerade sexuell erregt – alles kann seine Lust wecken und seinen Verstand vernebeln.

Was macht die Frau, um die sexuellen Absichten des Mannes zu unterbinden?

Die Frau sieht sich in einer Beziehung dem Dilemma ausgesetzt, dass der Mann spontan, oft zu den unpassendsten Gelegenheiten, zum Sex bereit ist, sie aber nicht. Eigentlich kann sie nie abschalten und entspannt sein, kann doch gerade solch ein Zustand erst recht die Lust des Mannes animieren. Ihr bleibt keine andere Wahl, als sich gewiefte Strategien zuzulegen, will sie von lästigen Übergriffen verschont bleiben, und meist bekommt sie im Laufe der Beziehung ein sicheres Gespür dafür, mit welchen Methoden sie ihren sexbedürftigen Partner aus ihrem Hoheitsgebiet fernhalten kann.

Doch ist es jedes Mal ein mühevoller Kampf, die Avancen des Mannes abzuwehren, obwohl er doch eigentlich von selbst mitbekommen müsste, dass es entweder nicht der richtige Moment oder die Frau nicht in Stimmung ist. Sie muss dann heftigsten Widerstand leisten und sieht sich zu Ausreden gezwungen, die oft nicht sonderlich einfallsreich sind, dafür aber plausibel klingen, den Mann nicht direkt verletzen und ihm freundlich die Chance einräumen, von allein zu begreifen, dass er gerade dabei ist, einen Fehler zu machen:

»Ich habe so starke Kopfschmerzen!«
Die Frau führt gesundheitliche Beschwerden an wie Migräne, Reizdarm, Schwindel, Müdigkeit, Rückenschmerzen, Unterleibsschmerzen und vieles mehr. Manchmal erfindet sie eine Krankheit, manchmal erweist sich aber auch ein reales Leiden –wenigstens in diesem Fall – als nützlich.

»Ich hatte heute / habe morgen einen anstrengenden Tag!«
Berufliche, private oder häusliche Belastungen werden als Grund vorgeschoben, um die mangelnde Lust zu begründen. Stress am Arbeitsplatz, Ärger mit den Eltern, Probleme mit den Kindern, finanzielle Sorgen oder anstrengende Termine werden als Barriere aufgebaut, um den Mann von seinem Bestreben abzuhalten. *»Ich kann nicht mehr, ich bin total erschlagen!«*, ist oft eine der zielführendsten Aussagen, um den drohenden Beischlaf zu verhindern – und nebenbei auch eine der einfachsten, sofern dies durch entsprechende Körpersprache und den passenden Gesichtsausdruck authentisch vorgetäuscht werden kann.

»Ich habe meine Tage!«
Die Frau baut biologische Hürden auf, die Sex zumindest an diesem Tag unmöglich machen: Menstruation, Nichtvorhandensein von Kondomen, Nichteinnahme oder Nichtverträglichkeit der Pille und vieles mehr.

»Lass es uns morgen machen!«
Der Mann wird vertröstet, obwohl die Frau in den meisten Fällen

ganz genau weiß, dass sie morgen genauso wenig Interesse haben wird. Aber indem sie dem Mann berechtigte Hoffnungen macht, ist sie ihn zumindest an diesem Abend los. Oder sie versetzt ihn in eine Warteschleife: *»Erst, wenn die Kinder eingeschlafen sind!«* – *»Ich will nur noch das Kapitel zu Ende lesen!«* – *»Gleich, wenn ich mich abgeschminkt habe!«* Sie bedient sich einer Hinhaltetaktik in der Hoffnung, dass der Mann in der Zwischenzeit das Interesse verliert.

»Du hast doch morgen einen anstrengenden Tag!«

Der Mann wird fürsorglich daran erinnert, dass er auch noch andere Verpflichtungen hat und Sex nicht gerade dazu beiträgt, seine Kräfte zu schonen: *»Morgen will dein Chef mit dir reden!«* – *»Du willst morgen mit den Kindern früh raus!«* – *»Wir wollen morgen in den Urlaub fahren und du musst die ganze Zeit am Steuer sitzen!«*

»Ich bin immer noch sauer auf dich!«

Die Frau nimmt den Streit vom Vortag und ihre (reale oder vermeintliche) innere Verstimmtheit zum Anlass, den geschlechtlichen Verkehr zu verweigern: *»Ich komme nicht darüber hinweg, was du zu mir gesagt hast. Das war so gemein!«* Auf diese Weise wird dem Mann ein schlechtes Gewissen eingeimpft und er wird an seine unpassenden Worte erinnert, über die er lieber nachdenken sollte als über Sex.

»Lass uns heute nur ein wenig kuscheln!«

Die Frau will nicht Ja sagen, aber auch nicht Nein. Selbst wenn ihr nicht mal zum Kuscheln zumute ist, will sie den Mann nicht schroff abweisen und bietet einen Kompromiss an: *»Aber nur fünf Minuten!«* – *»Du kannst mir ein wenig den Rücken massieren!«* Die Frau versucht, das erotische Spiel zeitlich oder örtlich zu begrenzen.

»Du hast dich nicht geduscht!«

Die Frau wirft dem Mann mangelnde Körperhygiene vor: Er ist nicht rasiert, er hat sich die Zähne nicht geputzt, er riecht nach Tabak oder nach Knoblauch oder er hat eine Fahne. Dem Mann wird so klargemacht, dass sein ungepflegter Zustand für die Frau eine Zumutung darstellt und sie unter diesen Umständen nicht zum Geschlechtsverkehr bereit ist. Da der Mann in der Regel seine eigenen Körperausdünstungen nicht wahrnimmt, wird die Frau auch dann noch behaupten, er rieche unangenehm, wenn er sich gründlich gesäubert hat. Der Mann wird dann so lange ins Bad geschickt, bis ihm die Laune vergeht.

»Die Nachbarn können uns hören!«
Die Frau erinnert an die Anwesenheit von Personen in der Nähe, die die verräterischen Geräusche hören oder unerwartet den Raum betreten könnten, wie die Kinder oder die Eltern, die mit im Haus wohnen. *»Meine Freundin will gleich noch kommen!«* – *»Du sollst deinen Vater zurückrufen!«* – *»Der Hund muss noch raus!«* Dritte Personen oder sonstige Umstände werden herangezogen, um die Aussichtslosigkeit auf Sex zu unterstreichen.

»Doch nicht hier!«
Hier werden Orte und Situationen als Grund vorgeschoben: nicht unter der Dusche, vorm Kamin, im Garten, in der Garage oder auf der Toilette. Oder es werden andere störende Einflüsse genannt: *»Die Musik ist so laut!«* – *»Es ist so kalt in diesem Raum!«* – *»Es ist so hell!«* – *»Es ist zu dunkel!«* Immer findet die Frau irgendetwas Störendes im Umfeld – und sei es nur eine Bagatelle –, um die Annäherungen des Mannes zu vereiteln.

Im Grunde ist es naiv, wenn Frauen meinen, ihren Partner mit derart stupiden und im Grunde allgemein bekannten Ausreden abweisen zu können. Sie laden den Mann geradezu dazu ein, dagegenzuhalten und die fadenscheinigen Einwände zu entkräften. Kein Mann will sich für dumm verkaufen lassen und fühlt sich angesichts der billigen Ausflüchte erst recht dazu berufen, seine Verführungsstärke unter Beweis zu stellen. Jedoch sollte es jedem Mann eigentlich ein ernsthaftes Zeichen sein, wenn er solche trivialen Vorwände aus dem Mund seiner Liebsten hört, und sich die Frage stellen, was das mit ihm zu tun haben könnte. Statt sich durch die Zurückweisung gekränkt zu fühlen, könnte er in der Verweigerung der Frau auch eine Aufforderung sehen, seine Art der Annäherung zu überdenken oder die Unbeherrschbarkeit seines sexuellen Verlangens zu hinterfragen.

Um gar nicht erst in die Verlegenheit zu kommen, sich mit Ausreden durchlavieren zu müssen, organisiert die Frau häufig auch die Schlafenszeiten zu ihren Gunsten: Sie geht grundsätzlich nach dem Mann ins Bett, wenn dieser bereits eingeschlafen ist, und hält sich bis dahin mit häuslichen Aufgaben oder ihren Hobbys auf. Oder sie geht vor ihm ins Bett und schläft schon, bevor der Mann das Bett aufsucht. Sofern das gemeinsame Zubettgehen nicht umgangen werden kann und sich beide gleichzeitig schlafen legen, dreht sie sich sofort zur Seite und bekundet damit ihr Desinteresse, wenngleich der sexbedürftige Mann dennoch angeschlichen kommt und ihr sanft auf die Schulter küsst, um damit sein Begehren auszudrücken. Entweder wehrt die Frau dann mit einer ruckartigen Bewegung der Schulter seine Berührung ab oder sie sagt kurz angebunden: *»Heute nicht!«*, meist mit einem deutlich genervten Unterton.

Für den Mann ist es im Einzelfall schwer festzustellen, wann ein Grund nur vorgeschoben ist und wann er den Tatsachen entspricht. Ein unangenehmes Gefühl bleibt bei dem Mann aber immer zurück: Er fühlt sich um den Sex betrogen. Vor allem, wenn er sich immer wieder dieselben fadenscheinigen Ausreden anhören muss, wird er allmählich ungeduldig und verlangt endlich eine Lösung oder Perspektive. Die dürftigen Vorwände retten die Frau immer nur situativ – auf Dauer wird sie den sexbedürftigen Mann damit nicht besänftigen können.

Da die Frau im Laufe der Beziehung lernt, dass eine einfache Stellungnahme wie *»Ich habe keine Lust«* oder *»Ich möchte heute nicht!«* dem Mann keineswegs reicht und ihn eher dazu veranlasst, nach dem Warum zu fragen, um in der nachfolgenden Diskussion die Argumente der Frau zu entkräften, muss sie sich Strategien einfallen lassen, die nachhaltiger sind und sie davor schützen, sich ständig rechtfertigen zu müssen. Im Folgenden werden daher einige typische Methoden und Rollenbilder beschrieben, hinter die sich Frauen verschanzen, wenn sie sich von ihren Partnern sexuell bedrängt fühlen.

Die Mutter und Hausfrau

Die Frau versteckt sich hinter der Betreuung und Versorgung der Kinder sowie ihren häuslichen Pflichten. Kinder sind ein wunderbarer Vorwand, um die geschlechtliche Vereinigung zu verhindern. Der Mann kommt weder tagsüber noch nachts an seine geliebte Frau heran: Immer ist sie von den Kindern umringt, immer muss sie ihnen gerade etwas zu essen machen, ihnen die Schuhe zubinden, verlorengegangenes Spielzeug suchen oder die Kinderzimmer aufräumen. Alles dreht sich im Familienleben nur noch um die Kinder. Und nachts, wenn der Mann im Schlafzimmer mit der Frau allein zu sein glaubt, hüpfen die Kinder mit unter die Bettdecke, weil sie nicht einschlafen können. So dienen die Kinder der Frau hervorragend als Schutzwall gegen sexuelle Übergriffe. Und selbst wenn die Kinder schlafen oder bei den Großeltern untergebracht sind, erweisen sie sich noch als unüberwindbare Hürde: Die hohe tägliche Belastung durch die Kinder und die dringend benötigte Nachtruhe werden dann als Grund angeführt, den Beischlaf ausfallen lassen zu müssen.

Die Nörglerin

Diese Frau verdirbt dem liebeshungrigen Mann schon im Vorfeld die Laune, indem sie ihn mit Unterstellungen und Abwertungen konfrontiert: »*Willst ja wieder nur eine schnelle Nummer!*« – »*Du hältst ja doch nicht lange durch!*« – »*Gibst du dir denn heute mal mehr Mühe als beim letzten Mal?*« – »*Jetzt, wo du eine schöne Frau im Fernsehen gesehen hast, willst du auf einmal Sex?*« Die Nörglerin nimmt kein Blatt vor den Mund, um den Mann zu demütigen und ihm damit gründlich die Lust auf Sex zu nehmen. Sie hackt ohne Unterlass auf ihm herum, unterstellt ihm egoistische Absichten und schlechtes Benehmen, belächelt seine sexuellen Fähigkeiten oder bezichtigt ihn, ein Sexmonster zu sein. In seiner Scham zutiefst getroffen, glaubt der Mann dann nicht mehr daran, der Frau ein schönes Erlebnis bereiten und seine Leistung abrufen zu können. Er zieht sich betrübt zurück.

Die Händlerin

Sie gestaltet den Sex nach der Maxime: Wenn ich etwas gebe, muss ich auch etwas zurückbekommen. Die Frau will sich ihre Bereitschaft in irgendeiner Form bezahlen lassen und erwartet eine Gegenleistung. Beispielsweise besteht sie darauf, das nächste Urlaubsziel zu bestimmen, ein teures Modeaccessoire zu bekommen, in einem Nobelrestaurant essen zu gehen, mehr Haushaltsgeld zu erhalten oder in der Kindererziehung unterstützt zu werden. Die Frau nutzt die Abhängigkeit des Mannes von ihrer Gunst aus, um die Bedingungen zu diktieren. Nicht selten gelingt es ihr damit, den Mann von seinem Bestreben abzuhalten, weil ihre Wünsche einfach zu ausgefallen und unerfüllbar sind.

Die Verweigerin

Diese Frau verweigert hartnäckig den Sex und lässt auch nicht mit sich verhandeln. Ihre Abneigung kann in einem veranlagungsbedingt geringen sexuellen Bedürfnis begründet liegen, es kann aber auch sein, dass ihr der Sex mit ihrem Partner nicht gefällt oder im Laufe der Zeit an Qualität verloren hat. Vor allem, wenn der Partner beim Sex die Kontrolle verliert und in seiner Euphorie gar nicht mehr mitbekommt, wie er seine Partnerin behandelt und was er ihr alles abverlangt, kann es einer zart gebauten Frau einfach zu viel werden: Hartes Zustoßen, wildes Reißen an den Haaren, kräftige Schläge auf das Hinterteil und festes Kneten der Brüste können so mancher Frau den Spaß verderben. Die Frau wird im Bett regelrecht zugerichtet und der Mann glaubt, seine Dominanz und Stoßkraft würden seiner Liebsten gefallen, nur weil es ihm so gut gefällt.

Die Unfähigkeit, sein gesteigertes Bedürfnis zu steuern, führt den Mann dann dahin, gar keinen Sex mehr zu bekommen. Würde er sich von vornherein etwas mäßigen und mehr auf das Befinden seiner Partnerin achten, würde er nicht in die Bredouille kommen, seine sexuellen Neigungen unterdrücken zu müssen. Stattdessen wird er mit einem strikten Verbot konfrontiert und degradiert sich damit zum Bettelknaben, der bei der Frau um Sex flehen muss. Wenn er es aber erst einmal trotz mehrfacher Ermahnungen zu weit getrieben hat, kennt die Verweigerin kein Erbarmen mehr: Sie lässt den Mann sexuell verhungern. Bestenfalls kann er dann noch auf Sex hoffen, wenn seine Partnerin ab und zu bereit ist oder wenn er sich außerordentlich charmant um sie bemüht. Der Aufwand für ein sexuelles Abenteuer wird deutlich höher, den er sich ersparen könnte, würde er sich beim Akt manierlicher aufführen und auch die Wünsche und Bedürfnisse der Frau berücksichtigen.

Die Verwalterin

Diese Frau weiß, dass sie ihren Partner von Zeit zu Zeit »ranlassen« muss, will aber nicht ständig überrumpelt werden. Sie will den Zeitpunkt mitbestimmen und nicht vom Mann überrascht werden. Aus diesem Grund trifft sie mit dem Mann klare Vereinbarungen in Bezug auf den Geschlechtsverkehr: Sie legt den Wochentag fest, z. B. den Sonntagmorgen, und bestimmt, was dabei erlaubt ist und was nicht. Der ganze Vorgang wird formal geregelt und nüchtern abgewickelt. Spontane Arrangements sind in ihrem Vertragswerk nicht vorgesehen – der Mann muss sich an die Bestimmungen halten, sonst geht er leer aus. Der Intimverkehr verliert auf diese Weise natürlich an Spannung und verkommt zu einer trockenen, routinemäßigen Angelegenheit – es mangelt an Spontanität und Abwechslung. Alles muss immer so erfolgen, wie es die Frau festgelegt hat, in der Annahme, damit beiden Seiten gerecht zu werden. Auf diese Weise muss die Verwalterin keine sexuellen Übergriffe mehr fürchten und kann sich auf den Akt vorbereiten und der Mann weiß, wann er an der Reihe ist.

Die Couragierte

Forsch entgegnet sie dem Mann, dass er zu einer anderen Frau gehen soll, wenn er Sex haben will. Auf diese Weise bietet sie dem sexgetriebenen Mann eine lukrative Alternative an und entbindet sich gleichfalls von jeglichen sexuellen Verpflichtungen. Es gibt für den Mann nun keinen Grund mehr, bei seiner Partnerin um Sex zu betteln – er hat jetzt einen Freibrief für Affären außerhalb der Beziehung. Die meisten Männer machen von diesem großzügigen Angebot allerdings keinen Gebrauch, unterläuft es doch zu sehr ihre moralische Haltung: Sie könnten sich schlecht dabei fühlen, wenn sie ihre Partnerin betrügen. Außerdem werden sie von der Ungewissheit geplagt, ob die Frau ihnen am Ende nicht doch Vorwürfe machen und sie aus dem Haus jagen könnte. Das Risiko ist einfach zu groß. Dies weiß auch die Couragierte, weshalb sie sich dieses strategischen Schachzuges bedient.

Der eine drängt, der andere trickst

Die Frau muss sich kreative Abwehrstrategien einfallen lassen, um den zudringlichen Mann von ihrem Körper fernzuhalten. Dabei nutzt sie die Methoden, die ihrem Charakter am ehesten entsprechen: von unauffällig-listig bis offen-perfide. So wie der Mann versucht, die Frau zu etwas zu drängen, was sie nicht will, so versucht die Frau, den Mann mit List und Tücke von seinem Vorhaben abzubringen. So wie der Mann die Frau mit seinem Willen unter Druck setzt, so wählt die Frau taktische Verteidigungsmanöver, die den Mann seinerseits unter Druck setzen. Dies wiederum führt dazu, dass der Mann sich ebenfalls Strategien einfallen lassen muss, um die Mauer der Frau zu durchbrechen. Auf diese Weise beginnt ein verhängnisvoller Kreislauf bestehend aus permanenten Belästigungen und Zurückweisungen oder Reglementierungen, der die Beziehung zunehmend belastet.

In dieser Abhandlung soll es keineswegs darum gehen, Frauen als prüde und launenhaft darzustellen, die am Geschlechtsverkehr keinerlei Interesse haben. Auch Frauen mögen spontanen Sex in der Küche, im Auto oder unter freiem Himmel. Sie können dabei sogar ausgesprochen leidenschaftlich werden und dem Mann sogar Fantasielosigkeit vorwerfen, wenn dieser das Schlafzimmer bevorzugt und seine Partnerin nach altem Missionarsbrauch begatten möchte. Auch die Frau hat Ansprüche. Sie will aber mitreden und beteiligt sein, nicht einfach nur überrumpelt werden und zusehen müssen. Sie will selbst entscheiden – zumindest will sie aber gefragt werden, wann, wo und wie es geschieht, und nicht nur das kleine Püppchen sein, das als Lustbefriedigung des Mannes herhalten darf.

Auch geht es nicht darum, den Mann für sein sexuelles Gebaren zu verurteilen und ihm zu verbieten, sich seiner Partnerin zu nähern und diese zu berühren. Er darf seinen Bedürfnissen nachgehen, sollte dies allerdings mit Feingefühl und entsprechender Wertschätzung tun. Aber gerade in diesem Punkt – seinem Trieb, der ihn unwiderstehlich zum Sex drängt – zeigt sich eine entscheidende Schwäche: sein mangelndes Taktgefühl. In einem solchen Moment geht er zu hastig vor, wählt nicht die richtigen Worte und drängt zu ungestüm auf körperliche Nähe und Sex, was jeden noch so romantischen Augenblick zunichtemacht und die Lust der Frau im Handumdrehen auslöscht. Wird er von seinem Kardinalbedürfnis getrieben, können ihm seine guten Manieren völlig abhandenkommen.

Umgekehrt macht es die Frau dem Mann auch nicht gerade leicht, wenn sie sich nicht klar positioniert. Statt sich ihrer Bedürfnislage bewusst zu sein und diese klar zu benennen, verhält sie sich oft undurchsichtig: Sie wartet erst einmal ab, ob der Mann sich von selbst zurückzieht oder ob sie vielleicht doch Gefallen an seiner Zuwendung findet. Manchmal würde die Frau schon gerne Sex haben, aber vielleicht nicht unbedingt in diesem Moment oder auf diese Weise. Der Mann hat dann das Problem, das Zögern der Frau richtig einzuordnen, und interpretiert es im Zweifel zu seinen Gunsten. Oder die Frau verhält sich von vornherein kompromisslos und lässt erst gar nicht mit sich reden. Diese starre Haltung verwehrt dem Mann jegliche Möglichkeit, seine sexuellen Wünsche in die Beziehung einzubringen und der Frau zu zeigen, dass er entgegen ihrem Bild sehr wohl in der Lage ist, sich auf sie einzustellen. Doch die rigorose Frau gibt ihm keine Chance. Insofern hat sie sehr wohl einen Anteil daran, wenn der Mann sein sexuelles Gebaren nicht verbessert und es deshalb in der Beziehung zu unbefriedigendem oder gar keinem Intimverkehr kommt.

Aus Sicht der Frau ist allein die Taktlosigkeit des Mannes Schuld daran, wenn es nicht zum Sex kommt. Ein sexgetriebener Mann hingegen meint, der Frau mit seinen Zärtlichkeiten etwas Gutes zu tun, und kann daher nicht nachvollziehen, warum diese sich verschließt. In der Folge bezeichnet er die Frau als zu empfindlich, launenhaft, lust- und fantasielos. Er glaubt, es läge allein an der Frau, wenn es mit dem Sex nicht klappt und er eine Abfuhr kassiert. Dabei sind zu einem ganz erheblichen Anteil die mangelnde Feinfühligkeit, Selbstreflexion und Impulskontrolle des Mannes die simplen Gründe dafür, dass seine Verführungsbemühungen scheitern – und dies sogar nicht selten zum Bedauern beider.

Da die Gefühlsanlage vieler Männer nicht in demselben Maße geschult ist wie ihre Bewegungsanlage, neigen sie dazu, der Frau in erster Linie mit Willen und Tatkraft zu begegnen. Es treibt sie mehr dazu, etwas zu tun und aktiv zu werden, statt sich zunächst nur innerlich mit ihren Trieben und Gefühlen auseinanderzusetzen, ohne deren Drängen gleich Folge zu leisten. Aus der mangelnden Impulskontrolle entsteht dann schnell Ungeduld, Überheblichkeit und ein Drängen, das bei einem Widerstand der Frau sogar in Aggressivität und Übergriffigkeit umschlagen kann. Mit andauerndem Zureden, Anbiedern und Täuschen versucht dann der sexgetriebene Mann, die Frau zum Sex zu überreden, statt mit Verständnis, Vertrauen und Warmherzigkeit zu überzeugen. Männer nutzen ihre Muskeln statt ihr Herz und arbeiten daher vornehmlich mit Kraft, Tempo und Druck statt mit Zartheit und Liebe. Von ihrem unersättlichen Verlangen überrollt vergessen sie, die Bedürfnisse und Gefühle der Frau in ihre Absichten mit einzubeziehen. Weil sie so schnell wie möglich ans Ziel gelangen und der Schmach einer Abfuhr entgehen wollen, kontern Männer auf den Widerstand der Frau mit Gewalt statt mit Empathie. Dies führt allerdings dazu, dass sie bei der Frau keine Liebe, sondern Ekel oder Ängste erzeugen, die sie dazu zwingen, zu Schutzmechanismen zu greifen. Diesen Rückschluss scheinen viele Männer nicht ziehen zu können, weshalb sie sich wundern, warum sich die Frau ihnen gegenüber so eigenartig abweisend verhält.

Wie begegnen Männer den Ausreden und Ausweichmanövern von Frauen?

Da der Mann seine Partnerin nicht mit fadenscheinigen Ausflüchten davonkommen lassen kann, meint er, sie mit zumeist wenig ideenreichen Lösungen oder stupiden Vorwürfen und Belehrungen doch noch umstimmen zu können:

- »Sex hilft hervorragend bei Kopfschmerzen!«
- »Wenn du so viel Stress hast, dann brauchst du etwas Entspannung. Komm, ich streichle dich ein wenig!«
- »Wenn keine Kondome im Haus sind, kann ich auch einen Luftballon nehmen!«
- »Wenn die Kinder noch nicht schlafen, sind wir eben ganz leise!«
- »Ich mag es besonders gern, wenn du nicht geduscht bist!«
- »Du kannst doch weiterlesen, während ich dich verwöhne!«
- »Weil ich morgen einen anstrengenden Tag habe, sollte ich heute Abend noch ein wenig Entspannung haben!«
- »Es stört mich nicht, wenn du krank bist. Sex belebt das Immunsystem!«
- »Du musst nicht viel machen, einfach nur daliegen!«
- »Denk nicht immer an die Arbeit – denk lieber an mich!«

Die Frau muss dann feststellen, dass sie sich nicht so leicht aus der Umklammerung des Mannes befreien kann und nun seinen ungenierten Gegenargumenten – die meist zwischen Originalität und Geistlosigkeit hin und her schwanken – etwas entgegnen muss. Da die Antworten des Mannes auf ihre Ausreden aber häufig einfach nur dumm oder frech sind, reagiert sie entweder nur mit einem missmutigen Blick oder sagt erst gar nichts. Der Mann spürt, dass er mit seiner Schlagfertigkeit nicht punkten konnte, und legt daraufhin nach – diesmal aber mit Vorhaltungen:

- »Sei doch nicht immer so unspontan! Du bist aber auch spießig (unromantisch, gefühllos, prüde, bockig …)!«
- »Nun spring doch mal über deinen Schatten und mach eine Ausnahme!«
- »Früher wolltest du doch auch immer, warum jetzt nicht?«
- »Du spielst mir doch nur etwas vor – da falle ich nicht drauf rein!«
- »Du musst auch mal für mich da sein!«
- »Wenn das so weitergeht, kann ich auch ausziehen!«
- »Hast wohl Spaß daran, mich immer hinzuhalten, wie?«

- »Komm, du willst es doch auch! Stell dich nicht so an!«
- »Ich kann ja mal bei deiner Schwester anklopfen, wenn du nicht mehr willst!«
- »Na gut – aber dann kaufe ich dir auch kein neues Handy!«

Es ist schon erstaunlich, mit welchen schnoddrigen Argumenten ein Mann seine Partnerin doch noch umstimmen zu können glaubt. Er meint allen Ernstes, mit Vorhaltungen, Beleidigungen, Zurechtweisungen oder einer Standpauke eine Frau schwach machen und ihr Herz erobern zu können. Statt sich über die Ausreden und den Widerwillen der Frau zu echauffieren und ihren Ausflüchten mit Provokationen oder Unverschämtheiten zu begegnen, sollte der sexbedürftige Mann in der Verweigerungshaltung der Frau eher sein entwicklungsfähiges Einfühlungsvermögen erkennen. Stattdessen wird er launisch und bockig, wenn er seinen Beischlaf nicht bekommt, spricht tagelang nicht mehr mit der Frau, lässt sich kleine oder manchmal auch größere Schikanen einfallen, um es ihr heimzuzahlen, und präsentiert sich mürrisch, widerspenstig oder niederträchtig. Er kann die Zurückweisung der Frau nicht ungesühnt lassen und muss sich an ihr rächen. Und hierzu bietet das Zusammenleben mannigfaltige Gelegenheiten: Der Frau werden Informationen vorenthalten, sie wird nicht mehr an Entscheidungen beteiligt, ihr werden Antworten oder Gefälligkeiten verweigert, ihre Aussagen, Vorschläge und Handlungen werden verunglimpft, abgewertet und verurteilt oder Vereinbarungen mit ihr sabotiert. Die Frau muss im Alltag ein regelrechtes Mobbing über sich ergehen lassen, wenn sie es wagt, dem Mann sexuell nicht zur Verfügung zu stehen.

Männer nehmen in einer Beziehung häufig die dominante Rolle ein. Sie glauben, das stärkere und überlegene Geschlecht zu sein und deswegen eine Sonderstellung in der Beziehung einnehmen und über die Frau bestimmen zu dürfen. Im täglichen Zusammenleben kommt es dann wiederholt dazu, dass Männer meinen, der Frau Vorschriften machen zu müssen, ihr zeigen zu müssen, wie das Leben funktioniert und wo es langgeht. Sie bevormunden die Frau und kontrollieren sie, kritisieren sie ständig, fragen nicht nach ihrer Meinung und behandeln sie häufig wie ein kleines, dummes

Mädchen. Bei diesem arroganten und entwürdigenden Verhalten übersehen sie nur, dass Besserwisserei und Gängelei nicht sonderlich verführerisch auf das weibliche Geschlecht wirken und jede Zuneigung töten. Wer will schon den ganzen Tag über herabgesetzt werden, um hinterher im Bett so zu tun, als sei nichts geschehen. Frauen haben einfach keine Lust auf Sex, wenn sie das Gefühl haben, vom Mann nicht ernst genommen und wertschätzend behandelt zu werden. Da Männer nicht zwangsweise Liebe zum Sex benötigen, können sie vielfach die aus ihrer Sicht übertriebene Einforderung der Frau, mehr Verständnis und Gefühl zu zeigen, nicht nachvollziehen. Frauen hingegen brauchen Liebe, um Sex eingehen zu können, weshalb sie der Rohheit der Männer nichts Romantisches abgewinnen können.

Rollenwechsel sind möglich

Es soll nicht unerwähnt bleiben, dass das beschriebene Verhalten bei den Geschlechtern auch umgekehrt zu beobachten ist: Die Frau verlangt viel häufiger nach Sex, als es dem Mann lieb ist. Sie kann genauso die dominante Rolle einnehmen – sowohl im gesamten Beziehungsleben als auch beim Sex – und den Mann unterwerfen und dirigieren, als sei er ihr Eigentum. Sie gibt den Zeitpunkt, die Stellung und den Rhythmus vor und schert sich wenig um die Bedürfnisse und das Wohlbefinden des Mannes. Sie will es so haben, wie sie es sich vorstellt, und lässt den Mann weder mit Ausflüchten davonkommen noch schert sie sich um seine Vorstellung von gutem Sex. Die Frau verhält sich in diesem Fall genauso plump, wie es Männer tun, die nur an ihre eigene sexuelle Befriedigung denken – auch wenn dies weitaus seltener in Beziehungen vorkommt. Doch alle hier aufgeführten männlichen Praktiken und Muster können auch von Frauen benutzt werden, genauso wie ein Mann sich wie eine im Vorfeld beschriebene Frau verhalten kann und entsprechende Schutz- und Abwehrstrategien zulegt, wenn er sich ausgenutzt fühlt und ihm der Sex mit seiner Partnerin nicht gefällt oder zu viel wird. Ebenso können in homosexuellen Partnerschaften die Rollen entsprechend der in diesem Buch dargelegten Verhaltensmuster verteilt sein. Allerdings muss es nicht immer der Fall sein, dass der eine nur bettelt und der andere sich ständig verschließt. Das Verlangen kann sich innerhalb einer Beziehung bei beiden Partnern verändern und das Lust- und Unlustempfinden spontan die Seiten wechseln. Manchmal hängt es auch von der Tagesstimmung ab, wer gerade das stärkere Verlangen hat und wer abgeneigt ist.

4. Wie erzwingt der Mann den Geschlechtsverkehr, wenn die Frau sich weigert?

Der erregte Mann wird von einer libidinösen Energie erfasst, die mitunter so mächtig werden kann, dass er sie kaum noch zu kontrollieren vermag. Wenn er nicht schon tagsüber unwillkürlich von dieser Energie erfasst wird, dann spätestens beim Anblick der verführerischen Kurven seiner Partnerin. Es interessiert ihn dann nicht mehr, in welcher Verfassung sich die Frau gerade befindet, ob sie Lust auf Sex hat oder nicht und ob der Ort und die Situation überhaupt passend sind – all dies kann der Mann in seinem Liebesrausch ausblenden. Er nimmt nur noch sein Verlangen wahr und ist getrieben davon, Sex zu haben. Er wartet dann auf den einen Augenblick, in dem er loslegen kann, interpretiert in den Worten oder Gesten der Frau nur allzu schnell deren scheinbaren Wunsch nach Zärtlichkeiten und wittert sodann die Chance zu einer Annäherung.

Er rückt ganz nah an seine Partnerin heran und beginnt mit den Liebkosungen. Dabei stört es ihn nicht im Geringsten, wenn sie gerade fernsieht, ein Buch liest oder anderen Tätigkeiten nachgeht. Zeigt sie sich von seinen Annäherungen völlig unbeeindruckt und geht unbeirrt ihrer gegenwärtigen Beschäftigung nach, lässt der getriebene Mann seine Absicht noch lange nicht fallen. Im Gegenteil: Er denkt, dass er noch nicht deutlich genug auf sich aufmerksam gemacht hat. Selbst wenn seine Partnerin ausdrücklich äußert, dass sie nicht angefasst werden möchte, rückt der Mann keinen Zentimeter von ihr ab. Bestenfalls macht er eine kleine Pause, nur um kurz danach mit seinen zärtlichen Berührungen und herzerwärmenden Komplimenten fortzufahren. Letztere äußert er nur, weil er denkt, die Frau wolle sie hören, nicht aber, weil er das Gesagte in seinem Innersten wirklich fühlt. Ein sexgetriebener Mann hat kein Problem damit, zu lügen, wenn es sein Ziel unterstützt. Konsequent kann er sich über jedes Abwenden seiner Partnerin, jedes genervte

Verdrehen der Augen und jede ablehnende Aussage hinwegsetzen. Auch die wiederholte Ermahnung, er solle endlich aufhören, bringt ihn nicht von seinem Vorhaben ab. Hartnäckig macht er weiter und lässt sogar noch Bemerkungen fallen wie: »*Komm, stell dich nicht so an – ich weiß doch, dass du es auch willst!*« In seinem Wahn gefangen, verliert der Mann völlig den Bezug zur Realität und äußert Vermutungen, die sich für ihn wie Tatsachen anfühlen, die Frau allerdings sprachlos machen.

Manche Frauen verharren in vollkommener Starre, sagen und machen gar nichts und lassen die erotische »Selbstbedienung« schweigend über sich ergehen in der Hoffnung, dass der Mann aufgrund ihrer demonstrativen Abneigung von allein merkt, dass sie nicht gewillt sind, und mit seinen Handgreiflichkeiten endlich aufhört. Doch er tut ihnen diesen Gefallen nicht. Manche Frauen versuchen, dem Mann in einem Gespräch klarzumachen, dass sie heute nicht zum Sex bereit sind. Dies führt aber nur dazu, dass der Mann kurze Zeit danach einen neuen Versuch unternimmt, weil er denkt, dass die Frau sich wieder beruhigt hat und nun vielleicht nicht mehr so ablehnend reagiert wie zuvor – oder weil er sich in seinem Ego verletzt fühlt und die schmerzliche Abfuhr nicht auf sich sitzen lassen kann.

Führen seine Verführungskünste nicht zum erhofften sexuellen Erlebnis, erhöht der sexgetriebene Mann den Druck. Er beschwert sich über die Enthaltsamkeit der Frau, empört sich über deren Verweigerung und erinnert sie daran, wie schön es früher einmal gewesen sei und wie gerne sie es immer gewollt habe. Er redet unablässig auf sie ein und hält ihr vor, wie oft andere Paare in der Woche Sex hätten, wie willig andere Frauen seien oder wie leicht er es in früheren Beziehungen gehabt habe. Ohne Skrupel beschuldigt er sie, ihre partnerschaftlichen Pflichten zu vernachlässigen, und droht ihr mit Bestrafungen, sollte sie nicht zu einem Einsehen gelangen, oder sie zu verlassen, sollte ihre Aversion zu einem Dauerzustand werden.

Mancher Mann führt sogar akribisch Tagebuch darüber, wie oft in den letzten Monaten Sex stattgefunden oder sich die Frau verweigert hat, und listet obendrein noch ihre Ausreden auf, nur um ihr dann, wenn sie partout nicht mehr zur körperlichen Vereinigung bereit ist, die ernüchternde Bilanz unter die Nase zu reiben. Diese Aufzählung soll ihre Lustlosigkeit belegen und klarstellen, dass es allein an ihr liegt, wenn das Sexleben verkümmert und die Beziehung darunter leidet. Auch setzt der sexgetriebene Mann die Frau häufig mit dem Vorwurf der Untreue unter Druck: Er beobachtet, wie sie mit anderen Männern umgeht, mit ihnen spricht oder sie ansieht und ob sie ihnen mehr Herzlichkeit und Nähe entgegenbringt als ihm. Bestätigt sich Letzteres, wird ihr unterstellt, sich mehr für andere Männer als für ihn zu interessieren und ihn damit zu verletzen – was dem Mann als willkommener Vorwand dient, um die Frau unter Zugzwang zu setzen.

Der Mann droht der Frau, macht ihr Vorwürfe, kontrolliert sie und spioniert ihr nach, bestraft sie und verhängt Verbote, belehrt sie über ihre Pflichten in der Beziehung und zeigt ihr die Konsequenzen ihrer Verweigerung auf. Er schüchtert sie ein, macht ihr Angst, bläut ihr Schuldgefühle ein, kritisiert und entwertet sie so lange, bis sie buchstäblich umfällt und sich der männlichen Übermacht ergibt.

Unterschiedliche Typen von sexgetriebenen Männern

Im Folgenden werden einige typische Verhaltensmuster und Rollenbilder beschrieben, mit denen sexgetriebene Männer die Bereitwilligkeit ihrer Partnerin zu erzwingen versuchen.

Der Grapscher

Er setzt sich auf dem Sofa neben sie, legt den Arm um sie und zieht sie zu sich heran. Wenn sein Streben nach Körpernähe denn nur ein Ausdruck inniger Verbundenheit wäre und ein entspanntes Kuscheln nach sich ziehen würde, könnten beide einen schönen Abend verbringen. Doch der Grapscher will mehr – er rückt nicht ohne Grund so nah an seine Partnerin heran. Von den körperlichen Reizen seiner Liebsten und der erotischen Spannung längst aufgeladen, kann er seine Finger nicht stillhalten. Er streichelt ihren Arm und küsst sie zart auf den Hals, während seine Hand ganz langsam unter ihrer Bluse verschwindet. Dabei beobachtet er aufmerksam die gefühlsmäßigen Regungen seiner Partnerin. Wenn diese bewegungslos neben ihm sitzenbleibt und durch ihre erstarrte Haltung an sich schon unzweifelhaft ihre Abneigung gegen die Absichten ihres Partners zeigt, wird dieser erst recht vom Ehrgeiz gepackt. Selbst wenn die Frau ein Stück zur Seite rückt, genervt seine Hand wegschiebt und ihm damit unmissverständlich zu verstehen gibt, dass er gefälligst aufhören soll, sieht der Grapscher darin nur die Aufforderung, sich mehr anzustrengen. Er nimmt es sportlich, so wie man beim Fußball auch mal ein Gegentor kassiert, deshalb aber noch lange nicht das ganze Spiel verloren hat.

Der Grapscher geht nach der Methode vor: Wer nur lange genug bohrt, kommt auch irgendwann durch die Wand. Hindernisse schrecken ihn nicht ab, sondern fördern eher seinen Eifer. Er will sich als siegreich erleben und muss aus diesem Grund unbedingt die Frau erobern – eine Abfuhr ist für ihn nicht hinnehmbar. Daher folgt er der Frau, wenn diese von ihm abrückt, und beginnt sodann erneut, sie zärtlich zu berühren. Zunächst greift er nur nach ihrer Hand und hält sie in seiner, während seine andere Hand langsam an ihrem Bein aufwärts gleitet. Er versucht, sie mit sanftem Streicheln zu erregen, küsst dabei immer wieder ihre Schulter oder Wange und sagt ihr, wie gern er sie hat und wie schön sie heute aussieht. Erfährt er keinen Widerstand, rückt er noch dichter an seine Partnerin heran und seine Hand wandert immer weiter der Brust entgegen. Noch befindet sich die Frau in einer zwiegespaltenen Haltung: Sie möchte nicht Nein sagen und den Mann damit verärgern, auf der anderen Seite möchte sie aber, dass der Mann endlich die Finger von ihr nimmt. In der Hoffnung, der Mann werde aufgrund ihrer Passivität schon von allein merken, dass seine Versuche keinen Sinn haben, lässt sie ihn gewähren und wartet auf den erlösenden Moment. Doch irgendwann wird der Frau die Belagerung zu viel und sie versucht, sich aus der Umklammerung des Mannes zu befreien. Mit angewidertem Blick schiebt sie seine Hände und Arme aus ihrem Intimbereich und rückt abrupt von ihm ab, während sie ihn mit ihren Händen auf Abstand zu halten versucht.

Als sei diese Geste der Ablehnung nicht deutlich, lächelt der Grapscher nur und meint: »*Was bist du heute so gereizt? Ein bisschen Kuscheln würde dir sicher guttun!*« Die Frau entgegnet nichts, starrt nur weiter auf den Fernseher oder blickt in ihre Zeitschrift, während sie von ihrem Partner ungläubig angesehen wird. Dieser fängt nach einer kurzen Pause erneut an, seine Liebste zu berühren: Er greift nach ihrer Hand, sie zieht sie weg. Er will ihr auf die Wange küssen, sie dreht den Kopf zur Seite. Er geht mit seinen Fingern durch ihr langes Haar, sie bindet es zu einem Haarknoten zusammen. Sie lässt sich von seinen Versuchen in keiner Weise beeindrucken und zeigt ihm auf unverkennbare Weise, dass sie sich von seinen Annäherungen hochgradig belästigt fühlt – wie von einer Mücke, die immer wieder angeflogen kommt und auf ihr Platz zu nehmen versucht.

Dennoch kann dieser Mann nicht aufhören, er muss seinen Feldzug weiterführen – und wenn es nur noch darum geht, dass er am Ende nicht der Unterlegene ist. Er wartet einen Moment, bis sich die aufgewühlte Stimmung seiner Partnerin gelegt hat, und geht dann zur Verwöhnungsstrategie über. Um in ihrer Gunst wieder zu steigen, fragt er sie: »*Soll ich dir einen Tee kochen?*« – *Soll ich dir ein Bad einlassen?*« – »*Soll ich dir den Rücken massieren?*« Da seine Partnerin längst erkannt hat, worauf seine Galanterie hinausläuft, schüttelt sie nur den Kopf und würdigt ihn keines Blickes. Wenig entmutigt von ihrer Zurückweisung, rückt er abermals näher an sie heran und betrachtet sie dann bewundernd von der Seite. Weder beginnt er sie zu berühren, noch sagt er irgendetwas – er starrt sie einfach nur an, um damit eine Reaktion zu provozieren. Die Frau wird unter den eindringlichen Blicken des Mannes zunehmend nervös und fragt irgendwann entnervt: »*Mein Gott, was ist denn nur?*«

Wie aufs Stichwort antwortet der Grapscher: »*Ich will doch nur nett sein und uns einen schönen Abend machen! Warum bist du so abweisend zu mir?*« Geschickt dreht er den Spieß um: Er ist der Nette und Einfühlsame, seine Frau die Spröde und Gefühlskalte, die auf seine vermeintlichen Liebenswürdigkeiten nicht eingeht. Der Grapscher gibt sich noch lange nicht geschlagen und nutzt diesen Augenblick, um erneut seinen Arm um seine Partnerin zu legen und bei dieser Gelegenheit auch gleich wieder ihr Haar zu lösen. Sie aber rückt mit einem Satz zur Seite, prüft mit ihren Händen, ob der Dutt noch am rechten Platz sitzt, und fühlt sich zu einer massiven

Gegenreaktion provoziert: »*Hör endlich auf – du kriegst heute keinen Sex!*«

Die weibliche Gegenwehr führt den Grapscher dann zu seinem nächsten Manöver: dem taktischen Rückzug. Er behält die Finger bei sich, bleibt aber dicht neben ihr sitzen und lauert auf die nächste Gelegenheit. Hat die Frau das Gefühl, dass der Mann sein Vorhaben aufgegeben hat, entspannt sie sich und macht es sich auf dem Sofa bequem. Sogleich folgt der Grapscher der Frau, schmiegt sich seitlich an sie und streichelt sie wieder. Daraufhin springt die Frau auf und will den Raum verlassen. Ihr Partner hält sie aber am Arm fest, drückt sie auf das Sofa zurück und presst sie dicht an seinen Körper. Energisch will sie sich aus der Umklammerung befreien, während er sie unablässig zu küssen versucht. Ihre Aufforderungen »*Hör endlich auf!*« und »*Lass mich in Ruhe!*« verhallen im Liebesrausch des Mannes – er ist einfach nicht mehr zu stoppen.

Oft genug führt diese Methode den sexgetriebenen Mann zum Erfolg: Irgendwann kann die Frau einfach nicht mehr und gibt entnervt auf. Er darf sie dann berühren und küssen, wohin er will, und sie ausziehen – er hat es geschafft. Dass er sich mit seiner Beharrlichkeit und Dreistigkeit über den Willen der Frau – zuweilen brutal – hinwegsetzt und weder sein unwiderstehlicher Charme noch die lodernde Lust seiner Partnerin, sondern allein deren Hilflosigkeit der Grund für den Sex ist, kümmert ihn nicht. Für ihn zählt nur das Ergebnis – egal, wie es zustande gekommen ist – und hinterher fühlt er sich wieder einmal bestätigt: Die Frau kann murren, zetern und sich wehren so viel sie will – am Ende tut sie es doch!

Der Quengler

Der Quengler läuft der Frau unermüdlich hinterher, fleht sie inständig an, mit ihr zu Sex zu haben, hängt an ihrem Rockzipfel wie ein kleines Kind, bittet und bettelt um Gnade und merkt gar nicht, wie er sich dabei erniedrigt. Die Frau kann hundertfach unmissverständlich zu verstehen geben, dass sie keine Lust hat. Der Quengler kommt immer wieder bei ihr an mit theatralischen Äußerungen wie: »*Ich liebe dich doch so sehr!*« – »*Nur das eine Mal!*« – »*Wir machen es auch so, wie du es willst!*« – »*Wir haben es doch schon so* lange nicht mehr getan!« – »Ich werde dich danach auch in Ruhe lassen!« – »Es dauert auch nicht lange!« Die Frau kann den Quengler anschreien, sie kann wutschnaubend den Raum oder das Haus verlassen – er hört einfach nicht auf. Wie eine Klette hängt er an ihr und läuft der Frau überall hinterher. Wenn sie sich einschließt, bleibt er winselnd vor der Tür stehen. Mit einem mitleiderregenden Gesichtsausdruck wird so lange gejammert, geschluchzt und lamentiert, bis es der Frau zu viel wird und sie dem Sex notgedrungen zustimmt, nur um den Psychoterror endlich zu beenden. Die Frau kommt irgendwann an einen Punkt, an dem das verbale Drängen des Mannes unangenehmer wird als der eigentliche Akt des Beischlafs. Sie sieht dann keinen anderen Ausweg, als dem quengelnden Mann seinen Wunsch zu gewähren, bevor sie noch völlig die Nerven verliert. Die Strategie des Quenglers geht somit auf: Er muss zwar anhaltend und eindringlich betteln und bitten, viel Kritik über sich ergehen lassen und seine Würde aufgeben, dafür kann er sich aber wenigstens ein aufwendiges Vorspiel sparen: Die Frau lässt ihn gleich zur Sache kommen, um es schnell hinter sich zu bringen.

Der Offensive

Der Offensive steuert direkt auf sein Ziel zu, wenn er Lust auf Sex hat, und fordert die Frau auf, mit ihm ins Bett zu gehen. Er schafft keine stimmungsvolle Atmosphäre und wartet auch nicht darauf, dass sich ein romantischer Moment einstellt, sondern fällt sozusagen mit der Tür ins Haus. In der Regel fühlt sich eine langjährige Partnerin von dieser plumpen Art nicht sonderlich animiert, weil sich die sexuelle Lust nicht erst durch den Aufbau einer prickelnden Stimmung und den Austausch von Zärtlichkeiten entwickelt, sondern Sex lediglich beantragt wird: Die Absicht wird klar und nüchtern ohne Umschweife geäußert. Da es dem Offensiven nicht schnell genug gehen kann, bedient er sich seines Verhandlungsgeschicks, um die Frau zum Sex zu überreden, statt über eine zärtliche Annäherung erst einmal die Stimmung der Frau zu erfühlen und ihre Lust zu entfachen.

Möglicherweise liegt der Grund in seinem Vorgehen darin, dass der Offensive mit seiner Partnerin schon zu oft die Erfahrung gemacht hat, dass langwierige Avancen nicht immer den ersehnten Erfolg einbringen, und er nimmt deswegen lieber gleich die Abkürzung. Statt seine Kraft in umständliche Verführungsrituale zu investieren, steckt er sie lieber ins Überreden, das mindestens genauso lange dauern kann und ebenso wenig einen Triumph garantiert. Stimmt die Frau zu, geht es gleich zur Sache, stimmt sie nicht zu und wehrt sie sich, schmollt der Mann hinterher entweder stundenlang oder er beschimpft und erniedrigt seine Partnerin. Dieses Manöver hat allerdings nicht selten zur Folge, dass die Frau bei der nächsten Offensive seinem Antrag zustimmt, weil sie sich nicht wieder beschimpfen lassen möchte oder weil sie ein schlechtes Gewissen hat. So kommt der Offensive am Ende doch ans Ziel, weshalb sich diese Methode scheinbar bewährt und dann oft die einzige Form bleibt, Sex in der Beziehung zu realisieren.

Der Romantiker

Dieser Mann weiß, dass er zunächst eine anregende Atmosphäre aufbauen und sich auf die Bedürfnisse der Frau einstellen muss, um sie zum Beischlaf zu bewegen. Er zieht sich seinen nagelneuen Designeranzug an, kocht für sie, sucht einen passenden Wein aus, deckt den Tisch stilvoll, verdunkelt den Raum und beleuchtet ihn stimmungsvoll mit Kerzenlicht. Als Aperitif serviert er teuren Champagner und zündet ein Feuer im Kamin an – nur um seiner Liebsten zu beweisen, was er für sie zu tun bereit ist und wie viel sie ihm wert ist.

Der Romantiker weiß, dass man eine Frau mit genügend Aufmerksamkeit und Wertschätzung beeindrucken kann und dass es ihr sehr schwer fallen wird, eine Ablehnung zu äußern, wenn sie merkt, wie viel Mühe er sich gibt und wie er sie mit seinen Komplimenten verzaubert. Die Frau fühlt sich dann auf eine charmante Weise zur Gegenleistung verpflichtet und glaubt, den Mann für seine Mühe belohnen zu müssen, indem sie ihm ebenfalls seine Wünsche erfüllt.

Dieser Mann setzt die Frau genauso unter Druck wie etwa der Offensive – nur sehr viel charmanter und unauffälliger. Letztlich verfolgt er auch nur sein Ziel, weiß aber seine wahren Absichten elegant zu kaschieren. Unter dem Deckmantel der Ritterlichkeit drängt der Romantiker die Frau zum Sex. Seine wahren Gefühle stimmen keineswegs mit seinen vordergründigen Handlungen überein: Er will den Körper der Frau – und geht den Umweg über ihr Herz. In Wirklichkeit geht es ihm weniger um das Wohl der Frau als um seine eigenen Interessen. Er hat sich seine guten Manieren und den Anstand nur zugelegt, um sie um den Finger zu wickeln.

Der Gekränkte

Bei einer sexuellen Abweisung der Frau stellt der enttäuschte Mann seine Gekränktheit demonstrativ zur Schau und inszeniert auf theatralische Weise seinen Schmerz über die Verweigerung: *»Wieso bist du so gemein zu mir?«* – *»Was habe ich dir getan?«* – *»Ich gebe mir so viel Mühe und du lehnst alles ab!«* – *»Womit habe ich das verdient?«* – *»Was soll ich jetzt noch tun?«* Mit Krokodilstränen in den Augen steht der vermeintlich hilflose Mann vor seiner Partnerin und spielt das arme Opfer, dessen redliches Bemühen nicht anerkannt wird und der sich für seine Nettigkeiten nichts weiter als einen Korb nach dem anderen einfängt. Wenn er nur lange genug wimmert und überzeugend genug auftritt, löst er über kurz oder lang Mitleid bei der Frau aus, so dass diese nicht anders kann, als sich dem gebeutelten Mann zuzuwenden und ihn in den Arm zu nehmen. Sogleich drückt sich der Gekränkte an die Brust seiner Liebsten und fühlt sich durch ihr schlechtes Gewissen bestärkt, einen erneuten Versuch zu starten, dem die Frau dann nichts mehr entgegensetzen mag.

Fällt die Frau jedoch nicht auf das Gejammer des frustrierten Mannes herein, spielt dieser tagelang die beleidigte Leberwurst und zieht mit seinem Groll und seiner Bockigkeit die Laune aller herunter. Will die Frau dann mit ihm über seine Verstimmtheit reden, verschränkt er die Arme, schaut demonstrativ in eine andere Richtung und verfällt in eisernes Schweigen. Er spricht überhaupt nicht mehr mit ihr – auch nicht über andere Themen – und reagiert auch dann nicht, wenn eine Angelegenheit dringend wird und seine Meinung oder Entscheidung vonnöten ist. Der Mann verwandelt sich zu einem Stein und die Frau lockt erst wieder ein Wort aus ihm heraus, wenn sie ihm einen verlässlichen Termin für den längst überfälligen

Sex anbietet. Zudem erwartet der gekränkte Mann noch, dass sich die Frau für ihre Unflätigkeit bei ihm entschuldigt – sonst macht er überhaupt nichts mehr.

Die Frau muss schmerzhaft erleben, wie hoch der Preis für ihr Nein ist. Der Mann legitimiert seine gekränkte Haltung mit der sturen Verweigerung seiner Partnerin und dreht auf diese Weise die Schuldfrage um: Nicht er ist schuld, dass die Stimmung so gereizt ist, sondern die Frau, weshalb er glaubt, sich als Prügelknabe aufspielen und Wiedergutmachung verlangen zu dürfen. *»Alles wäre gut, wenn du regelmäßig mit mir schlafen würdest!«* Das Bedürfnis der Frau nach Harmonie wird auf diese Weise gnadenlos zum eigenen Vorteil ausgenutzt.

Der Droher

Häufen sich die Zurückweisungen der Frau, fängt der Mann zu drohen an, sich anderen Frauen zuzuwenden: zu seiner Ex-Freundin zurückzugehen, Prostituierte aufzusuchen oder sich einfach mal nach potentiellen Kandidatinnen umzuschauen. Er gibt vor, reichlich Ersatz in der Hinterhand zu haben und nur einen einzigen Anruf tätigen zu müssen, um sofort anderweitig Unterschlupf und sexuelle Befriedigung zu finden. Sein gereizter Ausdruck lässt keinen Zweifel daran, dass er es ernst meint und bei der nächsten Verweigerung sofort die Konsequenzen ziehen wird.

Oder er droht mit etwas anderem: Er gibt vor, bestimmte Zahlungen zu verweigern – Einkäufe, Benzin- oder Handyrechnung, Urlaubskosten, Unterhalt der Kinder. Zuweilen erpresst er die Frau auch damit, ihren Eltern oder Freunden mitzuteilen, wie schlecht sie sich in der Beziehung benimmt, und droht ihr mit Rufmord. Wütend warnt er davor, Pflichten zu vernachlässigen, Geheimnisse auszuplaudern oder Vereinbarungen zu boykottieren oder zu sabotieren.

Alles wird aus der Trickkiste geholt, um den Druck zu erhöhen und die Frau zum Nachgeben zu zwingen, woran nicht nur die Rachsucht dieses Mannes zu erkennen ist, sondern auch seine große innere Not. Im Wissen um die materielle oder emotionale Abhängigkeit seiner Partnerin, spielt der Droher mit ihren Ängsten und Gefühlen und holt sich mit psychischer – im schlimmsten Fall auch mit physischer – Gewalt das, worauf er zu verzichten unfähig ist. Die Frau fühlt sich in ihrer Sicherheit bedroht und sieht sich genötigt abzuwägen, welches Verhalten für sie mit weniger Nachteilen verbunden ist: Protest oder Gehorsam?

Der Vorwärmer

Dieser Typ Mann erregt sich vor dem Beischlaf mit seiner Partnerin mithilfe von pornographischen Bildern oder Filmen. Begierig verfolgt er das Treiben zweier Pornodarsteller oder stimuliert sich an erotischen Darbietungen vollbusiger Frauen, so dass seine Lust auf Nachahmung stetig ansteigt. Ist er richtig geil, fällt er hemmungslos über seine Partnerin her und lässt ihr kaum noch die Chance, sich auf das sexuelle Schäferstündchen einzustimmen. Alles muss schnell gehen und die Frau wird unwissentlich in die Rolle einer Pornodarstellerin gedrängt. Durch die sexuelle Aufladung werden die Fantasien des Vorwärmers so stark, dass sie immer öfter in den partnerschaftlichen Sex einfließen – auch dann, wenn er sich vor dem Sex keine Pornos oder Fotos angesehen hat. Seine unbewussten Fantasien überlagern die Sexualität, so dass er die Frau, mit der er schläft, gar nicht mehr richtig wahrnimmt und sie nur noch als Objekt zur Verwirklichung seiner inneren Bilder benutzt.

Der Abgestumpfte

Dieser Mann gibt sich nicht einmal die geringste Mühe, sich der Frau zärtlich zu nähern, sie mit Liebkosungen zu verwöhnen und ihr das Gefühl zu geben, sie über alles zu lieben. Er redet nicht lange um den heißen Brei herum und kommt gleich zur Sache: Er springt zu ihr ins Bett, zieht ihr den Slip herunter und legt sich dann auf sie. Kein lustmachendes Vorspiel, kein romantisches Geflüster und keine einzige Zärtlichkeit. Selbstgefällig macht er sich über den Körper seiner Partnerin her, dringt hemmungslos in sie ein, macht heftige stoßartige Bewegungen und beendet den sexuellen Überfall bereits nach wenigen Minuten mit einem gewaltigen Höhepunkt. Auch während er sich bewegt, streichelt oder küsst dieser verrohte Mann seine Partnerin nicht, macht ihr keine Komplimente und sieht ihr auch nicht ein einziges Mal liebevoll in die Augen. Er konzentriert sich allein auf sein Empfinden und spürt nur seine eigene innere Erregung. Zur Luststeigerung greift er der Frau abwechselnd an die Brüste oder den Po – ansonsten ist ihm seine Partnerin relativ gleichgültig.

Wie ein Patriarch vergreift er sich völlig gefühllos und egoistisch an seiner Frau und kommt nicht mal in die Nähe des Gedankens, seine Bettgenossin könnte diesen Akt als abschreckend – ja sogar als ekelhaft – empfinden und sich wie ein billiges Flittchen vorkommen. Ihm ist nicht bewusst, dass er mit seiner Stumpfheit die Würde der Frau mit Füßen tritt. Auch kommt er nicht auf die Idee, sich hinterher in irgendeiner Weise bei seiner Partnerin für den erwiesenen Dienst erkenntlich zu zeigen oder zu bedanken. Er sieht es als ganz normal an, vor der Nachtruhe noch schnell über die Frau herzufallen. Für ihn ist es eine ganz gewöhnliche Prozedur wie das Zähneputzen vor dem Schlafengehen, um die kein großes Aufheben gemacht werden muss und bei der jegliches Vorgeplänkel nur den Appetit verdirbt.

Der Mann lässt nichts unversucht

Es sind hiermit bei Weitem nicht alle Varianten aufgeführt, derer sich sexgetriebene Männer bedienen, um eine Frau zum Sex zu bewegen. Der Kreativität des Mannes sind kaum Grenzen gesetzt und in dieser Hinsicht ist er unglaublich tüchtig. Auch kann ein und derselbe Mann durchaus mehrere Methoden einsetzen, wenn eine allein nicht genügt, um die Frau zu ermuntern: Der Grapscher kann beispielsweise im nächsten Moment zum Droher werden, und wenn dies nichts nützt, spielt er den Gekränkten. Die Frau kann während der Annäherung mehrere Rollenbilder abwehren müssen, was ihre Begeisterung für das frivole Ansinnen des Mannes nicht gerade steigert. Mit der Auflistung der verschiedenen Verführertypen dürfte das Prinzip aber hinlänglich klar geworden sein: Der Mann nutzt alle ihm zur Verfügung stehenden Möglichkeiten, um sein Ziel zu erreichen. In einem Punkt gleichen sie sich aber alle: Es mangelt ihnen an Gefühl und wahrer Liebe.

Das Verlangen nach Sex kann so dominant werden, dass der Mann die Frau nötigen muss: Er drangsaliert und zermürbt sie, ja, terrorisiert sie phasenweise regelrecht. Nicht immer setzt er sich durch, aber fast immer geht er lieblos vor und wird im Laufe seines Eroberungsfeldzuges schroff und autoritär. Dabei sind folgende Kategorien sexgetriebener Männer zu beobachten: Die eine gibt angesichts der Unbeugsamkeit der Frau zähneknirschend auf und greift notgedrungen zur Selbstbefriedigung. Die andere Kategorie gibt nicht so leicht auf und versucht es immer wieder – notfalls auch mit wechselnden und schärferen Methoden –, wobei das Ergebnis unterschiedlich ausfallen kann: Entweder lässt sich die Frau trotz größter Hartnäckigkeit nicht erweichen, sie gibt nach zähem Kampf auf, obwohl sie nicht will, oder – was durchaus der Fall sein kann – sie bekommt auf einmal doch noch Lust. Die Art des Vorgehens des sexgetriebenen Mannes reicht von vorsichtig und lauernd bis destruktiv und kaltblütig – je nach seiner Veranlagung und je nachdem, wie eilig er es hat oder wie standhaft sich die Frau wehrt.

Die meisten Frauen sind bereits durch die untrügliche Körpersprache des Partners vor einem Übergriff gewarnt, ohne dass dieser auch nur ein Wort sagen muss: Der Mann verrät sich durch einen begehrlichen Blick, ein kokettes Lächeln oder ein verdächtiges Herumscharwenzeln um ihre Person. Auch ahnt die Frau schon, was als Nächstes kommt, wenn der Mann neben ihr sitzt und sie lüstern von der Seite mustert, während sie fernsieht oder ein Buch liest. Das erschöpfte Schnaufen, wenn er abends von der Arbeit kommt und sich entkräftet aufs Sofa fallen lässt, kann ebenfalls eine unausgesprochene Bitte um körperliche Verwöhnung sein. Und ein verschmitzter Gesichtsausdruck in Verbindung mit sexistischen Anspielungen kündigt der Frau in den meisten Fällen eine unvermeidbare Kollision an. Männliches Dominanzgebaren zwingt die Frau in die Defensive, so dass der Mann leichtes Spiel hat, seine triebgesteuerten Forderungen durchzusetzen.

Obgleich alle diese Warnsignale bei der Frau größtes Unbehagen auslösen, geben sie ihr immerhin noch ausreichend Zeit, sich eine geeignete Abwehrstrategie zu überlegen: *»Wie halte ich ihn mir heute vom Hals?«* ist die Frage, die vielen Frauen in diesem Moment durch den Kopf geht. Die Frau lernt im Laufe der Beziehung die

Masche und Reaktionsmuster des Mannes immer besser kennen, entwickelt ein feines Gespür für die Stimmung und Begierden ihres Partners und wird höchst sensibel dafür, sexuelle Annäherungen vorauszuahnen und sich effektiv darauf einzustellen. Allerdings weiß sie, dass die Gemütsverfassung des Mannes fragil ist, jederzeit umschlagen und seine Aggressionsbereitschaft derart steigern kann, dass sie sich letzten Endes nur wieder mit Sex in Sicherheit bringen kann.

Drängende sexgetriebene Männer verhalten sich würdelos

Dieselben Männer, die tagsüber hohe Werte predigen und über Respekt, Aufrichtigkeit und Würde moralisieren, üben abends Gewalt an ihrer Frau aus und bedienen sich hierzu sämtlicher nur vorstellbarer emotionaler Waffen, um in ein Territorium einzudringen, das ihnen nicht gehört. Sie arbeiten mit Beschuldigungen, Unterstellungen, Vorwürfen, Beleidigungen und Entwertungen. Ihre Aussagen sind unterlegt mit Ironie und Zynismus, Spott und Sarkasmus, Häme und schwarzem Humor. Erstaunlich, dass Männer tatsächlich glauben, mit derart destruktivem Verhalten die Frau von Sex überzeugen zu können, und erschreckend, dass sie damit auch allzu oft Erfolg haben. Zumindest müssten sie aber doch erkennen, dass sie mit dieser gewissenlosen Verführungstechnik keine Freude oder Lust bei der Frau auslösen und deswegen nicht mit ihrer freiwilligen Bereitschaft rechnen können. Wenn sie dem Sex zustimmt, dann aus Angst, Scham oder einem Pflichtgefühl heraus. Sie tut es aus Zwang, aber nicht aus Liebe oder weil sie dem Mann einfach nicht widerstehen kann. Dies scheint die meisten Männer jedoch nicht weiter zu stören. Sie übersehen dabei allerdings, wie viel Wut und Hass sich aufgrund ihrer Rücksichtslosigkeit in der Frau aufstaut, die sich in Form von kleineren oder größeren Rachehandlungen jederzeit entladen können: Wer Schmerz sät, wird Schmerz ernten.

Um den Mann allerdings nicht nur als monströsen Sexbarbaren darzustellen, sollte hier erwähnt werden, dass es auch ritterliche Charmeure gibt, die sich durchaus anständig aufführen und im

Stande sind, der Frau aufmerksam, galant, zärtlich und romantisch gegenüberzutreten – die Frau aber an diesem Tag einfach keine Lust hat und nicht auf die Verlockungen anspringt. Auch das kann passieren. Dies darf der Mann aber nicht als ein Versagen seinerseits auffassen und seinen Frust dann in Form von Schuldzuweisungen oder Bestrafungen auf die Frau übertragen, sondern er muss es wie ein Gentleman in Würde respektieren und hinnehmen. Die Frau hat das Recht, Nein zu sagen – und schließlich gibt es immer ein nächstes Mal.

Es soll an dieser Stelle noch einmal hervorgehoben werden, dass nicht gemeint ist, dass alle Männer sexbesessen sind, wenn in diesem Buch von »dem sexgetriebenen Mann« oder »den sexgetriebenen Männern« gesprochen wird. Damit sind nur diejenigen Männer gemeint, die ihren sexuellen Drang in einer entsprechenden Situation nicht angemessen steuern können, eine bestimmte Grenze überschreiten und die Frau für Sex missbrauchen wollen. Es soll lediglich ein situatives unangebrachtes Verhalten beschrieben werden, das durch einen Mangel an Impulskontrolle und Selbstbeherrschung ausgelöst wird. Dabei geht es nicht darum, das männliche Geschlecht pauschal zu verurteilen und alle Männer über einen Kamm zu scheren, sondern darum, grenzüberschreitendes Gebaren und dessen Folgen aufzuzeigen. Dieselben Männer, die sich ihrer Partnerin gegenüber in bestimmten Situationen sexuell rücksichtslos verhalten, können sich in anderen Bereichen der Beziehung durchaus höflich und vernünftig verhalten. Auch kann es sein, dass der Mann nicht grundsätzlich bei jeder Annäherung seine Partnerin sexuell bedrängt, sondern sich ein anderes Mal sehr charmant und umsichtig um die Frau bemüht und auch bereit ist, ihre momentane Unlust zu akzeptieren. Die Beschreibungen und Wertungen in diesem Buch konzentrieren sich ausschließlich auf den Aspekt der sexuellen Bedrängung – damit soll nicht das ganze Wesen und Verhalten einer Person oder eines Geschlechts be- oder verurteilt werden.

Der Mann reibt sich am Widerstand der Frau auf

Die meisten Frauen kennen die rustikalen Annäherungsversuche und platten Sprüche ihrer Partner schon nach wenigen Monaten auswendig, können sie nicht mehr hören und gehen gar nicht mehr darauf ein. Wenn sie an diesem Tag keinen Sex wollen, sagen sie einfach, dass sie keine Lust haben, und wenn das nicht hilft, verlassen sie schnurstracks den Raum. Sie lassen sich gar nicht erst auf eine Diskussion ein und bieten dem Mann keine Argumente oder senden Signale, die ihn in seiner Absicht bestärken könnten. Sie zeigen offen, dass sie an diesem Tag kein Interesse haben, und wenden sich verschiedenen Tätigkeiten zu, um sich aus der für sie sehr unerfreulichen Situation zu befreien: Sie telefonieren mit ihrer Freundin, gehen zu den Kindern oder hören über Kopfhörer Musik. Sie verschwinden, lösen sich in Luft auf, sind nicht mehr ansprechbar.

Eigentlich dürfte diese entschiedene Geste der Ablehnung doch deutlich genug sein und keiner weiteren Erklärung bedürfen. Ein sexgetriebener Mann fühlt sich dadurch jedoch zutiefst respektlos behandelt. An diesem Punkt ist es weniger sein Trieb als sein Stolz, der ihn daran hindert, die Sache auf sich beruhen zu lassen. Bemerkenswert ist dabei vor allem die Penetranz, mit der der Mann versucht, die Frau mit den immer gleichen, abgedroschenen Phrasen für sich zu gewinnen und ihr mangelnde Liebe vorzuwerfen, während er derjenige ist, der sich lieblos verhält. Aber das scheint ihn nicht zu interessieren – er scheint nicht in der Lage zu sein, aus seinen Fehlern und Misserfolgen zu lernen, und kramt so im Laufe der Beziehung immer wieder dieselben abgenutzten Worthülsen hervor. Er glänzt dabei durch eine beispiellose Einfallslosigkeit, die nicht nur peinlich, sondern auch – je länger man sie beobachtet – bemitleidenswert ist. Der sexgetriebene Mann merkt nicht, wie wenig imponierend sein Verhalten für die Frau ist, und kassiert deshalb viel zu oft und völlig unnötig eine demoralisierende Abfuhr.

Für den Mann kommt die Verweigerung einer schlimmen, oft selbstbildzerstörenden Niederlage gleich: Die Frau wagt es, sich seinem Willen zu widersetzen, und nun steht er da wie ein kleiner Schuljunge, der von seinem Lehrer abgestraft wurde. Das Bild des durch und durch begehrenswerten, unwiderstehlichen Mannes, das er von sich hat – oder zumindest der Autoritätsperson, die ihre Frau im Griff hat –, wird beschädigt, und dies im Laufe der

Beziehung oft mehrmals. Und trotzdem kommt er nicht auf die Idee, dass an seinem Bild etwas faul sein könnte. Er kann sich gar nicht vorstellen, dass seine Frau ihn auch dann liebt und begehrt, wenn er kein Macho ist, sondern einfach nur aufmerksam und freundlich. Die schroffe Zurückweisung seiner Stärke und Potenz löst bei ihm Frustration und Kleinheitsgefühle aus, die er zu kompensieren versucht, indem er der Frau durch Unnachgiebigkeit und Dominanz ihre Unterlegenheit vor Augen führt.

Unterm Strich kann man festhalten, dass die Bilanz der sexuellen Annäherungsversuche, was die tatsächliche Erfüllung des Begehrens betrifft, niederschmetternd ist: Nach einstimmiger Aussage vieler Betroffener scheint im Schnitt nur jeder siebte Versuch von Erfolg gekrönt zu sein. Dass so eine Quote das Selbstwertgefühl des Mannes stark ramponiert, ist nicht verwunderlich. Umso mehr muss die Frage erlaubt sein, warum ein Mann sein Verhalten an dieser Stelle nicht korrigiert, schadet er sich damit doch nur selbst und haucht der Beziehung auch alles andere als frischen Wind ein.

Ein sexgetriebener Mann kann die zahlreichen und unverkennbaren Signale der Frau nicht richtig deuten – oder will es einfach nicht. Statt sie wahrzunehmen, darüber nachzudenken und sie zur Festigung des gegenseitigen Vertrauens zu nutzen, um damit sowohl die Qualität des Sex als auch diejenige der Beziehung zu verbessern, empfindet er sie als eine Behinderung seines Willens und reibt sich unaufhörlich an dem Widerstand der Frau auf. Männer haben immer noch zu sehr das Bild im Kopf, sie müssten unbedingt Grenzen niederreißen, um ihre Stärke zu beweisen. Sie wollen sich von einer Frau nichts sagen lassen, weil sie meinen, sich damit der Lächerlichkeit preiszugeben. Müssen sie vor den verschlossenen weiblichen Toren kapitulieren, empfinden sie dies als peinliche Schwäche – und nicht als partnerschaftliche Rücksichtnahme.

Der Mann folgt häufig immer noch einem uralten Klischee: Er bringt das Geld nach Hause und sie steht am Kochtopf und hütet das Heim. Auch wenn er nach außen etwas anderes vorzugeben versucht und sich zeitweise an der Betreuung der Kinder beteiligt, Essen zubereitet oder wäscht, dann doch nur, weil er sich keine Vorwürfe anhören und nicht als Chauvinist gelten will. Im Tiefsten seiner Seele glaubt er aber, solche Tätigkeiten seien unter seiner Würde, und im Grunde widerstrebt ihm der moralische Zwang zur Gleichberechtigung – er billigt sie nur, weil es spießbürgerlich erscheint, nicht mit dem Zeitgeist zu gehen. In seinem Herz bleibt er jedoch ein Mann, und dies muss er von Zeit zu Zeit unterstreichen. Daher wird nicht nur der anstrengende Job in der Firma, sondern eben auch die Beteiligung an familiären und häuslichen Diensten, die er gefälligerweise übernimmt, als Grund angeführt, Anspruch auf eine standesgemäße Entschädigung zu haben. Der Mann empfindet sich als armes Opfer, das sich um das Auskommen der Familie kümmern muss, bei jeder Schwierigkeit den Kopf hinhalten darf und die ganze Drecksarbeit übernimmt, die sonst keiner machen will oder kann. Die tägliche Plackerei und die vielen Entbehrungen, die er ständig aus Rücksicht auf die Familie in Kauf zu nehmen bereit ist, verschaffen ihm in seinem Verständnis das persönliche Privileg, seine Frau zum Sex zu verpflichten.

Ein sexgetriebener Mann kann nicht nachvollziehen, wie es sich für eine Frau anfühlt, derart bedrängt und unter Druck gesetzt zu werden. Seine Aufdringlichkeit zwingt sie nicht nur zur Flucht, sondern auch zur Unehrlichkeit und macht sie zu einer professionellen Lügnerin und Schauspielerin, die sie gar nicht sein will. Sie will einfach nur ihr Recht in Anspruch nehmen, Sex auch mal ablehnen zu dürfen, wenn ihr nicht danach ist, und selbst zu entscheiden, wann sie ihren Körper hergibt. Sie will sich einlassen und hingeben – und nicht opfern. Würde dies der sexgetriebene Mann verstehen – oder besser noch: erfühlen –, dann wäre schon viel gewonnen. Doch so artet das regelmäßige Tauziehen um den Geschlechtsverkehr in so mancher Beziehung zu einer wahren Tragödie aus. Beide kämpfen mit aller Kraft: der eine, um seinen Trieb zu befriedigen, und der andere, um seine Selbstbestimmung zu wahren.

5. Wie übersteht die Frau den erzwungenen Sex?

Je beharrlicher der sexgetriebene Mann fragt und bittet, je stärker sein Drängen und je aggressiver sein Auftreten ist, desto klarer wird der Frau, dass sie nicht länger taktieren kann, sondern ihren Körper hergeben muss, um Schlimmeres zu verhindern. Wiederholte Verweigerungen können bei dem Mann heftige Wut und Rachegedanken auslösen, die sich in subtilen Angriffen, die bei passender Gelegenheit in ein Gespräch eingestreut werden – wie ironische Bemerkungen, herablassende Kommentare und andere Sticheleien – bis hin zu hinterhältigen Intrigen äußern können. Der zurückgewiesene Mann wird launisch und streitsüchtig oder zieht sich zurück und verweigert sich vollständig: Er redet kein Wort mehr mit der Frau, nörgelt nur noch herum und hat auf nichts mehr Lust. Mit anderen Worten: Er ist zu nichts mehr zu gebrauchen. Die Frau muss also aufpassen, dass sie den Mann nicht zu sehr und zu oft mit einer sexuellen Ablehnung provoziert, und genau wissen, wann es ratsam ist, ihren Widerstand zu beenden.

Die Frau ist in einem System aus Unterdrückung und Nötigung gefangen: Erst wird sie systematisch und anhaltend bedrängt und wenn es ihr endlich gelingt, sich aus der bedrückenden Belagerung zu befreien, muss sie hinterher tagelange Schikanen fürchten. Sie kann nicht gewinnen. Angesichts der trostlosen Alternative, die sie hat, wenn sie dem Mann den Beischlaf verweigert, ist es nicht verwunderlich, wenn viele Frauen den Weg des geringsten Widerstands wählen und sich lieber für einen Marsch durch den trüben Schlamm entscheiden, könnten sie doch auf dem befestigten Feldweg auf eine Mine treten.

Die Gutmütigkeit der Frau ist der Trumpf des Mannes

Männer können von Glück reden, dass Frauen ein großes Herz haben, die Not des sexbedürftigen Mannes erkennen und sich für ihn opfern. Auch wenn sie den Sex aus welchen Gründen auch immer nicht wollen, gehen sie ihn dennoch ein, weil sie wissen, dass ihr Partner ihn braucht, und ihm nicht das Gefühl geben wollen, ihn nicht mehr zu lieben. Da Sex zur Beziehung und zur Liebe dazugehört, wollen sie ihm keinen Grund liefern, an ihren Gefühlen zu zweifeln, und lassen sich ihm zuliebe auf Sex ein. Sie machen es für ihn, damit er glücklich ist – nicht für sich.

Viele Frauen entwickeln im Laufe der Zeit sehr feine Antennen dafür, wann sie dem sexuellen Begehren des Mannes nachgeben müssen. Zwar versuchen sie, den sexuellen Verkehr bis zum letzten Moment zu vermeiden, doch spüren sie genau, wie ungemütlich es werden kann, wenn sie den Mann zu lange hinhalten. Oft kündigt allein seine Körpersprache an, dass es an der Zeit ist, jetzt besser die Leinen zu kappen: Der Blick des Mannes wird immer grimmiger, er selbst immer einsilbiger und patziger, er murrt und knurrt nur noch vor sich hin. Dies ist das Zeichen für die Frau, ihr Sträuben zu beenden und ihrer Pflicht nachzukommen.

Manchmal geht die Frau auch selbst auf den Mann zu, wenn sie das Gefühl hat, ihn schon zu oft verprellt zu haben. Dann wendet sie sich ihm zu, verwöhnt ihn in bevorzugter Weise und gibt ihm das Gefühl, begehrenswert zu sein. Der Mann indes kommt gar nicht auf die Idee, dass dies ein Gnadenakt oder eine Präventivmaßnahme der Frau sein könnte. Er sieht darin vielmehr ihr stürmisches Verlangen nach ihm und führt sie direkt ins Schlafzimmer. Die Frau folgt ihm widerstandslos – nicht, weil sie sich so sehr auf das Bevorstehende freut, sondern um die Harmonie zu wahren oder wiederherzustellen.

Auch wenn die Frau beim besten Willen keine Lust auf eine körperliche Vereinigung hat, so weiß sie doch, dass eine Rebellion dagegen in den meisten Fällen schlicht aussichtslos ist. Zu oft musste sie in der Vergangenheit die Erfahrung machen, dass Widerstand nichts weiter als emotionale oder materielle Bestrafungen zur Folge hat, die im Verhältnis zu den Unannehmlichkeiten des Geschlechtsverkehrs weit weniger erträglich sind und häufig noch mehr verletzen. Durch ihre Bereitwilligkeit erlangt sie zumindest die Möglichkeit, den Ablauf des ungewollten Geschlechtsverkehrs mitzugestalten

und so zu einem für sie günstigen Verlauf und schnellen Ende beizutragen. Diese Möglichkeit nimmt sie sich, wenn sie sich anhaltend
einfach nur verweigert und damit nachfolgenden Schikanen und
Sanktionen aussetzt. Sie ist dann erst recht der Willkür des Mannes ausgeliefert. Insofern hat der ungewollte Beischlaf einen nicht
zu unterschätzenden Vorteil für sie: Er verhindert ein noch größeres Drama und einen noch größeren Schmerz.

Wie erlebt die Frau den ungewollten Sex?

Die unwillige Frau hat beim Drängen des sexgetriebenen Mannes
also in den meisten Fällen nur die Wahl zwischen Pest und Cholera.
Gibt sie seinem Drängen nach, kann es dem Mann in den meisten
Fällen gar nicht schnell genug gehen: Er fällt über die Frau her und
spult sein Programm ab. Er fragt nicht lange, wie sie es gern hätte,
sondern geht einfach davon aus, dass es ihr schon gefallen wird – vor
allem, wenn sie noch nie Gegenteiliges geäußert hat.

Der sexuelle Sprint beginnt dann schon bei der Entkleidung: Hat
die Frau sich am Anfang der Beziehung noch gern vom Mann ausziehen lassen und dies die erotische Spannung und Vorfreude noch
gesteigert, so erledigt sie dies nun selbst. Nach ihrem Willen soll auch
der Mann so vorgehen, damit die Prozedur nicht unnötig lange dauert. Es soll schnell gehen – dieses Interesse haben an diesem Punkt
ausnahmsweise beide. Legen sie sich dann ins Bett, dringt der Mann
schnell in die Frau ein und wartet nicht erst, bis sie körperlich und seelisch darauf eingestimmt ist. Aufgrund seines übermächtigen Triebs
hält er sich nicht lange mit einem luststeigernden Vorspiel auf und
schaltet gleich in den höchsten Gang. Zu hastig, zu grob, zu flüchtig
oder zu gierig macht sich der sexgetriebene Mann dann an der Frau
zu schaffen, so dass bei ihr gar nicht erst ein Gefühl der Lust entstehen
kann. In vielen Fällen sind seine hastigen Berührungen sogar unangenehm. Manchmal macht die Frau ihn freundlich darauf aufmerksam, manchmal will sie ihn nicht kritisieren – entweder weil sie schon
zu oft seine Technik moniert hat oder weil sie meint, sein eifriges Bemühen durch Erdulden anerkennen zu müssen.

Mit seinem ganzen Gewicht bewegt sich der Mann auf dem Körper der Frau hin und her und gibt sich seiner ansteigenden Erregung

hin. Wildes Küssen und heftiges Zupacken, begleitet von lautem Atmen und Keuchen, lassen der Frau kaum eine Chance, freudig an diesem Erlebnis teilzuhaben. Willenlos und ergeben liegt sie unter dem Mann. Auch unangenehme Gerüche des Mannes aus seinem Mund, seiner Haut oder seiner Kleidung können einer entspannten und lustvollen Hingabe der Frau hinderlich sein. Hinzu kommt, dass in manchen Fällen aufgrund des Körpergewichts oder der eingeschränkten Beweglichkeit des Mannes bestimmte Stellungen, die die Frau bevorzugen und genießen würde, nicht eingenommen werden können.

Viele betroffene Frauen berichten, dass sie während des Geschlechtsverkehrs das Licht aushaben wollen – zum einen, weil sie den keuchenden Mann und seinen verzerrten, angestrengten Gesichtsausdruck nicht sehen wollen, zum anderen, weil sie nicht wollen, dass ihr Partner mitbekommt, wie wenig Lust sie haben. Sie wollen überhaupt so wenig wie möglich von dem Akt mitbekommen und manche würden sich am liebsten einen Kopfhörer aufsetzen und Musik hören, um neben der visuellen Verdunkelung auch die unerfreuliche Geräuschkulisse auszublenden.

In der Regel liegt die genötigte Frau unbeteiligt unter dem Mann, lässt ihn machen und verhält sich defensiv. Sie tut nichts, was den eifrigen Mann stören könnte, sieht woanders hin und denkt an andere Dinge, während sie geduldig das Ende abwartet. Es gibt allerdings auch Frauen, die dem Mann die ganze Zeit über ins Gesicht sehen und genau beobachten, wie weit er ist und wie lange er noch braucht. Sie lesen ihm seinen Erregungszustand im wahrsten Sinne des Wortes von den Lippen ab: Daran, wie fest er seinen Mund zusammenkneift, die Frequenz seiner Bewegungen steigert und seine Hände zupacken, erkennt sie den Grad seiner fortschreitenden Erregung. Die Bewegungen, das Stöhnen und das Grimassieren werden immer heftiger und wenn der Mann zum Ende kommt, dreht sie ihren Kopf zur Seite und entspannt, weil es überstanden ist.

Die Durchhaltestrategien von sexuell genötigten Frauen

Im Folgenden werden einige typische Strategien beschrieben, mit denen Frauen versuchen, den sexuellen Akt möglichst schnell und unbeschadet zu überstehen.

Das Brett

Sie liegt unter ihm, bewegt sich nicht, gibt keinen Mucks von sich und sieht starr an ihm vorbei. Sie verhält sich völlig passiv und teilnahmslos, beteiligt sich nicht an einem Stellungswechsel und bietet auch von sich aus keine Stellung an, macht nur das Allernötigste und leistet keinerlei Widerstand. Regungs- und emotionslos wartet sie tapfer das Ende ab. Während des Geschlechtsverkehrs denkt sie an andere Dinge, sieht an dem Mann vorbei oder durch ihn hindurch und versucht, sich von dem gerade stattfindenden Ereignis innerlich abzuspalten. Weil sie gelernt hat, dass Widerstand zwecklos ist oder der Mann ohnehin mit nichts einverstanden ist, das sie zum Geschlechtsakt beisteuern möchte, verbringt sie die Zeit damit, still und gefügig zu sein und den Vorgang couragiert über sich ergehen zu lassen – wie eine Behandlung beim Zahnarzt. Nur mit dem Unterschied, dass sie den Sex ohne Narkose überstehen muss …

Die Antreiberin

Manche Frauen bemühen sich nach Leibeskräften, den Mann in größtmögliche Erregung zu versetzen, damit das Prozedere nicht länger andauert als nötig. Sie kennen die sexuellen Vorlieben ihres Partners ganz genau und bedienen sich ihrer, um ihn schnell auf Touren zu bringen, auch wenn sie selbst keine Freude an diesen Praktiken haben oder sich sogar davor ekeln. Wild und entschlossen stürzen sie sich auf den Mann und stimulieren ihn so sehr, dass er schon nach wenigen Minuten einen Orgasmus bekommt:

- Es gibt kein Vorspiel, sofort beginnt der vaginale Verkehr.
- Sie bedeckt seinen Körper mit leidenschaftlichen Küssen.
- Ihre Bewegungen sind wild, wie entfesselt, rhythmisch und mit den seinen synchron.
- Abwechselnd werden höchst erotisierende Stellungen eingenommen.
- Sie feuert ihn stürmisch an: *»Du machst mich so heiß!«* – *»Keiner kann es so gut wie du!«* – *»Mach weiter, hör nicht auf!«*
- Teilweise setzt sie unterstützend auch Fetische ein.

Diese Frau weiß genau, was der Mann braucht und was er hören will, um rasch in Ekstase zu gelangen. Gekonnt setzt sie dieses Wissen zu ihrem eigenen Vorteil ein, um möglichst schnell den verhassten Beischlaf hinter sich zu bringen. Den Mann lässt sie in dem Glauben, dass die erotische Betätigung ein einziger Genuss für sie ist, um sich hinterher keine Beschwerden anhören zu müssen.

Für den Mann wirkt es natürlich so, als sei die Frau völlig entfesselt und könne gar nicht genug von seinem Körper bekommen, weshalb dieser geneigt sein könnte, den Akt künstlich in die Länge zu ziehen oder nach der ersten Ejakulation gleich weiterzumachen, wenn er die entsprechende Potenz besitzt. Die Frau kann also mit dieser Methode das Problem heraufbeschwören, dass ihre vorgespielte Leidenschaft den Mann dazu bringt, immer mehr haben zu wollen, und er dann überhaupt nicht mehr von ihr ablässt. Sie muss aufpassen, ihn nicht zu sehr zu animieren.

Der Klassiker: Der vorgetäuschte Orgasmus

Bei dieser Methode dürften wohl viele spontan an den Hollywoodstreifen »Harry und Sally« denken, in dem Meg Ryan auf unvergessliche Weise in einem vollbesetzten Restaurant ihrem Filmpartner Billy Crystal verbal und mimisch einen grandiosen Orgasmus vortäuscht, weil dieser partout nicht davon zu überzeugen ist, dass eine Frau jederzeit einen Höhepunkt simulieren kann, ohne dass der Mann auch nur im Entferntesten auf den Gedanken kommt, er könne verschaukelt werden. Der hohe Bekanntheitsgrad dieser legendären Filmszene hat unweigerlich dazu geführt, dass so mancher Mann seine Partnerin zweifelnd beim Sex beobachtet, wenn sie sich schlangenförmig unter ihm windet und rekelt, lauthals stöhnt und ihre Augen in Ekstase verdreht, und sich fragt: Ist das echt?

Auch Frauen kennen diese Szene nur allzu gut und beneiden die Schauspielerin für ihr großartiges künstlerisches Talent. Gar nicht so selten versuchen sie, die Filmdiva nachzuahmen, damit der Mann schneller zum Höhepunkt kommt und dabei noch das Gefühl hat, ein Held zu sein. Auf diese Weise kann die genötigte Frau gleich zwei Fliegen mit einer Klappe schlagen: Sie verkürzt den Sex und lässt ihren Partner in dem Glauben, ein unübertrefflicher Liebhaber zu sein. Nebenbei umgeht sie raffiniert unangenehme Fragen oder lästige Beschwerden, sie habe nicht richtig mitgemacht oder sei nicht leidenschaftlich genug.

Kein Mittel ist erfolgreicher – keines aber auch perfider. Der Mann wird getäuscht, auch wenn es sich in den meisten Fällen um eine »Notlüge« handelt. Ihm wird auf diese Weise vermittelt, alles richtig zu machen, und daher kommt er überhaupt nicht auf die Idee, etwas könne nicht stimmen. Die Frau übersteht zwar bequem einen ungewollten Geschlechtsverkehr, das Problem der anhaltenden Nötigung wird sie damit aber nicht los.

Im Übrigen sei an dieser Stelle erwähnt, dass der Mann, der umgekehrt zum Sex genötigt wird, ebenfalls die Möglichkeit hat, den Geschlechtsverkehr zu verkürzen, indem er schnell zum Orgasmus kommt und der Frau damit die Freude verdirbt. Es werden dann plumpe Entschuldigungen geäußert wie »*Tut mir leid, ich hatte heute so viel Stress auf der Arbeit!*« oder »*Ich habe wohl zu viel getrunken!*« und der Mann windet sich kurzerhand aus der Affäre.

Die Selbstbestimmte

Wenn der Sex schon nicht zu verhindern ist, dann will diese Frau wenigstens die Bedingungen diktieren: Sie wählt den Ort aus, gibt die Stellung vor, legt das Zeitfenster fest und verlangt von dem Mann, sich vorher zu rasieren und zu duschen, seine Kleider ordentlich zusammenzulegen, das Bett frisch zu beziehen, das Licht zu dimmen, die Jalousien zu schließen, passende Musik einzulegen und Erfrischungsgetränke neben das Bett zu stellen. Zuweilen verlangt sie von ihrem Partner auch, dass er vorher masturbieren soll. Manche Männer haben durch einen langanhaltenden Entzug einen so gewaltigen Druck, dass sie ihren Orgasmus einfach nicht mehr zu steuern vermögen. Die Versagung der Frau hat dann zur Folge, dass der Mann nicht viel davon hat, wenn er endlich einmal in den Genuss kommen darf – und die Frau schon gar nicht. In nicht wenigen Fällen erhält der Mann daher die beschämende Anweisung, sich vor dem eigentlichen Akt einen Orgasmus zu verschaffen, damit er anschließend länger durchhält und die Frau auch etwas von dem Vergnügen hat, wenn sie sich schon darauf einlassen muss.

Die Selbstbestimmte gibt die Regeln vor und baut häufig so hohe Hürden ein, dass der Mann es sich zweimal überlegt, ob er an diesem Tag überhaupt einen Annäherungsversuch starten soll oder nicht. Ist das letzte sexuelle Abenteuer zu lange her, wird er keine andere Wahl haben und sich von der Frau kommandieren lassen müssen. Ihr ist es nur recht: Wenn sie schon beim Sex keinen Spaß hat, dann wenigstens im Vorfeld bei ihren kleinen sadistischen Winkelzügen.

Die Stripperin

Diese Frau hat mit dem Mann keinen Geschlechtsverkehr, hilft ihm aber dabei, sich selbst einen Orgasmus zu verschaffen: Als Kompromiss bietet sie ihm einen Strip an. Hierzu zieht sie sich aufreizend an und schält ganz langsam und verführerisch Schicht für Schicht ihre Kleidungsstücke vom Körper, während er vor ihr auf dem Sofa sitzt oder im Bett liegt und sie begehrlich von oben bis unten mustert. Sie tanzt vor ihm, schlängelt sich um einen Stuhl, spreizt ihre Beine von sich, setzt einen wollüstigen Blick auf und sieht ihm aufreizend in die Augen. Hin und wieder darf er auch ihre Füße oder Waden küssen. Mit erotischen Posen macht sie den Mann völlig wild und spätestens, wenn sie nur noch in Dessous vor ihm steht, holt er sein bestes Stück aus der Hose und reibt daran herum. Wenn sie dann am Ende des Strips völlig nackt und breitbeinig vor ihm steht und ihren ganzen Körper in all seiner Pracht präsentiert, zum Greifen nahe, muss sich der hocherregte Mann erleichtern. Zwar fühlt sich die Frau mit dieser Form der Prostitution nicht sonderlich wohl, wenigstens muss sie aber ihren Körper nicht hergeben. Letztlich zählt für sie nur das Resultat: Der Mann ist zufrieden und lässt sie in Ruhe.

Die Schwärmerin

Sie stellt sich während des Geschlechtsverkehrs vor, gerade mit dem Mann ihrer Träume Sex zu haben, erinnert sich an Männer aus ihrer Vergangenheit wie ihren Ex-Freund oder denkt an jemanden aus ihrem näheren Umfeld wie ihren Chef, einen Arbeitskollegen oder den Ehemann ihrer besten Freundin. Die Schwärmerin kann aber auch an ganz andere Dinge denken, während sich der Mann an ihrem Körper erfreut: an einen schönen Strand in der Karibik, einen Segeltörn übers Meer oder die letzte Geburtstagsparty mit ihren Freunden. Sie kann sich auch von den ruckenden Bewegungen des Mannes dazu angeregt fühlen, sich eine Fahrt in einer Achterbahn vorzustellen. Der Fantasie der Frau sind keine Grenzen gesetzt und sie nimmt alles dankend an, was sie von dem Sex mit ihrem Partner ablenkt.

Sie versetzt sich innerlich in eine andere, erstrebenswertere Welt und spaltet den äußeren Vorgang ab. Dabei kann es der Schwärmerin sogar gelingen, in eine regelrechte Trance zu verfallen und die inneren Bilder so intensiv zu erleben, als seien diese ihre gegenwärtige Realität und nicht der Mann, der sich an ihrem Körper zu schaffen macht. Dies setzt allerdings schon etwas Übung in meditativen Verfahren voraus. Meist stimmt sich diese Frau vorher noch kurz ein, indem sie den Mann vorschickt und sich im Bad oder einem anderen Zimmer mit einer kurzen Atemübung mental auf das nachfolgende Ereignis vorbereitet. Auf diese Weise kann die Schwärmerin durchaus Gefallen an dem Sex finden. Es muss ihr nur gelingen, den erregten Mann zu ignorieren und lediglich die körperliche Stimulation, quasi als anonyme Beigabe, wahrzunehmen und zu verwenden. In diesem Fall benutzt die Frau den Mann genauso – nur auf andere Weise. Eine Vereinigung auf einer tiefen, seelischen Ebene und gegenseitige Anteilnahme sind dabei ausgeschlossen: Beide sind sich so fern wie zwei Galaxien, obwohl sie körperlich aneinanderkleben.

Die Abwägerin

Manche Frauen gehen ganz pragmatisch an die Sache heran und wägen nüchtern ab, was ihnen mehr Kraft abverlangt: Wehren oder Nachgeben? Vor allem, wenn der Mann beim Akt nicht sehr lange braucht und keine allzu hohen sexuellen Ansprüche hat, stellt sich für sie die Frage, warum sie sich auf stundenlange Diskussionen einlassen sollte, um am Ende möglicherweise noch beschimpft zu werden, wenn das ganze Spektakel doch nicht länger als zwei oder drei Minuten dauert. *»Bringen wir es schnell hinter uns!«* ist dann die Devise. So wird der wiederkehrende Missbrauch als das geringere

Übel betrachtet und zu einem festen Ritual, das nie mehr hinterfragt wird.

Die Loyale

Diese Frau sieht den Beischlaf als Liebesbeweis an. Sie will damit dem Mann ihre Zuneigung und Treue zum Ausdruck bringen, oft auch aus Angst, er könne sich sonst einer anderen Frau zuwenden. Sie will ihm das Gefühl geben, dass sie ihn liebt und begehrt wie am ersten Tag und dass in der Beziehung alles in bester Ordnung ist. Gleichzeitig dient auch ihr der Sex als Bestätigung für die Stabilität der Beziehung und die Liebe des Mannes. Der Akt selbst ist für sie nicht so wichtig als vielmehr die Tatsache, dass er überhaupt stattfindet und damit scheinbar bewiesen ist, dass die Beziehung funktioniert. Für sie steht im Vordergrund, dass sich der Mann amüsiert und aus diesem Grund die Beziehung niemals ernsthaft in Frage zu stellen gedenkt. Aus Angst vor einem möglichen Verlust opfert sie sich und redet sich während des Geschlechtsverkehrs ein, es der Pflege oder Rettung der Beziehung wegen zu tun.

Die Egoistin

Sie dreht den Spieß um und lässt sich erst einmal ordentlich von dem Mann verwöhnen, der ihren Körper ausgiebig streicheln und küssen soll. Sie zieht das Vorspiel übertrieben lange hinaus, weil es ihr im Grunde gar nicht um Sex geht, sondern nur um ihr erotisches Vergnügen. Sie macht sich den Trieb des Mannes zunutze, der erst in die Frau eindringen darf, wenn er seine Pflicht zufriedenstellend erfüllt und die Frau bis zur Erschöpfung verwöhnt hat. In diesem Fall hat der Mann weitaus weniger Spaß an dem Akt – zumindest, was den ersten Teil angeht. Während die Frau seine Zärtlichkeiten mit geschlossenen Augen voll auskostet, wird es dem Mann irgendwann zu viel und er empört sich innerlich über ihren Egoismus – akzeptiert ihn aber wohl oder übel, weil er weiß, dass die Eingangspforte zu seinem eigenen Vergnügen ansonsten geschlossen bleibt.

Sex ist nicht unbedingt das erklärte Ziel der Egoistin. Sie will den Mann vielmehr mürbe machen – jedoch nicht, ohne selbst dabei körperliche Wonnen zu erfahren. Daher begrüßt sie es durchaus, wenn der Mann irgendwann abbricht, weil er die Hoffnung verloren hat, selbst noch zum Zuge zu kommen, oder mittlerweile völlig erschöpft vom vielen Streicheln und Massieren ist. Oder sie lässt den Sex zu, ohne daran emotional Anteil zu nehmen. Sie sieht darin eher eine Art Entschädigung für den Mann, der sie ja ansonsten nicht verwöhnen würde. Egoistisch zieht sie das Vorspiel in die Länge und lässt den Mann schmoren. Dies hat außerdem den für sie äußerst angenehmen Nebeneffekt, dass der Mann gar nicht so oft bei ihr ankommt und nach Sex verlangt, weil er für ihn jedes Mal mit Schwerstarbeit verbunden ist.

Die Schutzbedürftige

Auch in unserer Zeit kommt es immer noch vor, dass Frauen sich einen Mann suchen, weil sie versorgt sein wollen. Äußere Attraktivität, Bildung und Benehmen sowie das Gefühl von Zuneigung und Liebe spielen bei der Auswahl des Partners eine untergeordnete Rolle. Die Beziehung hat einen rein zweckgebundenen Charakter: Die Frau will materiell abgesichert sein oder auch gesellschaftliches Ansehen genießen und sucht sich aus diesem Grund einen Partner, der sich in entsprechender Stellung befindet. Auch die mangelnde Aussicht, einen geeigneten Traumpartner zu finden, kann eine Frau dazu bewegen, sich mit dem Nächstbesten zu begnügen. Sie glaubt, nicht hübsch zu sein oder keine besonderen anderweitigen Vorzüge zu besitzen und deswegen auch keinen entsprechenden Mann zu finden oder verdient zu haben. Sie will nicht länger allein bleiben oder ist alleinerziehend und glücklich, wenn sich jemand ihrer erbarmt und ihr und ihren Kindern Unterschlupf gewährt.

Das bedeutet, dass von vornherein keine echten Gefühle im Spiel sind und die Verbindung vielmehr aus praktischen Gründen zustande kommt. Diese Frau muss dann damit leben, dass der Partner nach Sex verlangt, nimmt diesen Umstand allerdings als das geringere Übel in Kauf. Sie hält ihren Partner bei Laune, indem sie beim Sex mitmacht und ihn gewähren lässt, achtet jedoch darauf, dass er nicht zu lange dauert und zu oft vorkommt. Im Grunde hat sie überhaupt kein Interesse an dem Mann, sondern sieht in dem Sex und dem Verlangen des Mannes die Garantie für ein sorgenfreies Leben.

Männer, denen es vor allem um ihre sexuelle Versorgung geht, werden sich an der fehlenden Innigkeit der Beziehung nicht sonderlich stören. Männer hingegen, denen es vor allem um Liebe geht, werden die mangelnde Zuneigung spüren und mit der Reserviertheit ihrer Partnerin nicht zurechtkommen. Sie fühlen sich ausgenutzt.

Die Frau muss klug taktieren

Frauen können ihre Strategie auch wechseln, je nachdem, welche Methode gerade die beste Aussicht auf einen möglichst unbeschwerten Intimverkehr verspricht: Mal täuscht sie einen Orgasmus vor, mal flüchtet sie in ihre Fantasiewelt und mal gibt sie dem Mann das Gefühl, es könnte eine sensationelle Nacht werden, bricht dann aber nach dem Vorspiel plötzlich ab. Das drängende Verlangen des Mannes zwingt die Frau dazu, zu taktieren und sich Winkelzüge einfallen zu lassen, die sie den Sex möglichst bequem überstehen lassen. In den meisten Fällen bekommt der Mann von der inneren Abkapselung der Frau überhaupt nichts mit, weil er zu sehr mit sich selbst beschäftigt und außerdem der Illusion verfallen ist, sie sei gerne mit ihm intim. Aus Selbstschutz hat die Frau auch überhaupt kein Interesse daran, den Mann aus seinem Luftschloss zu holen – dies würde ihr nur jede Menge Ärger einbringen.

Was geschieht nach dem Sex?

Manche Männer bleiben nach dem Orgasmus noch minutenlang auf der Frau liegen und müssen sich erst einmal von dem kräftezehrenden Kurzstreckenlauf erholen. Die Frau wartet dann sehnsüchtig auf den Moment, in dem der verschwitzte Körper des Mannes endlich von ihr heruntergleitet, damit sie sich wieder frei bewegen kann. Meist muss sie den Mann nach dem Sex auch noch streicheln – nicht nur, weil er darauf besteht, sondern auch, um ihn damit sanft zum Einschlafen zu bringen und keine weiteren Attacken mehr befürchten zu müssen.

Eine andere Variante ist, dass die Frau direkt nach dem Sex – also nach dem Orgasmus des Mannes – ins Bad geht, sich wäscht, ankleidet und dann wortlos wieder neben ihren Partner legt. Sie vermeidet jegliches Gespräch und hofft, dass ihr Partner vom Sex so erschöpft ist, dass er schnell einschläft, während sie über das Geschehene nachdenken muss. Oft ärgert sie sich über sich selbst, weil sie wieder einmal für seinen Triebabbau hergehalten hat, oder spottet heimlich darüber, dass ihr Partner weder von Sex noch von Frauen etwas versteht – nicht zuletzt, um darüber ihren lädierten Selbstwert wieder aufzurichten.

Der Mann seinerseits dreht sich nach dem Sex zur Seite oder legt sich auf den Rücken und starrt wortlos die Decke an, liegt befriedigt und entspannt neben der Frau. Manche Männer müssen auch unbedingt noch von der Frau hören, wie der Sex war – oder besser gesagt: Wie er war. Reagiert die Frau nicht auf seine Frage, stupst er sie von der Seite an und drängt: »*Sag doch mal!*«, oder: »*Was ist los – war es nicht schön?*« Während der stolze Mann eine schmeichelhafte Bewertung erwartet, kommt die Frau in eine prekäre Lage, weil sie nicht schon wieder lügen möchte. Andere Männer gehen nach dem Akt direkt ins Bad, um sich frisch zu machen, legen sich wieder hin, machen das Licht aus und schließen die Augen – ohne noch irgendein Wort zu sagen, geschweige denn sich der Frau noch einmal liebevoll zuzuwenden.

Obwohl das geringschätzige Abwenden des Mannes nach dem Sex für die Frau einer herben Beleidigung gleichkommt, ist diese im Grunde glücklich, wenn es vorbei ist und der Mann sie für den Rest der Nacht in Ruhe lässt. Viel schlimmer ist für sie die Frage, wie es war, mit der er ihr ein positives Urteil entlocken will, um in seinem Selbstbild bestätigt zu werden. Nicht zuletzt ist dies der Grund, weshalb eine Frau direkt nach dem Sex ins Bad flüchtet oder sich rasch zur Seite legt und das Licht ausschaltet: So entgeht sie möglicherweise heiklen Nachfragen, die sie nur wieder in Verlegenheit bringen. Sie will nicht auch noch verherrlichend über das reden müssen, was sie im Grunde gar nicht wollte.

Der Frust schaukelt sich auf beiden Seiten hoch

Die Frau wird als Folge der Zudringlichkeit des Mannes und des unbefriedigenden Geschlechtslebens immer störrischer und verweigert immer häufiger den Sex. Der Mann muss immer mehr drängen und immer bestimmter werden, um die Frau schlussendlich zu einem Einverständnis zu bringen. In der Zwischenzeit staut sich der Druck des Mannes so stark auf, dass er noch ungehemmter über die Frau herfällt, wenn er endlich die Erlaubnis erhält, nur noch seinen eigenen Bedürfnissen nachgeht und die Wünsche und das Befinden der Frau aufgrund seiner Zügellosigkeit völlig ausblendet. Die Frau fühlt sich dann einmal mehr darin bestätigt, dass es dem Mann nur um sich selbst geht und sie ihm für dessen Wünsche zur Verfügung stehen muss – und entwickelt erst recht eine Aversion gegen die Annäherungsversuche des Mannes.

Auf diese Weise setzt eine verhängnisvolle Frustspirale ein: Die Ungeduld und Lieblosigkeit des Mannes führen zu einer mangelnden Bereitschaft der Frau, deren Verweigerung lässt den Druck des Mannes weiter ansteigen, er drängt immer mehr, die Frau gibt irgendwann nach und wird beim sexuellen Verkehr nur für den Triebabbau des Mannes benutzt, so dass ihre Abneigung noch mehr ansteigt und der Mann beim nächsten Mal noch mehr drängen muss, um die Frau erneut herumzubekommen. Das Ergebnis ist, dass sich der Frust auf beiden Seiten immer weiter auftürmt und so lange gekämpft und gerungen wird, bis einer nachgibt. Es ist jedes Mal ein Kampf mit offenem Ausgang: Mal gewinnt sie, mal setzt er sich durch. Ist Letzteres der Fall, erhöht sich ihr Frustpegel, gewinnt sie und hält sie ihn fern, steigt seine Wut an. Am Ende ist er für sie der Mitleid erregende sexlüsterne und ausgehungerte Mann, der immer wieder bei ihr angekrochen kommt und bettelt, und sie für ihn die frigide Frau, die ständig zickt und sich nur noch für die Kinder interessiert.

Die Frau wird im Bett malträtiert

Die meisten Frauen können sich noch glücklich schätzen, wenn die geschlechtliche Prozedur nicht länger als fünf Minuten dauert. Es gibt leider auch Frauen, die vom Schicksal eine härtere Prüfung auferlegt bekommen: Sie müssen im Bett ein wahres Martyrium über sich ergehen lassen und werden von ihrem Partner sexuell regelrecht gemartert. Solch ein Mann begnügt sich nicht mit einer schnellen Nummer – er kann im Gegenteil kein Ende finden und will sich am Körper der Frau austoben.

Manche Männer sind mit einer derartigen Potenz ausgestattet, dass ein einmaliger Orgasmus nicht einmal ansatzweise zur vollständigen Befriedigung ausreicht. Der erste Höhepunkt ist dann nur die Ouvertüre, die sofort in einer veränderten Stellung in den nächsten Akt übergeht, wobei die Lust auch noch stetig zunimmt und die Stellungen immer wilder werden: von oben, von hinten, von unten, anal oder oral. In jeder Stellung erleichtert er sich, meist begleitet von lauthalsem Gestöhne und Gejapse. In diesem Fall ist für die Frau das Ende kaum zu erahnen – sie weiß nur, dass es wieder mal eine lange Nacht wird.

Viele betroffene Frauen berichten, dass ihre Partner mit der Zeit zunehmend ausgefallenere sexuelle Wünsche äußern und erwarten, dass sie sich während des Beischlafs aufreizend verhalten. Der Frau wird dann haarklein vorgegeben, was sie tun, wie sie sich bewegen und welche Stellung sie einnehmen soll. Der Mann bestimmt, was sie während des Sex zu ihm sagen, wo sie ihn anfassen und wie sie sein Genital behandeln soll: Sie soll es massieren und in den Mund nehmen, zuweilen sogar bis zur Kehle einführen, so dass sie kaum noch Luft bekommt, zu würgen beginnt und ihr übel wird. Anschließend soll sie beim Orgasmus auch noch das Sperma herunterschlucken und, als sei dies nicht schon schlimm genug, den Rest dann auch noch von der feuchten Eichel des Mannes ablecken, was diesen erregt und bei der Frau wiederum Übelkeit hervorrufen kann. Wenn diese Praxis denn auf gegenseitigem Einvernehmen beruht und beide dabei große Freude erleben, soll diese sexuelle Vorliebe nicht grundsätzlich verdammt werden. Es darf nur festgestellt werden, dass eine hohe Anzahl von Frauen diese Form der Befriedigung nur dem Mann zuliebe ausführt und dabei alles andere als Genuss empfindet.

In manchen Fällen wird die Frau im Bett regelrecht malträtiert. Sie darf nicht mitbestimmen, muss artig gehorchen und sich willenlos prostituieren. Als Krönung muss sie noch vorgeben, dies alles mache ihr überhaupt nichts aus und gefalle ihr sogar. Dabei erleidet sie Schmerzen bei dem sexuellen Verkehr: Der Mann kneift und presst sie, wirft sie im Bett hin und her, ruckt und zerrt an ihrem Körper, wirft sich auf sie, drückt sie nieder und schnürt sie mit seinen starken Armen ein. Weder kräftemäßig noch konditionell kann die Frau mit dem völlig entfesselten Mann mithalten und aus diesem Grund innerlich nur beten, dass ihm bei seinem Lustspiel irgendwann endlich die Luft ausgeht.

Der mangelnde Genuss der Frau

In den meisten Fällen gelangt die Frau beim ungewollten Sex nicht in die Lage, diesem vielleicht doch noch etwas Schönes abzugewinnen: Entweder muss sie sich dabei ausschließlich um die Bedürfnisse des Mannes kümmern oder sie beschäftigt sich innerlich noch mit anderen Themen und ist auf Sex gar nicht eingestimmt. Frauen fällt es schwer, belastende Gedanken einfach zur Seite zu schieben, sich unbeschwert ihrem Partner zu widmen und sich ihrer Sexualität hinzugeben. Sie machen sich Sorgen um ihre Kinder, denken an die noch zu erledigenden Aufgaben im Haushalt, planen bereits das Mittagessen für den folgenden Tag, haben Stress im Beruf oder müssen noch den letzten Streit mit dem Partner oder anderen nahestehenden Personen verarbeiten. Außerdem können sie sich bei störenden Außeneinflüssen nicht so leicht gehenlassen wie der Mann: Sie fühlen sich blockiert, wenn es zu kalt im Raum ist oder das Licht zu hell, die Kinder sich im Nebenzimmer befinden und noch nicht schlafen, der Partner nicht geduscht oder rasiert ist, der Nachbar noch vorbeikommen will, die Matratze quietscht oder der Fernseher läuft. Oft sind es Lappalien, die einer Frau die Stimmung vermiesen und um die sich ein Mann gar keine Gedanken macht – häufig nimmt er sie nicht einmal wahr. Das Unwohlsein der Frau kann dann abrupt zur Unterbrechung, manchmal auch zum Ende des Sex führen. Dass der Mann in diesem Moment die Welt nicht mehr versteht und sich über die vermeintliche Hypersensibilität der Frau aufregt, ist irgendwie verständlich. Auf der anderen Seite könnte er sich im Vorfeld auf ihre Befindlichkeit einstellen, wenn er davon weiß, Rücksicht nehmen und sich an der Beseitigung unerwünschter Störfaktoren beteiligen, statt sich nur über die »Hysterie« der Frau lustig zu machen oder sie deswegen zu kritisieren und abzuwerten.

Zudem erwartet der Mann häufig als selbstverständlich, dass sich die Frau um die Verhütung kümmert – auch wenn dies mitnichten allein ihre Verantwortung ist. Während der Mann gleich loslegt im Vertrauen, die Frau werde schon entsprechende Vorkehrungen getroffen haben, fragt sie aufgeregt, wie sich der Mann zu schützen gedenkt. Nicht selten sieht sie dann in ein verdutztes Gesicht und ahnt schon, dass sie sich allein um dieses Problem kümmern muss. Verspricht der Mann, aufzupassen, oder stülpt er sich ein Präservativ über, fühlt sich die Frau während des Sex nicht unbedingt sicher und fürchtet deswegen die Ejakulation des Mannes.

Ein weiteres Hindernis für die Frau, den Beischlaf zu genießen, kann darin bestehen, dass der Mann während des Sex die Kontrolle verliert und so sehr in Ekstase gerät, dass er die exotischsten Stellungen verlangt und sich wie im Wahn an dem Körper der Frau austobt. Er ist dann nicht mehr in der Lage, wahrzunehmen, was er der Frau damit antut und dass es ihr wehtun könnte. Also muss die Frau die Ausgleichsfunktion übernehmen und reserviert bleiben, um den Mann mit ihren Berührungen und Bewegungen nicht zu stark zu reizen. Sie muss während des geschlechtlichen Verkehrs fortlaufend die Kontrolle über den Verlauf behalten und auf ihren Partner aufpassen, weil er es schlicht nicht kann.

Auf der anderen Seite darf sie aber auch nicht zu sparsam mit ihren Reizen sein, denn dies könnte beim Mann den Verdacht erregen, sie hätte kein Interesse an ihm. Die Stimmung kann schlagartig umschlagen, wenn die Frau keine Begeisterung für die Darbietung ihres männlichen Partners zeigt, und sofort wird sie für schuldig erklärt, wenn der Sex nicht befriedigend verläuft und es zu Störungen kommt. Die Frau muss also trotz innerer Abneigung und begrenzter Bereitschaft dafür sorgen, dass dem Mann die Laune nicht vergeht.

Hinzu kommen häufig noch taktlose und unpassende Bemerkungen des männlichen Geschlechts: »Los, zieh dich aus!« – »Was hast du heute für einen hässlichen Rock an?« – »Müssen wir wieder warten, bis die Kinder eingeschlafen sind?« – »Zick dieses Mal aber nicht wieder so rum wie beim letzten Mal!« – »Mach schon, hol mir einen runter!« Kein Wunder, wenn der Frau bei so viel Derbheit die Lust vergeht und sie dann nicht mehr viel Freude am nachfolgenden Sex hat, sondern stattdessen – oder währenddessen – in ein Gedankenkarussell einsteigt und sich mit der Frage beschäftigt, wie man nur so dreist und rücksichtslos sein kann, während der Mann seinerseits von keinerlei Bedenken gehemmt wird. Auch ist eine akute Erkrankung der Frau wie eine Grippe oder ein gebrochener Arm für den Mann kein Grund, auf Sex zu verzichten: »*Es wird schon irgendwie gehen!*« – »*Stell dich nicht so an!*« Mit solchen oder ähnlichen saloppen Bemerkungen will dann der sexgetriebene Mann die Frau zur Bereitschaft drängen.

Die stärkste Stimulanz für eine Frau ist das Gefühl, von ihrem Partner über alles geliebt zu werden. Wenn dieses Gefühl für die Frau nicht vorhanden ist, ist der Sex für sie nicht vollkommen. Beginnt das Vorspiel dann noch mit einleitenden Taktlosigkeiten, die ja per se beweisen, dass da nicht viel Liebe im Spiel ist, verfliegt auch der letzte Hauch von Leidenschaft bei der Frau. Sie kann sich dann einfach nicht auf den Mann einlassen. Jeder noch so kleine Fehltritt, jede noch so kleine Ungeschliffenheit bedeutet für sie einen Verlust an Freude. Sie liegt dann im Bett und grübelt, ob ihr Partner sie wirklich liebt, ob er sie je geliebt hat, ob er mit ihr aus Liebe oder aus ganz anderen Gründen Sex hat, ob es wohl noch andere Frauen in seinem Leben gibt oder wie er frühere Lebensgefährtinnen behandelt hat.

Überhaupt beschäftigt sich die Frau übermäßig mit der Frage, ob sie gut genug für ihren Partner ist. Dieses Thema lässt sie auch während des Sex nicht los – vor allem dann, wenn sich ihr Partner dabei auf irgendeine Weise lieblos ihr gegenüber verhält: »*Bin ich ihm keine angemessene Behandlung wert, bin ich nur seine kleine Hure?*« Bleibt sie nur lange genug an diesen Gedanken hängen, wird sie nicht lange brauchen, um sich zu fragen, was sie nur falsch gemacht haben könnte, dass sie so von ihrem Partner, der trotz beständiger Nachfrage immer wieder seine Liebe beteuert, behandelt wird. Sie beginnt dann, die Schuld bei sich selbst zu suchen und sich damit auseinanderzusetzen, was sie ändern könnte, damit es zwischen beiden besser läuft. Wieder einmal übernimmt die Frau die Verantwortung, während der Mann froh ist, wenn die Frau keine leidige Diskussion über das Thema Sex und Liebe mit ihm anfängt.

Zweifel, Schuldgefühle und Unbehagen sind die Begleiter einer

Frau, wenn sie Sex mit dem Mann eingeht. Manchmal lässt sie sich auch nur aus Angst vor Ungemach und Bestrafungen auf den Sex ein, die folgen könnten, wenn sie es nicht tut. In den meisten Fällen ist die Gefühlswelt einer Frau alles andere als geklärt und sie kann sich nicht so hingeben, wie sie es könnte, wenn alle unangenehmen Faktoren aus dem Weg geräumt wären. Oft ist sie während des Sex mehr mit ihrem Innenleben beschäftigt als mit ihrem Partner. Die Frau muss entspannt sein, um sich auf Sex einlassen zu können, sie braucht den Dialog, um Vertrauen herzustellen, sie braucht Zeit, um aufzutauen, und sie braucht Zärtlichkeit, um in Stimmung zu kommen – ansonsten sind ihre Sinne eingefroren und sie kann den Sex nicht genießen.

Wenn man sich vergegenwärtigt, wie schwer es für eine Frau ist, sich hinzugeben, und wie lange es dauern kann, bis sie wirklich entspannt und gleichzeitig erregt mit ihrem Partner intim werden kann, dürfte wohl jedem Mann spätestens an dieser Stelle klar werden, dass er wahrscheinlich weitaus häufiger mit einer unmotivierten und innerlich abwesenden Partnerin Liebe macht, als er bislang angenommen hat. In den meisten Fällen ist sie überhaupt nicht bei der Sache und gaukelt ihm schlicht und ergreifend einen Sinnesrausch vor, nur damit er nicht frustriert ist.

Die Grenzverletzung wird nicht thematisiert

Im Laufe einer fortgeschrittenen Beziehung werden die gemeinsamen sexuellen Erlebnisse immer seltener und ihre Qualität sinkt beträchtlich ab, auch wenn sie am Anfang durchaus überwältigend gewesen sein können. Probleme in der Beziehung, der Familie oder im Beruf sind häufig Faktoren, die dazu führen, dass die Leidenschaft zwischen den Partnern nicht mehr so stark vorhanden ist und das Sexualleben allmählich verkümmert. Wenn Paare wenigstens ein- bis zweimal im Monat sexuell zusammenfinden, reihen sie sich in den Durchschnitt in die Jahre gekommener Beziehungen ein. Viele liegen sogar unterhalb dieses Werts, ärgern sich im Grunde darüber und sehnen sich zutiefst nach Intimität und befriedigendem Sex – und nicht selten werden sie anfällig für die zahlreichen Angebote, die sich außerhalb der Beziehung präsentieren.

Bevor die Hoffnung aber völlig aufgegeben wird und man sich heimlich anderen Objekten der Begierde zuwendet, wird versucht, eine Lösung für das Problem zu finden: Man redet offen mit dem Partner über die sexuelle Unzufriedenheit, probiert neue Praktiken aus, spricht mit anderen Paaren über deren Erfahrungen oder geht zu einem ausgebildeten Paartherapeuten, um das brachliegende Sexualleben wiederzubeleben. Bei all den lobenswerten Bemühungen werden allerdings die Themen Übergriffigkeit und nicht einvernehmlicher Sex sorgsam ausgespart. Die Frau will sie vielleicht nicht ansprechen, um den Mann nicht bloßzustellen und nachfolgende Schikanen zu vermeiden, oder sie hat die ständigen Grenzüberschreitungen des Mannes gar nicht als solche aufgefasst, sondern nimmt sie lediglich als ungestümes Verhalten wahr, das männertypisch ist und mit dem man als Frau eben leben muss. Der Mann seinerseits sieht in seinen Aufdringlichkeiten keinen Fehltritt und da die Frau ihn über sein unangemessenes Verhalten nicht aufklärt und keine deutlichen Grenzen setzt, kommt er sich auch nicht vor wie ein Sittenstrolch. Bei allen reflektierenden Gesprächen bleibt unerwähnt, wie tief die Frau in ihrer Seele durch die regelmäßige Zudringlichkeit des Mannes getroffen wird, wie nachhaltig dadurch ihr Selbstbild erschüttert wird und wie sehr sie mit diesem Schmerz zu kämpfen hat – zumindest aber wird es nicht hinreichend nachempfunden. Und der Mann bleibt ahnungslos, weil ihm die Wahrheit über sein übergriffiges Verhalten nicht gesagt wird und er es von allein nicht merkt. Er muss folglich zu dem Schluss kommen, dass der Mangel an Sex nicht ihm zuzuschreiben ist, sondern allein der vermeintlichen Lustlosigkeit der Frau, und sieht sich deswegen zu einer Motivation genötigt, damit es überhaupt mal zu Sex in der Beziehung kommt.

Die sexuelle Gewalt, die sich in dem permanenten Drängen und der Übergriffigkeit zeigt, sowie der Missbrauch müssen deutlich an- und ausgesprochen werden. Denn um Gewalt und Missbrauch handelt es sich bei den zuvor beschriebenen sexuellen Annäherungsformen, auch wenn die Frau dem zermürbenden Zusetzen des Mannes am Ende oder auch sofort aufgrund mangelnder Widerstandskraft zustimmt und es deswegen so aussieht, als sei sie mit dem Sex einverstanden. Sie ist es nicht – sie gibt nur dem Druck nach, und das ist etwas völlig anderes. Sexuelle Gewalt beginnt nicht erst mit einer Vergewaltigung, bei der der Mann die Frau gewaltsam zum Sex zwingt und diese sich mit allen Kräften dagegen zu wehren versucht. Sie beginnt schon viel früher auf einer subtilen, aber beständig Druck erzeugenden Ebene: Der Mann hört nicht mit seinen Annäherungsversuchen auf, obwohl die Körpersprache der Frau nicht den geringsten Anlass zur Fortsetzung gibt. Der Mann greift daraufhin zu immer kreativeren Manövern, sie umzustimmen, obwohl die Frau bereits mehrfach entschieden Nein gesagt oder ihm über unzweideutige Gesten zu verstehen gegeben hat, dass er sie in Ruhe lassen soll. Der Mann bedient sich aggressiver Kommunikationsformen, um bei der Frau ein schlechtes Gewissen zu erzeugen oder sie einzuschüchtern und so doch noch zur sexuellen Befriedigung zu kommen, obwohl der Frau der Unmut oder das Leiden unübersehbar ins Gesicht geschrieben steht.

Jeder Unbeteiligte, der nicht unter dem Druck steht, unbedingt Sex haben zu müssen, würde aus den Worten, dem Gesichtsausdruck und dem offenen oder verdeckten Schutz- und Abwehrverhalten seines Partners unmissverständlich erkennen, dass dieser nicht zum Sex bereit ist. Eigentlich kann es hierzu keine zwei Meinungen geben und in der deutschen Sprache bedeutet Nein auch »Nein« – und nicht »Ja« oder »Vielleicht«. Wer den Willen eines anderen ignoriert oder diesen zu seinem eigenen Vorteil uminterpretiert, der verhält sich manipulativ. Er muss Druck anwenden, um den anderen zu etwas zu bewegen, was dieser nicht will oder noch nicht will. Und um Druck aufzubauen, braucht es Kraft und Intensität, die sich steigern und ganz schnell in Aggressivität umschlagen kann. Auf diese Weise entwickelt sich das Spektrum der Gewalt: von verdeckter emotionaler zu offener körperlicher Gewalt.

6. Wie erlebt der Mann den erzwungenen Sex?

Wie erlebt der Mann den sexuellen Akt, wenn er die Frau überreden konnte und diese endlich, wenn auch eher verhalten zugestimmt hat? Wie nimmt er die mangelnde Bereitschaft und Freude der Frau während des Geschlechtsverkehrs wahr? Die Bandbreite reicht von Männern, denen angesichts der Zugeknöpftheit der Frau von vornherein die Lust vergeht, über solche, die es zwar nicht schön finden, aber hinnehmen, dass die Frau nicht wirklich gewillt ist, bis hin zu solchen, denen es völlig gleichgültig ist, was die Frau dabei empfindet. Sie vereinigen sich nur mit dem Körper der Frau, nicht mit ihrer Seele. Diese Männer sind nur an ihrem eigenen Wohlergehen interessiert und haben sich entweder ein ungemein dickes Fell zugelegt oder werden von ihrem Trieb so beherrscht, dass sie überhaupt nicht mehr mitbekommen, was außerhalb von ihnen vor sich geht.

Narzisstischer Sex

Narzisstischer Sex bedeutet, dass ein Partner den anderen lediglich zur Befriedigung seiner sexuellen Bedürfnisse und Fantasien benutzt und sich hierzu dessen Körpers als Stimulans bemächtigt. Der Körper des anderen dient nur dazu, sich selbst zu erregen und die eigenen sexuellen Fähigkeiten zu demonstrieren. Das Wesen und das tiefere Empfinden des anderen spielen dabei keine Rolle. Aus diesem Grund versucht der narzisstisch veranlagte Mensch, den Akt zu dominieren und zu kontrollieren. Er will dabei maximalen Genuss erleben. Ob sich sein Partner auch befriedigt fühlt, interessiert ihn nur insofern, als er daraus auf seine außergewöhnliche Attraktivität und sexuelle Leistung schließt. Es geht ihm nur um sich selbst.

Der narzisstische Mann will den Rhythmus und die Stellung bestimmen und geht dabei so energiegeladen und zielstrebig vor, dass die Frau gar keine Gelegenheit bekommt, Wünsche zu äußern und einzubringen. Selbstbewusst geht er voran und will ihr unbedingt zeigen, wie gut er ist. Mit kreativen, abwechselnden Stellungen und einer unermüdlichen Kondition will er sie überzeugen und zum ultimativen Höhepunkt treiben. Der narzisstische Mann will sich vor allem als begehrenswert erleben, er will in dem unersättlichen Verlangen seiner Partnerin spüren, dass er der Größte und Beste ist, dass sie noch nie zuvor in ihrem Leben so guten Sex hatte und nichts auf der Welt so sehr braucht wie ihn. Er will für seine sexuelle Leistung gelobt werden, er will in dem unaufhörlichen Stöhnen der Frau und in der endlosen Abfolge weiblicher Orgasmen seine Unwiderstehlichkeit und sein unverwechselbares sexuelles Können bestätigt bekommen. Er will das Gefühl haben, der genialste Liebhaber aller Zeiten zu sein – und ganz nebenbei will er natürlich auch die eigene körperliche Erregung. Es geht ihm also nur um seine persönliche emotionale wie leibliche Sättigung.

Dem narzisstischen Mann gelingt es meist tatsächlich, seine Partnerin mit seiner Arroganz, seinem Draufgängertum und dem Demonstrieren seiner sexuellen Potenz zu beeindrucken und sie mit erotisierenden Spielen von einer Ekstase in die nächste zu versetzen, so dass diese sich nie wieder Sex mit einem anderen vorstellen kann. Vor allem am Anfang einer Beziehung imponiert der narzisstische Mann der Frau mit famosen Sexpraktiken und bereitet ihr ein sinnliches Vergnügen unvorstellbaren Ausmaßes. In den meisten Fällen glaubt die Frau anfänglich, den Mann ihres Lebens gefunden zu haben und Sex zu erleben, wie er einfach schöner nicht sein kann. Der Mann bedient vollständig die Bedürfnisse der Frau, erkennt zielsicher deren erogene Zonen und stimuliert diese so lange, bis sie vor Verzückung völlig außer sich ist. Für viele Frauen ist dieses sexuelle Abenteuer häufig die ultimative Erfahrung und sie schwärmen noch Tage später von diesem atemberaubenden Sex.

Der narzisstische Mann macht dies allerdings keineswegs selbstlos zu dem Zweck, die Frau zu beglücken, sondern er will sie in eine sexuelle Abhängigkeit treiben. Sie soll sich nach ihm verzehren, sie soll an nichts anderes mehr denken können und sie soll sich ihm ganz und gar hingeben, damit er vollständig über sie verfügen kann. Denn an dem Punkt, an dem die Frau nicht mehr von dem sexuellen

Supermann lassen kann, wendet sich das Blatt: Der narzisstische Mann gibt sich auf einmal nicht mehr so viel Mühe – im Gegenteil: Er verlangt nun, dass sich die Frau um ihn kümmert.

Nun beginnt er, das Programm – wenig zur Freude der Frau – zu diktieren und immer öfter mischen sich Elemente in den sexuellen Verkehr, die der Frau alles andere als Vergnügen bereiten: Er will sich stundenlang von ihr oral befriedigen lassen, sie soll sich ganz langsam vor ihm ausziehen, während er sich selbst befriedigt, oder sich über ihn stellen, damit er sie von oben bis unten in ihrer ganzen Pracht bewundern kann. Er nimmt sie in jeder Position, wählt die ungewöhnlichsten, akrobatischsten Stellungen, er fragt nicht, ob es ihr gefällt, sondern bedient sich einfach ihres Körpers. Dabei geht er nicht zimperlich vor, und schon gar nicht kann er ein Ende finden: Jede Stellung treibt ihn zu noch größerer Lust und jeder Höhepunkt zwingt zu einer Wiederholung. Dieser Mann besitzt häufig eine unglaubliche Potenz, kann jeden Tag mehrmals hintereinander und ist ständig betriebsbereit. Dass dies selbst der willigsten Frau irgendwann zu viel wird, leuchtet ein, sieht der narzisstische Mann aber nicht als sein Problem.

Von der Frau erwartet er, dass sie ambitioniert mitmacht, ihre Lust laut bekundet und ihm mit ihren Blicken und auch Worten bestätigt, wie unübertrefflich er ist. Auf diese Weise wird ihm nicht nur seine Grandiosität gespiegelt, sondern das flehende Verzehren der Frau nach ihm treibt ihn noch zusätzlich an. So wird aus der Frau im Laufe der Beziehung eine Sexpuppe gemacht, die im Bett nach Belieben des Mannes benutzt wird.

Solche Männer sinnen jeden Tag auf Sex und beginnen spätestens dann mit ihren Annäherungsversuchen, wenn sie mit ihr alleine sind. Auch wenn er vorher schon die ablehnende Antwort der Frau kennt, fragt er dennoch nach ihrer Bereitschaft – wobei die Frage häufig einen kommandierenden Unterton hat – oder beginnt einfach mit seiner erotischen Selbstbedienung. Sein Drang ist so mächtig, dass er auch bei größter Selbstbeherrschung nicht auf Sex verzichten kann. Dreht sich die Frau weg und gibt ihm auf unmissverständliche Weise zu verstehen, dass sie heute nicht gewillt ist, beschäftigt er sich notgedrungen mit sich selbst oder verbringt eine ziemlich unruhige Nacht, in der es ihn immer wieder zum Körper der Frau zieht.

Am Anfang dieser Beziehung ist die Frau meist noch bereit, sich auf befremdliche Sexpraktiken einzulassen. Schließlich wird sie in dieser Phase von dem Mann vorbildlich verwöhnt und will daher kein Spielverderber sein. Sie meint, sich revanchieren zu müssen, und lässt daher alles mit sich machen – auch das, was sie zuvor stets abgelehnt und als unsittlich oder verächtlich angesehen hat. Dennoch lässt sie sich auf diese Erfahrung ein, weil sie glaubt, dass der Mann sie unendlich liebe – und im Grunde auch gar kein anderer Schluss zu ziehen möglich ist, so großartig wie dieser Mann sie verwöhnt. Deswegen meint sie, den ungewöhnlichsten Experimenten zustimmen zu müssen, um ihm damit zu gefallen.

Der narzisstische Mann wiederum kann einfach nicht genug bekommen und nutzt die Nachgiebigkeit und Gutgläubigkeit der Frau gnadenlos aus. Auf einmal fallen die Streicheleinheiten für die Frau enttäuschend kurz aus, während es nur noch um die Lustbefriedigung des Mannes geht. Die Frau muss leidvoll zur Kenntnis nehmen, dass von nun an immer erst der Mann an der Reihe ist und dass sie es sich erst hart verdienen muss, will sie auch einmal verwöhnt werden. Da sie abhängig von dem Sex geworden ist und glaubt, ohne ihn nicht mehr leben zu können, lässt sie alles mit sich machen, nur um wieder in den traumhaften Genuss von einst zu kommen. Leider muss sie aber mit der Zeit feststellen, dass der Sex nie wieder so erfüllend und so unbeschwert wie am Anfang ist. Der narzisstische Mann achtet sehr penibel darauf, dass er ja nicht zu kurz kommt und sich nicht zu sehr für die Frau verausgabt, während sich seine Partnerin im wahrsten Sinne des Wortes den Arm ausreißen muss, um ihn zufriedenzustellen. Nach dem Motto »*Wenn du nicht lieb zu mir bist und mich verwöhnst, dann tue ich auch nichts für dich!*« lässt der Mann seine Partnerin zappeln, wenn sie sich nicht anstrengt und ihm seine sexuellen Wünsche nicht so erfüllt, wie er es sich vorstellt.

Er will es so machen und haben, wie er es braucht, und davon ist er auch nicht abzubringen. Der narzisstische Mann kann äußerst aggressiv und beleidigend werden, wenn die Frau sein Programm stört oder auch nur leicht abwandeln möchte. Von ihr wird nichts weiter erwartet, als dass sie ordentlich mitmacht und glühende Leidenschaft zeigt. Dieser Mann bekommt in seinem Rausch überhaupt nicht mit, wie er seine Partnerin im Bett herumkommandiert und malträtiert. Er glaubt tatsächlich, ihr gefalle ausnahmslos alles, was er tut, und sie könne gar nicht genug von ihm bekommen, nur weil sie nichts Gegenteiliges äußert. Dabei bekommt er nichts weiter als ein inszeniertes Schauspiel geboten, nichts weiter als eine Imitation, denn ihre wahren Gefühle und Gedanken zeigt die Frau nicht. Sie macht brav alles mit, was der heißblütige Grobian von ihr verlangt, entweder weil sie hofft, anschließend von ihm verwöhnt zu werden, oder weil sie genau weiß, dass er unausstehlich wird, wenn sie ihm nicht das gibt, was sein grandioses Selbstbild verlangt – und was dann kommt, ist oft noch grausamer als die wiederkehrende Tortur im Bett. Dieses Spektakel kann sich über Stunden ziehen – zuweilen auch das ganze Wochenende andauern –, bis sich der Mann völlig verausgabt hat, erschöpft zur Seite dreht und damit zu verstehen gibt, dass die Schinderei fürs Erste überstanden ist.

Wendet sich der narzisstische Mann der Frau zu und verwöhnt er sie, dann fällt die sexuelle Einheit deutlich kürzer und weniger prickelnd aus als am Anfang der Beziehung. Er wird im Laufe der Zeit flüchtig und nachlässig, er meint, sich nicht mehr um die Frau bemühen zu müssen, weil sie ohnehin nicht ohne ihn leben kann und ihn genau so haben will, wie er ist. Sich seiner unvergleichbaren Verführungskunst und Unwiderstehlichkeit völlig sicher, kommt er nicht annäherungsweise auf die Idee, sein sexueller Raubzug könnte der Frau missfallen.

Die Frau unterliegt in der Tat recht lange dieser Täuschung und glaubt, dieser Mann mache alles aus reiner Liebe. Zwar kann sie sich nach einer gewissen Zeit für die perversen Sexpraktiken ihres Gatten nicht mehr sonderlich begeistern, hofft aber, irgendwann wieder das schöne sexuelle Erlebnis zu haben, das sie anfänglich so sehr genossen hat, wenn sie ihm nur hörig ist. Sie kann diese Hoffnung nicht ablegen, weil sie die grenzenlose Selbstsucht dieses Mannes noch nicht erkannt hat. Solche Frauen erleben auf der einen Seite den ultimativen, noch nie zuvor erlebten Sex, auf der anderen Seite aber auch später den schrecklichsten Sex in ihrem Leben. Vor allem aber können sie im Laufe der Zeit nicht mehr mithalten, was das Tempo und die Häufigkeit betrifft: Irgendwann dreht sich alles nur noch um Sex und der narzisstische Mann ist wie entfesselt. Da die Frau nie sicher sein kann, ob ihre Bedürfnisse beim nächsten Akt berücksichtigt werden, verweigert sie sich immer häufiger, wird dann aber meist, wenn sie sich wieder opfert, noch mehr strapaziert als zuvor.

Irgendwann spürt die Frau, dass das Ganze nichts mit Liebe zu hat, dass es dem Mann nur darum geht, sich mit ihrer Hilfe zu erregen und sexuell zu befriedigen, und dass er in Wahrheit nicht an ihr interessiert ist, sondern nur an seinem Vergnügen. Der narzisstische Mann will gar nicht auf der emotionalen Ebene mit der Frau eins werden, an ihrem Empfinden teilhaben und ihre Bedürfnisse und Leidenschaften verstehen. Für ihn ist der sexuelle Vorgang eine rein körperliche Betätigung, die nur der Triebbefriedigung dient, nicht aber dem Aufbau von gegenseitigem Vertrauen und von Innigkeit. Vielmehr geht es ihm darum, seine Männlichkeit unter Beweis zu stellen und dafür bewundert zu werden. Aus Angst, die Partnerin könnte hinter seine imposante Fassade blicken und seine Schwächen aufdecken, lässt er sie emotional nicht an sich heran und beschränkt sich allein auf das Körperliche. Dies führt dazu, dass sich die Frau als Persönlichkeit überhaupt nicht wahrgenommen fühlt und ihr irgendwann selbst der zeitweilige grandiose Sex keine hinreichende Befriedigung mehr bietet. Die Höhen und Tiefen des Sexuallebens sind einfach zu extrem und wechseln zu häufig, als dass sich dauerhaft Zufriedenheit einstellen könnte. Manche Frau erinnert sich dann etwas wehmütig an vorherige Liebhaber, die vielleicht weniger kräftig und potent waren, dafür aber zärtlicher und hingebungsvoller.

In der Regel fragt der narzisstisch veranlagte Mann nach dem Sex irgendwann gar nicht mehr, ob es der Frau gefallen hat – er setzt es stillschweigend voraus. Er muss keine Bestätigung und kein Lob mehr für seine sexuellen Fähigkeiten bekommen: Er geht davon aus, dass er großartig war. Als ein unvergleichlicher Meister seines Fachs kommen ihm keinerlei Zweifel an seiner Begabung und deswegen muss er sich auch nicht rückversichern. In seinem Selbstbild ist er der große Don Juan, der größte Herzensbrecher aller Zeiten, und keine Frau kann ihm jemals widerstehen. Jede Auserwählte kann sich nur glücklich schätzen, eine so einzigartige Nacht mit ihm verbringen zu dürfen. Während des Sex nimmt der narzisstische Mann nur seine eigene körperliche Erregung, seine Begierde und seine ansteigende Lust wahr, er kommt nicht in eine emotionale Resonanz mit seiner Partnerin. Er spürt nur sich – was sich in der Frau abspielt, bekommt er gar nicht mit. Er nimmt lediglich wahr, was ihm seine Partnerin äußerlich zeigt und bestätigt, dass er ein toller Liebhaber ist und weitermachen soll, dringt aber nicht in die Gefühlswelt und Seele der Frau ein, wo in Wahrheit Abscheu und Ekel herrschen.

Mancher so veranlagte Mann wird ziemlich unsanft aus seiner Illusion gerissen, wenn er plötzlich die Scheidungspapiere auf dem Esstisch vorfindet. Fassungslos und ungläubig steht er dann auf einmal allein in der Wohnung und kann sich nicht einmal ansatzweise erklären, warum ihn seine Frau verlassen hat und was ihr gefehlt haben könnte, ist er doch zutiefst der Meinung, stets alles für sie getan zu haben. In seiner völligen Ahnungslosigkeit entwickelt er die groteske Wahnvorstellung, seine Frau könne einen anderen gefunden haben, der sie sexuell besser befriedigen könne als er. Diese haltlose Vermutung und die daraus folgende Eifersucht führen dann nicht selten zu einem erbarmungslosen Rachefeldzug.

Das Problem bei der Sexualität spiegelt den Konflikt in der Beziehung

Die Probleme beim Sex sind im Grunde das Spiegelbild der Probleme in der ganzen Beziehung. Das dominante und wenig rücksichtsvolle Verhalten des narzisstischen Mannes zieht sich meist wie ein roter Faden durch das gesamte Beziehungsleben: Er will alles bestimmen, lässt sich von der Frau nichts sagen, weiß alles besser und gibt ständig Anweisungen. Die Frau darf ihre Meinung nicht äußern, muss kuschen und sich den Forderungen fügen. Wird sie dann doch mal nach ihrer Meinung und ihren Wünschen gefragt, werden ihr diese kurzerhand ausgeredet, wenn sie nicht zu den Vorstellungen des Mannes passen. Während der Mann niemals an seinen Ansichten zweifelt und es immer so hinstellt, als würde er alles richtig machen und alles können, wird der Frau vermittelt, alles falsch zu machen und nichts zu können, weshalb sie ständig an sich zweifelt.

Der narzisstische Mann braucht die Frau, um von ihr gespiegelt zu bekommen, dass er einmalig und makellos ist. Er braucht sie nicht, um Kritik zu hören. Auf seine Schwächen und Mängel will er nicht angesprochen werden – dies löst bei ihm nur Wut- und Rachegefühle aus. Er will über die lobenden Worte seiner Partnerin und deren Fügsamkeit bestätigt bekommen, dass er perfekt ist, dass sie mit allem einverstanden ist, was er sagt und tut, und dass sie sich niemals gegen ihn auflehnen wird. Er gestattet ihr nicht einmal, gutgemeinte Ratschläge zu äußern: Sofort fühlt er sich persönlich angegriffen und in seiner Unfehlbarkeit verletzt. Aufgrund seines Größengefühls meint er, sich von niemandem etwas sagen und gefallen lassen zu müssen, und besteht daher so unnachgiebig auf seiner Meinung.

Seiner Vorstellung nach ist er der starke Mann, der die Frau beschützen und vor allem führen muss. Leider herrscht bei vielen Männern immer noch das Bild einer Frau vor, die keinen Wert hat, sich ihm unterordnen muss und keine Ansprüche stellen darf. Der Mann darf nach Herzenslust über sie verfügen und wenn die Frau nicht tut, was er verlangt, dann hat er das Recht, sie zu strafen. Der Mann spricht der Frau ein autonomes Leben ab und macht sie zu seinem Besitz, über den er jederzeit frei verfügen kann. Daher empfindet es der narzisstische Mann als einen Affront, wenn seine Partnerin auf einmal Wünsche und Bedürfnisse äußert, die nicht mit den seinen übereinstimmen, und wenn sie es wagt, eigenständige Wege zu gehen. Sofort bekommt er das Gefühl, nicht mehr Herr der Lage zu sein und die Kontrolle zu verlieren, weshalb er dann mit entsprechendem angsteinflößendem Gebaren seine Autorität herausstellen muss. Er gewährt seiner Partnerin keine Eigenständigkeit – ununterbrochen muss er sie überwachen und bevormunden. Wenn sie sich gegen seinen Willen stellt, neigt er zu unverhältnismäßigen Reaktionen.

Kein Wunder, dass auch beim Sex nichts anderes als Machtdemonstration und Unterdrückung zu erwarten ist und sich im Bett nur das fortsetzt, was die Frau den ganzen Tag ertragen muss: Ignoranz, Arroganz, Egoismus und Geprahle. Würde das narzisstische Gebaren nicht mit einer fortlaufenden Entwertung und Erniedrigung ihrer Person einhergehen, könnte die Frau vielleicht darüber lachen, es nicht weiter beachten und den Mann so sein lassen, wie er ist. Da aber permanent ihr Selbstwertgefühl angegriffen und sie dadurch destabilisiert wird, kann sie über den Hochmut und die Kränkungen des narzisstischen Mannes nicht einfach hinwegsehen: Zu sehr hat sie mit der Versorgung ihrer seelischen Wunden zu tun, wenn sie mit der grenzenlosen Vermessenheit ihres narzisstischen Partners konfrontiert wird. Dies kann so weit gehen, dass der Mann sich schon wieder an ihrem Körper vergreifen möchte, wenn sie sich von der letzten emotionalen Attacke noch gar nicht erholt hat, ohne mitzubekommen, was er der Frau zuvor mit seiner Überheblichkeit angetan hat. Es grenzt dann schon an völliger Skrupellosigkeit, die Frau in der Beziehung rücksichtslos zu unterdrücken und regelmäßig emotional zu verprügeln, im nächsten Moment aber schon wieder mit ihr Sex haben zu wollen und dann auch noch zu glauben, sie würde es gern tun.

Das Ergebnis ist, dass sich die Frau nicht gesehen und ernst genommen fühlt. Sie glaubt, für den Mann keine größere Bedeutung als die einer treudoofen Dienstmagd zu haben. Unter diesen Umständen fühlt sie sich nicht gewürdigt und geliebt, weshalb sie auch keine Lust auf Sex hat – zumindest nicht mit diesem Mann. Hat sie das Gefühl, dass beim Mann keine Liebe im Spiel ist oder nur vorgetäuscht wird, kann sie sich nicht hingeben und den Sex genießen.

Eine Affäre als Ausweg

Aufgrund der Tatsache, dass ihm die Partnerin über kurz oder lang nicht mehr uneingeschränkt als Sexspielzeug zur Verfügung steht, weil sie sich zunehmend verweigert, muss der sexgetriebene Mann nach Alternativen suchen und findet diese nicht selten in einer Affäre. Um die Verweigerung der Frau und die damit verbundene Schmach zu kompensieren und sein Größenbild wiederherzustellen, braucht der narzisstische Mann dringend eine neue Spielgefährtin, die ihn sexuell verwöhnt und anbetet. Hier kann er sich wieder als unvergleichlichen Weiberhelden inszenieren, seine Verführungskünste und sexuellen Fertigkeiten unter Beweis stellen und dafür von einer Geliebten bewundert werden, die den ganzen Tag sehnsüchtig auf ihn wartet und inständig hofft, dass der große Casanova endlich wieder bei ihr vorbeischaut und sie verführt.

Auf einmal hat der Mann wieder alles das, was er am Anfang der Beziehung mit seiner festen Partnerin hatte: prickelnde Nähe und leidenschaftlichen Sex. Da der narzisstische Mann auf etwaige Vorzüge seiner Partnerin nicht verzichten will und daher nicht vorhat, sie zu verlassen, sondern einfach nur von Zeit zu Zeit die Illusion einer perfekten Liebe braucht, hält er an der Beziehung fest und leidet dabei weniger unter der sexuellen Abstinenz seiner Partnerin. Er bedrängt sie nicht mehr so sehr mit seiner körperlichen Nähe, findet sich damit ab, dass es nicht mehr viele intime Stunden mit ihr gibt, und wird auch nicht mehr launisch, wenn sie mal wieder seinen Annäherungsversuchen widersteht. Durch die Affäre und das veränderte Verhalten ihres Mannes wird die Situation auch für die Frau entspannter, die allerdings infolge der plötzlich auftretenden Ruhe misstrauisch wird.

Für manche Männer ist eine Liebesaffäre oft der einzige Ausweg aus ihrem Dilemma. Sie sehen darin auch nicht unbedingt ein Vergehen als vielmehr eine unabwendbare Notwendigkeit, zu der sie sich aufgrund der Enthaltsamkeit der Frau gezwungen fühlen. Einige der Männer, die von ihren Frauen des Fremdgehens überführt werden, äußern auch ganz kaltschnäuzig: »*Wenn du dich nicht immer verweigern würdest, wäre es nicht passiert!*« Der Mann schlüpft in die Rolle des unschuldigen Opfers, so als habe er selbst nichts mit seinem unkontrollierbaren Trieb zu tun und als seien andere dafür verantwortlich, dass er sich nicht zügeln kann. Diese Haltung rechtfertigt für den Mann sein Fremdgehen und er sieht es als legitim an, sich in fremden Betten auszutoben. Ihm kommt gar nicht der Gedanke, er könne untreu sein. Er braucht den außerhäuslichen Sex, um sein inneres Gleichgewicht zu bewahren, und betrachtet ihn daher als lebensrettende – und nebenbei sogar beziehungserhaltende – Maßnahme.

Entweder weiß die feste Partnerin nichts von der Affäre des Mannes oder sie ahnt es, sagt aber nichts und betreibt auch keine Nachforschungen: Dies ist für sie der perfekte Schutz vor sexuellen Übergriffen und sie genießt es, nicht ständig von ihrem Partner genötigt zu werden. Auf der anderen Seite wird sie aber angesichts des veränderten Verhaltens ihres Partners zunehmend unruhig: Sie schwankt hin und her, ob sie der ungewohnten Ruhe auf den Grund gehen oder es lieber dabei belassen soll. Solange sie emotionale oder materielle Vorteile aus der Beziehung zieht oder von dem Mann abhängig ist, wird sie sich wohl vorsehen, unnötig Staub aufzuwirbeln. Sie kann allerdings auch von Eifersucht zerfressen werden und dann nicht eher ruhen, bis die Wahrheit ans Licht kommt.

Der narzisstische Mann nimmt für sich grundsätzlich das Recht in Anspruch, sich auch außerhalb der Beziehung sexuell zu betätigen. Dabei kann das Sexualleben mit der aktuellen Partnerin durchaus befriedigend sein. Das Problem ist, dass er nicht genug bekommen kann und ununterbrochen die Bestätigung braucht, begehrenswert zu sein und vom anderen Geschlecht angehimmelt zu werden. Weil die Bewunderung oder Treue der festen Partnerin irgendwann nichts Außergewöhnliches mehr ist, sieht sich der narzisstische Mann nach anderen Frauen um. Daher bekommt jeder Kontakt mit einer anderen Frau leicht eine amouröse Note. Er betrachtet es als Ausdruck seiner Männlichkeit und findet es überhaupt nicht anstößig, bei jeder sich bietenden Gelegenheit zu flirten – auch vor den Augen seiner Partnerin. Er kann gar nicht nachvollziehen, wie sehr es eine Frau in ihrem Selbstwertgefühl trifft, wenn er offen oder verdeckt den körperlichen Reizen anderer Frauen hinterherstarrt und damit per se seiner Partnerin die Lust am Sex vermiest. Da er aber der Ansicht ist, für die Fortpflanzung seiner Art verantwortlich und deswegen mit einem derartigen Trieb ausgestattet worden zu sein, sieht er sein Verhalten auch vor der Frau als gerechtfertigt und hofft, auf diese Weise einen Freischein für erotische Abenteuer außerhalb der Beziehung zu erhalten.

Gibt ihm seine Partnerin nicht mehr das, was er braucht, und findet er keinen geeigneten Ersatz, sucht er andernorts nach Ausgleich: Er treibt sich auf Dating-Portalen herum, surft stundenlang im

Internet und schaut sich Pornos an, flirtet auf der Arbeitsstelle mit hübschen Kolleginnen oder trifft sich heimlich mit Ex-Freundinnen. Der Entzug von Sex oder unbefriedigender Sex in der Partnerschaft löst bei dem Mann sexistische Zwangsgedanken aus. Sein Verlangen kann derart anwachsen, dass alle anderen Aktivitäten in den Hintergrund treten und sowohl berufliche wie auch private Pflichten mehr und mehr vernachlässigt werden. Seine Sucht kann sogar zu einer gesundheitlichen Gefährdung führen, wenn er sich wahllos und ungeschützt auf andere Frauen einlässt, und auch finanzielle Schwierigkeiten verursachen, wenn er regelmäßig Bordelle aufsucht oder einschlägige Internetdienste abonniert. Sein Trieb kann völlig außer Kontrolle geraten und erhebliche Probleme in die bestehende Beziehung tragen. Konfrontiert mit seinen folgenschweren Ausschweifungen, findet dieser Mann nur triviale Begründungen, die nichts weiter als seine Hilflosigkeit zum Ausdruck bringen: *»Was soll ich tun, wenn mich meine Frau nicht mehr ranlässt?«*

Umgekehrt kann auch die frustrierte Frau eine Liebesaffäre eingehen. Fühlt sie sich nicht hinreichend beachtet und geliebt und hat sie das Gefühl, vom Mann nur benutzt zu werden und keinen hohen Stellenwert für ihn zu haben – außer beim leidigen Thema Sex –, wird sie aufgrund ihres Mangelgefühls anfällig für außereheliche Verführungen. Ein Flirt, ein Seitensprung oder eine heimliche Affäre kann das angeschlagene Selbstwertgefühl wieder aufrichten und das Bedürfnis nach Aufmerksamkeit und Wertschätzung sowie nach Zärtlichkeit und Nähe befriedigen. Der narzisstische Mann wird nicht nur durch die Verweigerung der Frau in die Hände einer anderen getrieben, sondern treibt sie auch seinerseits durch seine mangelnde Rücksichtnahme und Unbeherrschtheit in die Arme eines charmanten Hofierers.

Befangener Sex

Es gibt auch sexgetriebene Männer, die während des Geschlechtsverkehrs sehr wohl spüren, dass es ihrer Partnerin nicht so recht behagt, was sie mit ihr anstellen, oder dass sie auffallend wenig Interesse an dem zeigt, was sich gerade im Bett abspielt. Sie liegt steif unter dem Mann, macht nicht richtig mit, wirkt abwesend oder sieht gelangweilt aus. Sie legt nicht ihre Arme um ihn, will nicht geküsst werden, dreht ihren Kopf absichtlich zur Seite und zeigt wenig Interesse an abwechselnden Stellungen. Der Mann ist sich dann nicht sicher, ob die Frau nur das Ende herbeisehnt oder ob sie darauf wartet, dass er ihr endlich etwas bietet, das ihre Freude und Lust weckt. Die eklatante Passivität der Frau lässt die Leidenschaft des Mannes abflachen. Er weiß nicht, wie er mit dieser höchst irritierenden Situation umgehen soll, und schwankt zwischen Aufdrehen und Aufgeben hin und her.

Einige Männer entscheiden sich dann fürs Weitermachen und reden sich ein, die Frau noch nicht genug erregt zu haben. Sie versuchen dann alle möglichen Varianten, um die Frau in Wallung zu bringen, müssen aber feststellen, dass sie dafür nicht den richtigen Schalter finden und die Frau von ihren Bemühungen keineswegs beeindruckt als vielmehr genervt wirkt. Die demonstrative Lustlosigkeit der Frau kann den Mann dann in Rage versetzen, weshalb er ruckartig den Intimverkehr abbricht, um von seiner Partnerin zu erfahren, was denn nur los sei. Diese sagt aber nichts Substanzielles und lässt ihn im Unklaren, weil sie sich in keine Diskussion verwickeln lassen will. Am liebsten würde sie aber lauthals schreien: *»Brings doch zu Ende, dann haben wir es endlich hinter uns und du hast deinen Spaß gehabt!«*

Stattdessen will der verärgerte Mann aber Antworten. Ihm ist es nicht egal, wenn sich seine Partnerin am Sex nicht beteiligt und ihm offenbar nichts Schönes abgewinnen kann. Er fühlt sich beschämt, weil er in seiner Partnerin keine Leidenschaft entfachen kann, und will von ihr wissen, was er verkehrt macht oder warum sonst sie so unerträglich gleichgültig ist. Der Mann, der zuvor schon langwierig die Frau zum Sex überreden musste, fängt nun wieder an, monologartig auf sie einzureden, um ihre Lust und Hingabe zu erzwingen. Die Frau, die naturbedingt etwas harmoniebedürftiger als der Mann ist, will ihn aber mit einer offenen Aussprache nicht noch mehr provozieren und hält ihre Aussagen deswegen kurz und nichtssagend.

Es gibt Männer, die an dieser Stelle abbrechen, die Diskussion aufgrund unbefriedigender Antworten wutschnaubend beenden und beleidigt den Raum verlassen. Es gibt aber auch Männer, die sich nicht abschrecken lassen und jetzt erst recht weitermachen. Die Lethargie und provozierende Trägheit ihrer Partnerin lässt ihre Wut so anwachsen, dass sie meinen, es der Frau dafür heimzahlen zu müssen, und ihren Körper zum Aggressionsabbau missbrauchen – egal, was sie dabei empfindet. Dass solch ein Vorgehen das Vertrauensverhältnis nicht gerade fördert und bei der Frau nur noch mehr Aversion auslöst, nimmt der frustrierte Mann in Kauf. Dass er beim nächsten Mal noch mehr reden und drängen muss, um die Frau wieder zu einem Einverständnis zu bewegen, ist ihm in diesem Moment nicht bewusst – oder gleichgültig.

Es kann aber auch sein, dass der Mann um die sexuelle Lustlosigkeit der Frau weiß. Er hat sie schon mehrfach während des Geschlechtsverkehrs zu erregen oder zur Rede zu stellen versucht, um herauszufinden, wie beide gemeinsam Freude am sexuellen Beisammensein haben können. Es sind aber alle Versuche gescheitert und deshalb hat er sich damit abgefunden, dass die Frau während des Beischlafs passiv und desinteressiert ist. Er konzentriert sich dann nicht mehr darauf, Lust in der Frau zu wecken, sondern stellt sich vor, mit einer anderen Frau zusammen zu sein, um auf diese Weise die kränkende Teilnahmslosigkeit seiner Partnerin auszublenden. In diesem Fall muss er seine unmotivierte Partnerin zwar auch zum Sex überreden, tut dies aber nicht aus Verlangen zu ihr, sondern nur, weil er sich von seiner fiktiven Traumfrau erregt fühlt, deren Körper aber nicht zur Verfügung steht. Das passive Verhalten seiner Partnerin während des Sex belastet ihn dann nicht mehr – er bevorzugt es sogar, wenn sie einfach nur steif und still unter ihm liegt und nicht viel Regung zeigt. So kann er sich während der sexuellen Vereinigung ganz seinen berauschenden Fantasien hingeben und der teilnahmslose Paarungsstil seiner Lebensgefährtin entfaltet auf einmal seinen ganz eigenen Reiz.

Sensible sexgetriebene Männer bemerken trotz ihres alles überlagernden Dranges, wenn die Frau ihnen etwas vorspielt oder nur schematisch an dem Lustspiel teilnimmt. Sie ärgern sich dann, wenn es ihnen nicht gelingt, die Begierde ihrer Partnerin zu wecken und sie angemessen zu befriedigen. Innerlich schämen sie sich sogar – vor allem, wenn sie spüren, dass sie sich irgendwie ungeschickt beim Sex verhalten: Sie finden nicht die richtige Stellung und den richtigen Rhythmus, sie halten nicht lang genug durch, sie können die subtilen Hinweise der Frau nicht richtig deuten oder stellen sich übervorsichtig an aus Angst, der Frau zu missfallen und Kritik zu ernten. Bleiben ermunternde Signale der Frau aus wie lustvolles Stöhnen, Festkrallen, wildes Küssen oder auch bestärkende Komplimente, fühlt sich der Mann wie ein vollkommener Versager. Eine Frau sexuell nicht befriedigen zu können, stellt für ihn eine unerträgliche Schmach dar – er wird in seinem Urkomplex berührt. Nicht selten verkriecht sich der Mann dann nach dem Sex in sich selbst: Er dreht sich um, wagt der Frau nicht mehr ins Gesicht zu sehen oder danach zu fragen, wie es war, sondern will am liebsten im Erdboden verschwinden. Statt darüber zu reden aus Angst, er könnte Mitleid bei der Frau hervorrufen, ärgert er sich lieber innerlich über sich selbst und fragt sich, was er nur besser machen könnte.

Für sensible Männer ist es keineswegs schön, das Gefühl zu haben, der Frau keine Freude bereiten zu können. Sie beginnen, an ihren sexuellen Fähigkeiten zu zweifeln. Sie würden ja gerne alles für die Frau tun, es fehlt ihnen aber entweder an hinreichend Erfahrung oder an erforderlichen Kenntnissen. In ihrer Not versuchen sie, sich über Ratgeber und Internetseiten, manchmal auch über Freunde oder Berater schlauzumachen, um ihre Technik zu optimieren. Der von der Frau geäußerte Wunsch, er möge sich mehr Zeit lassen und sie zärtlicher berühren, ist häufig viel zu allgemein gehalten und lässt zumindest diesen Typ von Mann in seiner Hilflosigkeit allein. Ein offenes Gespräch, in dem der Mann nicht das Gefühl bekommt, völlig unfähig zu sein, könnte ihm eine große Unterstützung sein.

Manche Frauen lassen den Mann während des Sex jedoch in dem Glauben, dass es ihnen gefällt, sagen danach aber nichts und drehen sich abrupt zur Seite, wenn der Mann fertig ist und sie ihre Pflicht erfüllt haben. Für den Mann ist diese kühle und resolute Reaktion nicht nur irritierend – war er doch der Annahme, die Frau hätte auch Gefallen am Sex –, sondern zutiefst verletzend. Er weiß dann in diesem Moment gar nicht, was er machen soll, liegt wie versteinert neben der Frau, starrt verlegen auf ihren Rücken und ist völlig verschreckt. Angesichts dieser unerwarteten Kälte bleibt ihm förmlich die Spucke weg. Er würde gerne etwas sagen und von der Frau hören, was ihr Verhalten zu bedeuten hat, traut sich aber nicht, danach zu fragen. Die harsche Abwendung der Frau signalisiert ihm, dass sie offenbar – entgegen seiner Einschätzung – kein Vergnügen am Sex hatte, und er fühlt sich, als hätte er ihr etwas Schlimmes angetan. Er hat nicht den leisesten Schimmer, dass die Frau ihm nur etwas vorgespielt hat, damit es schneller vorbei ist oder damit sie keinen Ärger bekommt. Das schroffe Ende seiner offensichtlich gescheiterten Bemühungen löst Beklommenheit bei dem Mann aus, ahnt er doch nicht im Geringsten, dass sein finaler Höhepunkt für die Frau einer Erlösung gleichkommt und sie sich deswegen wortlos und unvermittelt wegdreht. Der Mann fühlt sich klein und schuldig, weil er spürt, dass seine Partnerin nicht zufrieden ist, und ihm erst in diesem grausamen Moment bewusst wird, dass er die ganze Zeit etwas falsch gemacht haben muss. Er sagt dann lieber nichts und verzichtet vorerst auf Sex, um sich nicht noch unbeliebter zu machen und noch mehr bloßzustellen.

Der innere Konflikt des Mannes, mit seiner Partnerin intim sein zu wollen, ihr aber scheinbar nicht zu gefallen, kann auch dazu führen, dass der Mann aufgibt und auf Sex mit der Partnerin zukünftig ganz verzichtet. Aus Angst, den Ansprüchen der Frau nicht zu genügen, oder aus mangelnder Freude angesichts der Passivität der Frau verliert er seinerseits das Interesse. Da die Frau nicht mit ihm spricht – entweder weil sie ihm nicht die Wahrheit sagen möchte oder weil sie Angst hat, ihn zu erzürnen –, bekommt er keine Hilfe und kann sich in seiner Ohnmacht nur enttäuscht zurückziehen. Auf der anderen Seite kann auch der Mann das offene Gespräch meiden, weil er harsche Kritik oder unerfüllbare Forderungen vermutet und sich dann neben den kümmerlichen sexuellen Erlebnissen, die an sich schon schmerzhaft genug sind, auch noch mit Schuldzuweisungen herumquälen muss.

Der unsichere Mann kann die Vorstellung entwickeln, dass die Frau zu viel von ihm erwartet, und fühlt sich dann unter Druck gesetzt. Er kann unter diesen Umständen den Sex genauso wenig unbefangen eingehen und genießen wie die Frau, die zum Beischlaf verpflichtet wird. Er ist dann unentwegt damit beschäftigt zu beobachten, ob es der Frau auch gefällt, was er macht, wie sie auf seine Bemühungen reagiert, ob sie wirklich erregt ist und ob es für sie ein angenehmes oder aufregendes Erlebnis ist. Der gewissenhafte Mann wird diese innerlichen Fragen nicht los und jede Regung der Frau wird besorgt unters Mikroskop gelegt und daraufhin inspiziert, ob ihre Erwartungen zur Zufriedenheit erfüllt werden. Weil er sich einem enormen Leistungsdruck unterzieht, fühlt sich dieser Mann angespannt und gehemmt. Er fixiert sich zu stark auf seine Partnerin und versucht, es ihr in jeglicher Hinsicht recht zu machen – mit der Folge, dass er dabei verkrampft und der Sex allein schon deswegen unbefriedigend für beide Seiten verläuft.

Die Halbherzigkeit der Frau vermindert die Begeisterung und das Selbstbewusstsein des Mannes drastisch und diesem geht förmlich die Luft aus, wenn er merkt, dass sich sein Aufwand nicht lohnt. Der unsichere Mann wird zu stark davon irritiert, dass sich die Frau nicht aktiv beteiligt und keine rechte Lust zu entwickeln scheint, und agiert deswegen unbeholfen und nervös. Er steckt in der Klemme: Auf der einen Seite möchte er gerne Sex haben, auf der anderen Seite macht es ihm überhaupt keinen Spaß, mit einer gelangweilten Frau oder einer Schauspielerin intim zu sein. Dies setzt ihn unter Druck und er weiß während des Sex nicht, ob er weitermachen soll und darf, ob er mehr auf die Frau eingehen soll oder ob es ihr ohnehin gleich ist, was er da treibt. Er fühlt sich alleingelassen und weiß nicht, was er tun soll: Er will, sie aber offensichtlich nicht. Dieser innere Zwiespalt des Mannes trägt weder dazu bei, den Sex zu einer beiderseitigen Freude zu machen, noch dazu, das Vertrauen und die emotionale Nähe zum Partner zu festigen.

Es gibt aber auch eine seltene Gattung zuvorkommender Männer, die die Großherzigkeit der Frau, Sex ausnahmsweise zuzulassen, als Gnade empfinden und deswegen versuchen, die Frau mit der geschlechtlichen Vereinigung nicht länger als nötig zu behelligen. Dem wenig erfreuten Gesichtsausdruck der Frau entnehmen sie schon, dass der sinnliche Vorgang alles andere als erwünscht ist, und sie operieren dann so vorsichtig und sanft zwischen den Schenkeln der Frau, dass diese nach Möglichkeit gar nichts davon mitbekommt.

Dieses äußerst zaghafte Vorgehen ist zwar recht galant und schonend für die Frau, für den Mann aber zutiefst erniedrigend. Während des Geschlechtsaktes kommt er sich die ganze Zeit vor, als würde er heimlich Süßigkeiten vom Weihnachtsteller klauen und schnell verzehren müssen, damit es niemand bemerkt. Sowohl während als auch nach dem Geschlechtsakt wird er das Gefühl nicht los, ein durch und durch verkommener Mensch zu sein.

Der unsichere Mann grübelt viel über die Lustlosigkeit der Frau

Der unsichere Mann macht sich bezüglich des Sexuallebens oft sehr viel mehr Gedanken, als es der Frau erscheint. Im Grunde will er nicht mal eben schnellen Sex und ihr damit das Gefühl geben, keine Bedeutung für ihn zu haben. Er wird nur von seinem mächtigen Trieb – und zuweilen auch von seinem Ego – daran gehindert, sich mehr auf die Frau einzulassen und ihre Wünsche tiefer zu ergründen. Folglich kann er sich nur an den eigenen Maßstäben messen und unterliegt dabei nicht selten Fehleinschätzungen. Die Diskrepanz zwischen seiner Selbsteinschätzung und der Realität macht dem Mann dann mehr zu schaffen, als die meisten Frauen glauben, die davon überzeugt sind, dass er vollkommen zufrieden ist, solange er einen Orgasmus bekommt. Er ist es nicht! Die meisten Männer sind keine Maschine, sie haben Gefühle – ihr Zugang zu diesen ist nur häufig verdeckt. Sie spüren, dass etwas nicht stimmt, sie merken, dass die Frau sich nur ihretwegen auf den Geschlechtsakt einlässt, ohne es selbst zu wollen, und sie fürchten, dass sie nicht gut genug für ihre Partnerin sind. Sie wissen allerdings nicht, wie sie damit umgehen sollen.

Häufig will sich der Mann seine Unsicherheit nicht anmerken lassen und spricht daher nicht offen mit seiner Partnerin darüber. Er grübelt aber intensiv über die mangelnde Bereitschaft der Frau sowie ihre Passivität während des Sex, hängt in abstrusen Gedankenschleifen fest und kann sich keinen Reim darauf machen, warum sie nicht mehr die frühere Leidenschaft beim Sex entwickelt. Der unsichere Mann ärgert sich darüber, dass seine Partnerin nicht mehr richtig mitmacht, und fragt sich, warum sie überhaupt noch mit ihm intim wird. Manchmal denkt er auch, dass sie heimlich eine Affäre hat und ihm deswegen aus dem Weg geht. Er fühlt sich hintergangen und kommt nicht darauf, was er falsch macht, was das Problem der Frau ist und warum sie es ihm nicht sagen will. Völlig konfus kann der Mann aber werden, wenn seine Partnerin auf einmal doch Lust bekommt, plötzlich wieder mit ihm Sex hat und dann wochenlang nicht angefasst werden will. Diesen ständigen Wechsel aus Zuneigung und Ablehnung kann der verwirrte Mann nicht verstehen. Er hat keine Ahnung, wohin das alles führen soll, wie sich seine Partnerin die weitere Beziehung vorstellt und wie alles enden wird. Er wird damit nicht fertig – es zerreißt ihn innerlich und macht ihn aggressiv. Er bleibt mit seinen Vermutungen und Zweifeln allein und schwankt als Folge dieser unauflösbaren Situation zwischen Selbstabwertung und Entwertung der Frau hin und her.

7. Wie fühlen sich beide Partner nach dem Sex?

Den unzähligen Erfahrungsberichten vieler Betroffener zufolge kann man den Sex in einer langjährigen Beziehung in über der Hälfte aller Fälle nicht mehr als einvernehmlich bezeichnen – auch dann nicht, wenn die Frau am Ende eines zermürbenden Überredungsversuchs doch noch zustimmt und den Sex duldet. Im Grunde will sie ihn gar nicht. Sie gestattet dem Mann nur deswegen Intimverkehr, weil sie ihn nicht schon wieder abweisen zu können meint: Sie will nicht unhöflich sein und ihm nicht das Gefühl geben, ihn nicht mehr zu lieben, sie will keine Vorwürfe und Beleidigungen über sich ergehen lassen und sie will nicht anschließend für ihre Verweigerung bestraft werden. Deshalb beißt sie in den sauren Apfel und lässt das scheinbar Unvermeidliche geschehen. In den meisten Fällen ist dies die bittere Wahrheit. Frauen opfern sich mehr oder weniger, empfinden keinen Spaß beim Geschlechtsverkehr und sind froh, wenn die Pflichtveranstaltung endlich vorüber ist. Wir sprechen hier also nicht von einer Kleinigkeit. Es ist keine Bagatelle, was die Frau regelmäßig über sich ergehen lassen muss, sondern ein Martyrium.

Der sexgetriebene Mann missbraucht den Körper der Frau zur Stimulierung, zur Entspannung oder zum Aggressionsabbau. Er nutzt die Gutmütigkeit, Wehrlosigkeit und Abhängigkeit der Frau aus, um es sich gutgehen zu lassen. Dies hat rein gar nichts mit Liebe zu tun – auch wenn der Mann behauptet, er mache es aus Liebe zu seiner Frau. Er braucht sie, weil er seinen Trieb befriedigen muss. Hinter dem Sex steckt ein durch und durch egoistischer Antrieb: das gierige Verlangen nach dem Körper eines anderen und die Sucht nach sexueller Erregung. Er macht es nicht aus Liebe, er macht es nicht für sie, sondern er macht es nur für sich.

Umgekehrt willigt die Frau allerdings auch nicht aus Liebe ein, auch wenn sie sich selbst einredet, der Mann brauche den Sex und sie müsse ihm diesen von Zeit zu Zeit gestatten wie einem Kind die Süßigkeit. Wenn sie sich opfert, dann nicht aus Liebe, sondern damit sie ihren Frieden hat. Auch sie verfolgt rein egoistische Motive, wenn sie sich auf den Mann einlässt. Es geht ihr beim Geschlechtsverkehr nicht um ihn, nicht darum, ihn glücklich zu machen, und sie erlebt über seine Erregung auch keine eigene Freude. Sie tut es, um ihn nicht zu verärgern und von Schikanen verschont zu bleiben. Das ist keine Liebe – das ist ein schlichtes Handelsabkommen: Ich gebe dir meinen Körper und du gibst mir dafür meine Ruhe.

Wie fühlt sich der Mann nach dem Sex?

Das innere Erleben des Mannes nach dem erzwungenen Sex reicht von hochgradig selbstgefällig bis zutiefst beschämt. Der Selbstgefällige ist sich des Zwangs und Missbrauchs überhaupt nicht bewusst und denkt entweder, dass ihm der Sex zusteht und die Frau dafür Verständnis haben muss, wenn sie mit ihm zusammen sein will, oder er ist der Meinung, dass es der Frau gefallen hat und er deswegen auch gar nicht weiter darüber nachdenken sollte – geschweige denn nachfragen. Er dreht sich zur Seite, macht das Licht aus und fällt in den Schlaf des Gerechten. Für ihn ist der Fall nach dem Orgasmus erledigt, die Akte wird geschlossen und er nimmt nicht wahr, wie sich die Frau fühlt, die neben ihm liegt.

Der Beschämte merkt sehr genau, dass die Frau keinen Gefallen an dem Sex hat, dass sie nur widerwillig mitmacht und teilnahmslos dem Geschehen folgt. Er macht seine sexuelle Inkompetenz dafür verantwortlich und leidet unter der Passivität und Apathie der Frau und unter seiner Unfähigkeit, ihr ein schönes Erlebnis zu bereiten. Die mangelnde gemeinsame Freude am Sex hemmt ihn und im Gegensatz zum selbstgefälligen Mann schämt er sich dafür, sich an der Frau zu vergreifen. Er bricht dann entweder den Sex ab oder bringt ihn schnell zu Ende, damit die peinliche Vorstellung nicht noch mehr Schaden anrichtet. Dieser Mann geniert sich, weshalb er nach dem Sex stammelnd nach Ausreden sucht: »*Ich weiß auch nicht, warum es heute nicht so richtig klappt!*« (Verharmlosung des Problems) – »*Komisch, bei anderen Frauen hatte ich nie Probleme!*« (Übertragung der Schuld auf die Partnerin) – »*Du sagst ja auch nie, was du willst!«* (Übertragung der Verantwortung auf die Frau)

Zwischen diesen beiden Extremen gibt es noch den Eitlen und den Unsicheren. Der eitle Mann muss wissen, ob er die Frau befriedigen konnte, und will hören, dass er brillant war und sie niemals besseren Sex hatte. Mindestens will er aber hören, dass es ihr gefallen hat. Er hat es auf eine positive Rückmeldung abgesehen, die seinem Ego schmeichelt. Aus diesem Grund fragt er auch nicht nach ihrem Befinden, sondern nach ihrem Urteil: *»Na, wie war ich?«* In freudiger Erwartung einer positiven Antwort stellt er diese Frage im Grunde nur, weil er noch einmal hören will, wie gut er war, um darüber ein weiteres Mal befriedigt zu werden. Da die Frau erfahren und einfühlsam genug ist, weiß sie, dass diese obligatorische Frage im Grunde nur eine Verlängerung des Beischlafs darstellt, und gibt dem Eitlen das, was er braucht: *»Du warst wie immer wunderbar!«*, lautet ihr großmütiges Urteil, bei dem sie ihm allerdings nicht in die Augen sieht oder schon den Rücken zugewandt hat, damit er ihr die Lüge nicht ansieht. Dem Eitlen gehen diese Worte runter wie Öl und nach dem erwarteten Applaus kann er nun endlich beruhigt in süßen Schlaf versinken. Es kann aber auch sein, dass die Frau keine derart große Lüge über die Lippen bekommt und sich aus diesem Grund bedeckter und neutraler ausdrückt mit den Worten *»Wie immer!«*, denen sie eine leicht verzückte Note gibt.

Dem Unsicheren hingegen geht es weniger um ihn als vielmehr um die Frau und er fragt daher nicht nach seiner Leistung, sondern nach ihrem Ergehen: *»Wie hat es dir gefallen, mein Schatz? War es gut?«* Er beugt sich über sie, um ihr in die Augen zu sehen, oder umklammert sie sanft, wenn sie auf dem Bauch liegt. Zwar sucht der Unsichere auch nach Bestätigung und möchte von seiner Angst befreit werden, versagt zu haben, er erwartet dabei allerdings keine Lobeshymnen. Wenn er spürt oder den Worten der Frau entnehmen kann, dass sie zufrieden ist, dann ist er bereits erleichtert. Die Frau weiß um die Unsicherheit ihres Partners, will ihn deswegen nicht belasten und sagt daher leise: *»Es war schön!«* Da dieser sensible Mann aber während des Sex seine Aufmerksamkeit auch auf die Frau gerichtet und daher mitbekommen hat, dass sie offenbar keinen richtigen Spaß hatte, kann er seine Selbstzweifel mit dieser knappen Antwort nicht besänftigen. Er muss also noch einmal nachfragen: »*War wirklich alles in Ordnung?*« Die Frau bleibt aber bei ihrer ersten Aussage: »*Ja, es war schön!*«, ohne ihr Erleben differenzierter zu umschreiben.

Der Mann kann ihren Worten allerdings keinen Glauben schenken und will es daher genau wissen: »*Warum lagst du dann nur da und hast nicht richtig mitgemacht? Irgendwas war doch nicht in Ordnung!*« Während die Frau sich fragt, warum ihr Partner nicht endlich Ruhe gibt, entgegnet sie: »*Ich hatte heute so viel Stress auf der Arbeit!*« Sie hofft, ihn damit abwimmeln zu können und von weiteren Fragen verschont zu bleiben. Doch der unsichere Mann fühlt genau, dass sie nicht die Wahrheit sagt, und weitet das fruchtlose Gespräch zu einer Grundsatzdiskussion aus: »*Das sagst du jedes Mal! Liebst du mich nicht mehr?*« Spätestens an diesem Punkt dreht sich die Frau um und knipst das Licht aus, während sie ihn vertröstet: »*Lass uns morgen darüber reden!*«

Der Mann liegt nun nachdenklich neben der Frau und bleibt mit seinen Zweifeln allein. Er kann nicht einschlafen und starrt die ganze Zeit an die Decke. Die Frage, worüber seine Partnerin lieber morgen mit ihm sprechen will und was nur in ihr vorgeht, lässt ihn nicht mehr los. Er versteht die Welt nicht mehr und seine Gedanken kreisen endlos in seinem Kopf umher. Der unsichere Mann wird ganz zappelig und da er ohnehin nicht einschlafen kann, macht er das Licht wieder an und weckt seine Partnerin auf, um sie zur Rede zu stellen.

Schon wieder sieht sich die Frau der Bedrängnis des Mannes ausgeliefert – diesmal aber nicht aufgrund seines Triebes, sondern aufgrund seiner Unsicherheit – und zu weiteren Ausreden genötigt. Bleibt der Mann nur hartnäckig genug und will er um jeden Preis erfahren, wie sich die Frau beim Sex gefühlt hat, öffnet sich diese angesichts des steigenden Drucks allmählich. Zunächst macht sie nur vage Andeutungen in der Hoffnung, der Mann könne sich den Rest selbst erarbeiten: »*Du weißt doch, dass ich nicht entspannen kann, wenn so viel auf der Arbeit los ist!*« Auch wenn sie nach wie vor an ihrer Lüge festhält, so gibt sie doch zumindest schon mal zu, beim Sex keinen Spaß gehabt zu haben. Der Mann nimmt dies zum Anlass, sie weiter in die Enge zu treiben: *»Warum sagst du dann nicht, dass es dir nicht gefallen hat? Ich habe es doch gespürt!«* Innerlich fühlt sie sich ertappt, äußerlich will sie sich aber nichts anmerken lassen und wiederholt sich dann: *»Wenn ich von der Arbeit erschöpft bin, dann geht es nicht so gut – das weißt du doch!«* Der Mann schluckt und fragt: *»Warum lügst du mich dann an?«* Um Worte ringend weiß die Frau kaum noch, wie sie sich aus der Klemme befreien kann, und spürt, dass sie mit Lügen und Halbwahrheiten nicht durchkommt. Spätestens wenn der Mann voller Ungeduld aus dem Bett springt und erbost vor seiner Partnerin steht, kann die Frau sich nicht mehr beherrschen und die Wahrheit platzt aus ihr heraus: *»Vielleicht kannst du auch einmal auf mich eingehen und dir mehr Mühe geben! Es geht dir doch nur um dich – warum fragst du dann überhaupt, wie es mir geht?«*

Der Mann bekommt nun unverhohlen zu hören, wovor er sich so schrecklich fürchtet: Sie fand es überhaupt nicht schön und er hat versagt! Die Gegenwehr der meisten Männer endet an diesem Punkt – sie wenden sich frustriert von der Frau ab und legen sich wortlos schlafen. Einige Männer wollen es aber genau wissen und steigen jetzt erst recht in die Debatte ein: *»Dann sag mir bitte, was ich falsch gemacht habe!«* Die Frau ahnt schon, dass ihre Nachtruhe in weite Ferne rückt, und versucht daher, den Schlagabtausch zu verkürzen: *»Das habe ich dir doch schon ein Dutzend Mal erklärt!«* Da ihr Partner aus dieser Antwort aber auch nicht schlau wird, jammert er weiter, wobei es dem unsicheren Mann im weiteren Verlauf des Gesprächs nur noch darum geht, den Worten der Frau so etwas wie ehrliche Zuneigung zu entnehmen. In seiner Verletztheit sucht er nach tröstenden Worten, die ihn noch an ihre Liebe glauben lassen. Die Frau kann sich dann häufig aus dieser unerquicklichen Diskussion nur befreien, wenn sie entweder verärgert das Schlafzimmer verlässt oder ein weiteres Mal mit dem Mann intim wird und ihm damit den erlösenden Liebesbeweis erbringt.

Der unsichere Mann möchte durchaus wissen, was er falsch gemacht hat, er tut sich nur leider mit Kritik unheimlich schwer. Wenn die Frau ihm erklären möchte, wie er sich besser auf sie einstellen kann und wie es für beide schöner wäre, fühlt er sich bevormundet wie ein kleiner, unerfahrener Junge. Er schmollt und entweder verzichtet er dann ganz auf Sex und zieht sich zurück oder er widersetzt sich der gutgemeinten Hilfestellung der Frau, indem er ihre Aussagen verdreht. Da die Frau sehr genau um die hohe Empfindlichkeit des Mannes weiß, redet sie immer wieder um den heißen Brei herum. So gelangt der Mann mit seiner Fragerei auch nicht an des Pudels Kern: Entweder erhält er keine authentischen Antworten oder er lässt – falls ihm die Wahrheit unverblümt ins Gesicht gesagt wird – diese nicht gelten. Ein Gespräch über die mangelnde Qualität des Sexuallebens führt daher meistens zu nichts – was die Frau sehr schnell begreift und der Mann nicht wahrhaben will, weil er ganz genau spürt, dass die Frau nicht vollkommen offen und ehrlich ist. Er ahnt, dass mehr hinter ihren scheinheiligen Aussagen steckt, und versteht nicht, warum er belogen wird.

Einige Männer geben bereits nach der ersten Frage und einer wenig erhellenden Antwort auf, weil sie befürchten, dass bei weiterem Nachbohren unangenehme Dinge ans Licht kommen, die sie verletzen könnten, und geben sich dann mit dem zweifelhaften Alibi der Frau zufrieden. Vielleicht ahnt der Mann auch, dass im weiteren Gespräch nichts als Beschwerden folgen werden und ihm vorgeworfen wird, an allem schuld zu sein. Dann schweigt er lieber und nimmt es hin, mit einer Statue Sex zu haben.

Andere Männer bohren hartnäckig nach und problematisieren das Desinteresse und die Passivität der Frau, ohne auch nur im Entferntesten zu vermuten, sie könnten mit ihnen zusammenhängen. Sie wollen wissen, warum sie immer drängen müssen, warum sie nicht auch mal freiwillig mit ihm Sex hat und warum die Initiative nie von ihr ausgeht. Die Frau sieht sich einem ganzen Katalog schier unlösbarer Fragen ausgeliefert, denn keine Frage ließe sich ungeschminkt beantworten, ohne dabei dem Mann dessen mangelnde Feinfühligkeit vorzuhalten.

Für den Mann ist das ständige Bitten und Drängen nicht nur mühsam, sondern auch zutiefst erniedrigend. Immer muss er angekrochen kommen, immer muss er den armen Bettelknaben spielen und immer hängt alles vom gütigen Einverständnis der Frau ab. Er fühlt sich machtlos, und dieses Gefühl von Hilflosigkeit kann starke Aggressionen bei ihm auslösen, die ihn immer energischer vorgehen lassen. Um den Erniedrigungen zu entgehen und sich wieder aufzubauen, richtet er dann seine Aggressionen auf die Frau und greift seinerseits ihr Selbstwertgefühl an: *»Deine Vorgängerin hat sich nicht so prüde angestellt wie du!«*

Der Mann bringt die sexuelle Zurückhaltung der Frau nicht mit seinem egoistischen und lieblosen Verhalten in Verbindung. Deswegen muss die Frau nachhelfen und ihm die Augen öffnen. Eine ehrliche Aussage führt aber nur dazu, dass sich der Mann noch mehr gedemütigt fühlt und die Schuld allein der Frau gibt: *»Wenn du nicht richtig mitmachst, kann es auch nichts werden!«* – *»Du hast ja keine Ahnung von Sex!«* – *»Du hattest ja noch nie einen richtigen Mann im Bett!«* – *»Du bist beim Sex kein bisschen kreativ!«* Der Mann gibt den Schmerz der Demütigung umgehend an seine Partnerin weiter, die sich daraufhin ebenfalls verletzt fühlt und entsprechend reagiert.

Weil die Frau den Fragen des Mannes wohlweislich ausweicht, kommen Männer mit ihren Bemühungen um Klärung nicht weiter. Sie bleiben im Unklaren über das befremdliche Abwehrverhalten der Frau. Leider sprechen Männer in der Regel auch mit anderen nicht offen über die sexuellen Probleme in ihrer Beziehung und die hartnäckige Verweigerung ihrer Partnerin. Nach außen stellen sie es lieber so hin, als hätten sie ein erfülltes Sexualleben. Bestenfalls gestehen sie eine unbedeutende vorübergehende Flaute, weil man momentan so viel mit den Kindern zu tun habe. Die Situation wird verharmlost, vor sich und vor anderen. Vor ihren besten Freunden protzen Männer lieber mit ihrem genialen Sex – oder sagen gar nichts, was aus Loyalität der Partnerin gegenüber noch die freundlichste Variante ist.

Wenn Männer tatsächlich einmal einem Freund ihr Herz ausschütten und über die anhaltende sexuelle Flaute jammern, erhalten sie in der Regel kein warmes Mitgefühl, sondern eher zynisches Bedauern: *»Du bist ja arm dran! Hast deine Frau wohl nicht im Griff, wie?«* Männer fühlen sich dann bloßgestellt und statt darüber nachzudenken, was sie falsch machen könnten und ob sie die Bedürfnisse der Frau vielleicht nicht richtig erkennen, orientieren sie sich lieber an der Empörung ihrer Kameraden und sehen darin die Aufforderung, die Ärmel hochzukrempeln und ihre Muskeln spielen zu lassen. Zukünftig wird dann mit gesteigertem Nachdruck von der Frau eingefordert, was dem Mann notorisch verwehrt wird. Der Mann ist zu stark darauf bedacht, nur keine Schwäche zu zeigen, während ein ehrlicher Blick auf die eigene Schwäche die sexuellen Probleme erheblich verringern könnte.

Wie fühlt sich die Frau nach dem Sex?

Die innere Verfassung der Frau nach dem erzwungenen Sex reicht von abgeklärt und routiniert bis verzweifelt und resigniert. Die Abgeklärte macht kein großes Aufheben um die abgewickelte Prozedur: Für sie ist es abgehakt und es gibt kein Wort mehr darüber zu verlieren. Sie dreht sich um oder verlässt das Schlafzimmer, macht sich frisch und geht wieder ihrer gewöhnlichen Beschäftigung nach. Sie denkt nicht darüber nach, hat kein Bedürfnis, mit dem Mann oder irgendjemand anderem darüber zu sprechen, blendet den Vorgang einfach aus und bildet auch kein Urteil darüber. Sie hat sich daran gewöhnt, dass der Mann ihren Körper zur Befriedigung benötigt, und zerbricht sich schon lange nicht mehr den Kopf darüber. Sie sieht in dem Akt ein eheliches Erfordernis, empfindet aber im Grunde eher Mitleid mit dem Mann, als dass sie sich ausgenutzt fühlen würde.

Die Verzweifelte ärgert sich maßlos über das Benehmen des Mannes. Es widert sie an, wie er sie behandelt, sie könnte schreien ob seiner eiskalten Bemächtigung ihres Körpers und am liebsten würde sie ihm den Hals umdrehen. Innerlich hat sie aber schon lange resigniert und spricht daher auch nicht mit ihrem Partner über ihre wahren Gefühle. Trotzdem muss sie noch lange danach an das abstoßende Ereignis denken, sieht immer wieder die ihr widerlichen erotischen Szenen vor ihrem geistigen Auge, ist mental ständig damit beschäftigt, wie sie sich vor dem nächsten Übergriff schützen oder ihrem Partner beibringen kann, sie endlich in Ruhe zu lassen, und sehnt sich nach nichts mehr als nach einem friedlichen Leben. Sie spürt, wie ihre Kräfte und ihre Lebensfreude schwinden, weiß aber keinen Ausweg aus ihrer Lage. Die Verzweifelte hat das Gefühl, verrückt zu werden, und wenn sie nicht gerade von ihrem Partner belästigt wird, dann von wiederkehrenden stereotypen Zwangsgedanken. Angesichts der scheinbaren Ausweglosigkeit ihrer Lage wird die Verzweifelte anfällig für die Entwicklung einer schweren Depression, die sie zwar schlussendlich vor weiteren Übergriffen rettet, aber möglicherweise in den Suizid treibt. In ihrer übermächtigen Verzweiflung kann eine solche Frau tatsächlich auch auf den verheerenden Gedanken kommen, ihren Mann zu töten. Manche sexgetriebenen Männer wissen gar nicht, in welcher Gefahr sie sich befinden – ihnen wird ja vorgemacht, alles sei in bester Ordnung. Ihr übergriffiges Verhalten kann Rache- und Mordgelüste auslösen und manche verzweifelte Frau hat ihren Gedanken eines Tages auch Taten folgen lassen.

Als Zwischenstufen gibt es noch die Erleichterte und die Enttäuschte. Die Erleichterte freut sich, wenn es vorbei ist, wird aber noch von ihrem schlechten Gewissen geplagt, weil sie dem Mann etwas vorgespielt hat. Ihr ist nicht ganz wohl bei dem Gedanken, dass sie ihm nicht ihr wahres Empfinden mitteilt, und entwickelt daraufhin Schuldgefühle. Sie kann ihm nicht sagen, dass der Sex nicht gut war – entweder weil sie ihm nicht wehtun oder weil sie sich nachfolgende Diskussionen ersparen will. Ihre Schuldgefühle versucht sie dann zu unterdrücken mit der Äußerung: »*Du warst wieder wunderbar!*« Sich dafür schämend, dass der Sex ihr keine Freude macht und sie dies dem Mann nicht sagt, will die Erleichterte ihre Verfehlung über ein Kompliment wiedergutmachen, um darüber ihre heimliche Schuld zu tilgen. Allerdings muss sie damit rechnen, dass sich der Mann durch das Lob und die Würdigung seiner Manneskraft eingeladen fühlt, den geschlechtlichen Akt umgehend zu wiederholen – weshalb die Frau am Ende wieder zur selben Schlussfolgerung gelangt, besser nichts zu sagen, weil sonst alles nur noch schlimmer wird. Die Erleichterte weiß, dass sie von ihrem Partner kein Verständnis für ihre Bedürfnisse erwarten kann, und redet deswegen auch gar nicht erst über sie. Stattdessen verhält sie sich komplementär zu den Vorstellungen des Mannes und erfüllt seine Wünsche, ohne sich ihre Abneigung allzu offensichtlich anmerken zu lassen – allerdings nicht, ohne sich hinterher schlecht zu fühlen.

Die Enttäuschte kann mit ihrem Ärger nicht hinter dem Berg halten. Sie ist empört über die Plumpheit des Mannes und die stumpfe, mechanische Verrichtung des Geschlechtsverkehrs. Sie fühlt sich missbraucht und denkt, dem Mann lediglich als »Matratze« zu dienen. Sie kann einfach nicht glauben, wie egoistisch und gleichgültig sich ihr Partner beim Sex verhält. Manche enttäuschte Frau schreit ihre Wut dann unverhohlen heraus: *»Immer machst du es nur so, wie dir es gefällt!«* – *»Nie gehst du mal auf mich ein!«* – *»Immer muss sich alles nur um dich drehen!«* Die Frau kann einfach nicht fassen, was sie gerade erlebt hat, und noch weniger kann sie glauben, dass sich das Ganze ständig wiederholt. Ihre Geduld ist am Ende und sie ist sich endgültig zu schade dafür, immer nur die kleine Bettgespielin des Mannes spielen zu dürfen. Diese Frau ist keineswegs wortkarg und scheut die längst überfällige Aussprache nicht, es kann jedoch sein, dass ihre klare Ansage den Mann alles andere als beeindruckt. Monoton entgegnet der mitleidslose Mann, dass er es so mache, wie er es wolle, und dass er sich von ihr keine Vorschriften machen lasse. Er wisse schon genau, was er tun müsse und wie es funktioniere, und müsse sich nicht von ihr belehren lassen. Oder er entgegnet ihr, dass sich noch niemand über den Sex mit ihm beschwert habe und es wohl an ihr liegen müsse, wenn sie nicht zufrieden sei. Die Kritik der Frau wird einfach zurückgewiesen, sie gleitet an dem Mann ab wie an einer Lotusblume. Er unterdrückt ihre kleine Revolte und beschäftigt sich nicht weiter mit ihrem Zorn. Er fragt nicht nach ihrem Empfinden, es interessiert ihn nicht, ob es ihr gefallen hat oder nicht, und er will auch nichts von ihren Wünschen und Sehnsüchten hören. Schimpft sie weiter, sagt er nur: *»Ich kann auch zu einer anderen gehen, wenn es dir nicht gefällt!«* Er lässt sie brüllen und toben, während er sich ohne jegliches Mitgefühl umdreht und einschläft.

Manche Frauen fühlen sich durch die demonstrative Gleichmütigkeit des Mannes so provoziert, dass sie meinen, ihm einen Schlag unter die Gürtellinie versetzen zu müssen, um sich Gehör zu verschaffen: *»Du schaffst es nie, eine Frau zum Höhepunkt zu bringen!«* – *»Nur damit du es weißt: Ich hatte mit dir noch nie einen Orgasmus!«* – *»Ich hatte in meinem ganzen Leben noch nie so miesen*

Sex!« – »*Denk bloß nicht, dass das was Besonderes ist!*« – »*Du kannst aber auch nicht ein Mal etwas länger durchhalten – du bist ein echter Schlappschwanz!*« Manchmal gelingt es der enttäuschten Frau, den Mann mit ihren gemeinen Äußerungen aus der Reserve zu locken und zu einem Gespräch zu bewegen, das zwar mehrheitlich aus Anschuldigungen besteht, immerhin aber die unterschiedlichen Positionen klarstellt. Manchmal bekommt sie aber auch nur die saloppe Antwort: »*Dann geh doch zu einem anderen!*«

Andere Männer wiederum erschrecken über den lautstarken Gefühlsausbruch der Frau und versuchen, die Aufgebrachte mit wenig geistvollen Aussagen zu beruhigen: »*Was soll ich machen, wenn du so gut aussiehst und mich so heiß machst? Dann kann ich mich einfach nicht mehr bremsen!*« Diese banale Beschwichtigung fruchtet aber bei der wütenden Frau nicht, die daraufhin nur noch mehr in Rage gerät: »*Dann nimm doch Nachhilfeunterricht oder sieh dir mal die Männer in den Pornos an!*« Gesteht der Mann auch nur den Hauch einer Schuld oder Schwäche, nimmt die verbitterte Frau dies sofort zum Anlass, ihn zu brandmarken und sich an ihm für seine Rücksichtslosigkeit zu rächen. Das Eingeständnis des Mannes wird nicht als Chance gesehen, ein friedliches Gespräch zu führen und sich gegenseitig über die eigenen Bedürfnisse aufzuklären, sondern wird dazu genutzt, auf den Mann loszugehen und ihn nun das erleiden zu lassen, was die Frau über sich hat ergehen lassen müssen – ganz nach dem Motto: »Wie du mir, so ich dir!«

Obwohl sich die Enttäuschte im Grunde sehnlich wünscht, sich liebevoll mit ihrem Partner zu vereinen, erzeugt sie nichts als eine Atmosphäre der Feindseligkeit, in der sich beide immer weiter voneinander entfernen. Doch selbst wenn sich diese Frau mit ihren Anklagen zurückhält und sich nur diskret äußert, führt dies nicht zum erhofften Ergebnis: Will sie sanft und verständnisvoll auf den Mann einwirken und ihm schonungsvoll beibringen, dass er sich doch etwas mehr Zeit lassen, sie mehr verwöhnen und sich auf ihre Bedürfnisse einstellen soll, und gibt sie ihm obendrein noch gutgemeinte praktische Empfehlungen, kann die Laune des Mannes gefährlich umschlagen. Wenn sie ihm zu guter Letzt noch ihr tiefstes Innenleben offenbart und ihm beichtet, sich benutzt vorzukommen, wenn er sich im Bett so rücksichtslos verhält, kann der Mann aufgebracht werden. Er ist dann empört und sieht es komplett anders als die Frau: Er meint, sich sehr wohl Zeit zu lassen und sie mit Liebkosungen zu verwöhnen – und da sie sich früher nie beschwert hat, kann er auch nicht nachvollziehen, warum er nun das Problem sein soll. Dann steht Aussage gegen Aussage und die enttäuschte Frau kommt auch mit einem ruhigen und sachlichen Gespräch nicht sehr viel weiter, als wenn sie die Beherrschung verliert.

Es gibt aber auch Männer, die sich die Kritik der Frau anhören und versuchen, es das nächste Mal besser zu machen. Die gutgemeinten Worte der Frau haben dann auch erst einmal Erfolg und die Frau erlebt zumindest beim nächsten Sex mehr Freude. Allerdings muss sie oft wenig später die ernüchternde Erfahrung machen, dass der Mann sich nicht mehr an ihre wohlwollende Kritik erinnert und wieder im alten Fahrwasser unterwegs ist. Sodann muss sie sich erneut beschweren, was häufig dazu führt, dass sie irgendwann aufgibt, weil sie nicht immer als Nörglerin gelten will oder weil ihre Bemühungen ohnehin nichts bringen. Die enttäuschte Frau lernt, dass weder böse noch freundliche Worte eine nachhaltige Verbesserung bewirken, sondern letzten Endes alle an der Starrheit des Mannes abprallen.

Da sie mit ihrem Partner kein offenes und klärendes Gespräch führen kann, bleibt der enttäuschten Frau nichts anderes übrig, als sich bei ihrer besten Freundin auszuweinen. Sie erzählt von den wenig begeisternden Sexpraktiken ihres Mannes, der mangelnden Romantik und Zärtlichkeit im Bett sowie dessen anschließenden inhaltslosen Bemerkungen. Ihre Busenfreundin kennt alles das schon auswendig und statt sich darüber zu ärgern, amüsieren sich beide über das vulgäre Verhalten des Mannes. Besonders erleichternd ist es auch für die enttäuschte Frau, wenn ihre Freundin berichtet, dass es bei ihr auch nicht besser läuft, und sie in ihr eine echte Leidensgenossin findet. Manchmal denken sie sich in ihrer Gehässigkeit auch Gemeinheiten aus, mit denen sie ihre Männer um den Sex bringen oder ihnen verleiden können. Boshafte Fantasien befriedigen dann zwar nicht ihre unerfüllten sexuellen Wünsche, dafür aber ihren Rachedurst.

Mit einem unbeteiligten Dritten wird über den Partner gesprochen, hergezogen und geurteilt, es wird aber nicht mit ihm gesprochen, ihm zugehört und Verständnis entgegengebracht. Beziehungsarbeit beginnt immer damit, dass man miteinander und nicht übereinander spricht. Die beste Freundin der Frau weiß oft sehr viel mehr über deren Sehnsüchte und die mangelnde Befriedigung durch ihren männlichen Partner als der Mann selbst. Umgekehrt erzählen sich Männer untereinander lieber von ihren Heldentaten, die sich im Schlafzimmer abspielen, als ihnen und sich die Wahrheit einzugestehen. Während Männer sich gegenseitig beweihräuchern und in ihren Fantasien zu übertrumpfen versuchen, spotten Frauen eher über die Schwächen von Männern.

144

8. Der Grundkonflikt wird nicht erkannt

Es ist eine Sünde, Liebe zu machen, ohne dabei Liebe zu fühlen. Sex dient dem Mann dann zum Abbau von innerem Druck und zur Kompensation von Stress, negativen Gefühlen, innerer Leere, Minderwertigkeitsgefühlen oder Verlustängsten. Frauen wiederum spüren auf einer sehr subtilen Ebene, dass sie nur zur Bewältigung der Probleme des Mannes benutzt werden, und können eben aus diesem Grund nicht in den Sex einwilligen oder ihn genießen. Sie stellen sich am Ende aber dennoch zur Verfügung, um sich in emotionale Sicherheit zu bringen, und handeln dann ebenso wenig aus Liebe wie der Mann.

Die mangelnde Liebe der Frau

Wenn die Frau nicht offen über ihre mangelnde Freude am Sex redet oder eine Aussprache mit dem Mann keinen Erfolg hat, neigt sie dazu, in den passiven Widerstand zu gehen: Sie kümmert sich nicht mehr besonders liebevoll um ihren Partner, spricht kaum noch mit ihm oder antwortet schroff, tut ihm keinen Gefallen mehr oder lässt ihn stundenlang darum bitten, umgeht Absprachen und schiebt Dinge auf oder erledigt sie unvollständig. Vor allem aber verweigert sie hartnäckig jegliche Form erotischer Spielchen. Der Liebesentzug wird dann als Bestrafung wie auch als Erziehungsmaßnahme eingesetzt: Die pikierte Frau hofft, dass der Mann durch ihren indirekten Widerstand von selbst erkennt, wie uncharmant sein Verhalten ist, und so zur Einsicht und Besserung gelangt. Um diesen Prozess zu fördern, verhält sich die Frau ihrem Partner gegenüber nicht mehr so, wie er es von ihr gewohnt ist, tut auch nicht mehr alles für ihn, boykottiert oder sabotiert heimlich seine Wünsche und Pläne und nimmt so eine Art süße Rache für seine Übergriffigkeit und mangelnde Rücksichtnahme.

Durch unangemessene Abwehrreaktionen auf die männliche Belästigung wird die Frau ihrerseits zum Täter und macht damit den Mann ebenfalls zum Opfer, der sich dann durch Gegenwehr aus der Opferposition zu befreien versucht und durch seine Gegenreaktion wiederum zum Täter wird. So bleiben beide im Täter-Opfer-Spiel gefangen, wechseln unentwegt die Rollen, bauen sich kurzzeitig an einem situativen Erfolg auf, nur um wenig später wieder in die Verliererrolle zurückzufallen. Beide kämpfen ständig gegeneinander und tun sich gegenseitig weh – sie bewegen sich nicht aufeinander zu und gehen nicht verständnisvoll miteinander um.

Auf der anderen Seite gibt es auch Frauen, die die sexuellen Strapazen als schicksalhaft ansehen und sich einreden, sich für den Mann aus Liebe zu opfern. Auf diese Weise gelingt es ihnen, die Peinigung erträglich zu machen und dem Ganzen noch etwas Gutes abzugewinnen: Sie verzichten aufopferungsvoll auf ihr eigenes Glück und schenken es dem Mann. Mithilfe dieser gönnerhaften Einstellung können sie ihre Machtlosigkeit und Scham unterdrücken und sich stattdessen als wohltätig und gleichfalls moralisch überlegen erleben. Ihre vermeintlich tugendhafte Opferhaltung ist in diesem Fall nichts weiter als eine Kompensation ihrer Unterlegenheitsgefühle und hat mit wahrer Liebe nichts zu tun.

Frauen meinen, über eine großzügige Opfergabe dem Mann ihre uneingeschränkte Treue und Verbundenheit zum Ausdruck bringen und ihm zeigen zu müssen, dass sie ihn lieben und jederzeit für ihn da sind. Für sie ist es ein Instrument, den Mann an sich zu binden. Auch wenn sie im Grunde nicht bereit sind und auch gut und gerne auf Sex verzichten könnten, so ist es doch für viele Frauen ein Liebesbeweis, den sie dem Mann schuldig zu sein meinen. Im individuellen Fall stellt sich dabei immer die Frage nach den Grenzen der Gutmütigkeit: Nur weil Sex für einen Mann der stärkste Liebesbeweis ist, muss dies nicht bedeuten, dass es auch der einzige sein muss. Wenn das Erbringen eines Liebesbeweises einer Qual gleichkommt und mehr aus Pflicht als aus Liebe geschieht, sollte sich die Frau eingestehen, unehrlich zu sich selbst und ihrem Partner zu sein. Denn es handelt sich nicht um einen Liebesbeweis – er erfolgt ja gar nicht aus Liebe. Vielmehr wählt sie die Unterwerfung und den Weg des geringsten Widerstands. Durch ihre Gehorsamkeit beweist die Frau vielleicht äußerlich dem Mann ihre Treue, innerlich aber begeht sie einen Verrat.

Selbstlosigkeit im Sinne wahrer Liebe wäre zur Verschönerung und Bereicherung des Geschlechtsverkehrs sicherlich wünschenswert. Selbstlosigkeit bedeutet aber, dass man für seine guten Taten rein gar nichts von dem anderen verlangt – wirklich gar nichts – und sie allein der Steigerung des Glückes eines anderen wegen ausübt. Dabei muss sich der Liebende keineswegs bis zur völligen Selbstaufgabe opfern und seine Authentizität ablegen. Er kann ja nur dann Gutes tun und geben, wenn er aus sich selbst schöpft. Seine Taten können nur dann edel und einzigartig sein, wenn er sie mit Kraft, Hingabe und Freude ausführt und ihnen seine ganz individuelle Note verleiht.

In den beschriebenen Fällen verhält sich die Frau jedoch keineswegs selbstlos. Sie erwartet vielmehr, dass sie nach dem Geschlechtsverkehr ihre Ruhe hat und nicht bestraft wird, dass der Mann sie liebt, ihr treu bleibt und sie nicht verlässt oder dass sie andere Vorteile erhält, wenn sie mit dem Mann intim wird. Sie verfolgt mit dem unfreiwilligen Sex eine ganz konkrete Absicht und der Sinn ihres angeblichen Liebesdienstes löst sich in nichts auf, wenn sich ihre Erwartungen nicht erfüllen. Von Selbstlosigkeit kann hier also nicht einmal ansatzweise die Rede sein. Die Frau denkt in erster Linie an den Ertrag, den ihr das Ganze einbringen soll, und während sie sich der Pflicht fügt, ist sie außerdem alles andere als erfreut.

Wenn der Sex das Glück und die Freude der Frau im gleichen Maß steigert wie die des Mannes, sie ihre Freude jedoch nicht allein aus ihrem sexuellen Erleben bezieht, sondern vor allem aus der Freude und Dankbarkeit des Mannes, die sie in seiner Befriedigung erkennt, handelt es sich um wahre Liebe. In den meisten Fällen ist die Frau aber weder während noch nach dem Sex glücklich, nur weil der Mann es ist, sondern vielmehr enttäuscht oder wütend, weil sie das Erhoffte nicht erhalten hat oder sich missbraucht fühlt. Liebevolle Opferbereitschaft und freudiges Zurückstehen im Sinne wahrer Liebe sehen allerdings anders aus: Sie erfolgen freiwillig und sind das Ergebnis einer aufrichtigen Freude am Geben.

Die Frau hält mit ihren wahren Gefühlen hinter dem Berg, weil sie sich schützen will oder es aufgegeben hat, dem Mann von ihren wahren Gefühlen zu erzählen, weil es nicht zu ihm durchdringt. Sie lässt sich aber dennoch auf Sex mit ihm ein und spielt ihm etwas vor. Seine mangelnde Rücksichtnahme und Einfühlsamkeit haben für den Mann somit keine Konsequenzen, weshalb er auch keinen Fortschritt in der Entwicklung seiner Persönlichkeit machen wird. Die Frau lässt ihn so sein, wie er eben ist, lebt mit und gewöhnt sich an seine Allüren und fördert damit auf ihre Weise die Lieblosigkeit im Ehebett: Er ist gefühllos und sie ist unaufrichtig.

Die Folgen für beide

Frauen brauchen das Gefühl, begehrt und geliebt zu werden – und zwar ihretwegen. Sie wollen es nicht nur hören, sie wollen es vor allem auch spüren. Dies ist für sie Teil der Erotik. Männer brauchen auch das Gefühl, geliebt zu werden, nur müssen sie es nicht zwangsläufig auf einer tiefen emotionalen Ebene erfahren. Ihnen reicht es, wenn sie körperlich stimuliert werden und die Frau ihnen dabei hilft. Letztlich wollen beide mit ihren Bedürfnissen wahrgenommen und ernst genommen werden, nur dass sich der Mann zu wenig Zeit für diejenigen der Frau nimmt und diese ihn nicht entschlossen genug daran erinnert.

Wiederkehrende sexuelle Übergriffe führen dazu, dass das Selbstwertgefühl der Frau erheblich leidet und massiv beschädigt wird. Sie fühlt sich schwach, kann sich nicht wehren, macht sich vor ihrem Mann immer kleiner und kann sich irgendwann selbst nicht mehr ins Gesicht sehen. Mit der Zeit fällt es ihr immer schwerer, sich selbst anzunehmen und zu lieben. Zudem wird sie ständig verunsichert, weil der Mann hartnäckig versucht, ihr etwas anderes einzureden als das, was sie empfindet. In einem Netz perfider Manipulation gefangen, wird ihre Selbstsicherheit von dem Mann ununterbrochen destabilisiert, sie muss sich immer wieder mit seiner subjektiven Sichtweise auseinandersetzen, sich dieser häufig auch noch anschließen und verliert dabei zunehmend ihre Selbstachtung. Das Resultat ist dann häufig, dass sich die Frau dem Willen des Mannes fügt und von dessen Stimmung und Bewertung abhängig wird, was zwangsläufig mit einem Verlust an Authentizität einhergeht.

Um das Gefühl der Schwäche und Hilflosigkeit zu kompensieren, verleugnet sie dann die Wahrheit vor sich selbst: »*Eigentlich ist er ja ein ganz netter Kerl!*« – »*Er kann doch nichts dafür!*« – »*Er liebt mich ja so sehr!*« Das ungeschliffene Verhalten des Mannes wird beschönigt – häufig sogar idealisiert –, nur um sich nicht eingestehen zu müssen, sich nicht angemessen dagegen wehren zu können und zeitweise immer wieder seine Liebesdienerin spielen zu müssen. Sie sieht weg, um das Grauen nicht zu sehen, und malt es stattdessen mit bunten Farben an, was am Ende dazu führt, dass die mangelnde Liebe nicht erkannt und thematisiert wird und sich in der Folge auch nichts ändert.

Auf der anderen Seite führt die ständige Verweigerung der Frau oder ihre Passivität während des Intimverkehrs dazu, dass auch das Selbstwertgefühl des Mannes leidet und stark angekratzt wird. Auf Dauer erträgt es auch der dickfelligste Mann nicht, wenn er sich immerzu eine Abfuhr einfängt oder die Frau beim Sex nicht befriedigen kann. Er beginnt an seiner Männlichkeit zu zweifeln: Er weiß nicht mehr, ob er noch gut genug für seine Partnerin ist, und hat Angst, sie und ihre Liebe zu verlieren. Aufgrund seiner eingeschränkten Fähigkeit zur Selbstreflexion fällt dem Mann häufig nichts andres ein, als mit seiner eingefahrenen Routine weiterzumachen – angesichts der anhaltenden Verweigerung der Frau aber immer nachdrücklicher –, und rennt dabei immer wieder mit dem Kopf gegen die Wand. Er spürt seine Ohnmacht, kommt mit seiner Minderwertigkeit in Kontakt und fühlt sich im Stich gelassen. Niemand hilft ihm in seiner Not – die Frau lässt ihn allein und muss sich selbst schützen.

Der innere Druck und zunehmende Durchsetzungswille des Mannes einerseits und die Lustlosigkeit und Verweigerung der Frau andererseits können sich, wenn die daraus resultierende seelische

Belastung lange genug anhält, auf der körperlichen Ebene in Form von funktionellen Störungen der Geschlechtsorgane äußern: Versagen genitaler Reaktionen, Orgasmusstörungen oder Vaginismus, nichtorganische Dyspareunie (Schmerzen der Frau während des Geschlechtsverkehrs). Die nervliche Anspannung, die aus einem permanenten Erfolgs- oder Abwehrzwang resultiert, wirkt sich negativ auf das Hormon- und Muskelsystem aus und kann zu wiederkehrenden körperlichen Problemen führen, die letztlich den tieferen Konflikt auf der Paarebene symbolisieren und von den nachfolgend beschriebenen inneren Einstellungen aufrechterhalten werden.

Bei der Frau:

- Ich habe keine Lust auf ihn.
- Ich habe Angst vor den Folgen.
- Ich muss mich zusammenreißen.
- Ich will nicht ständig als Objekt behandelt werden.
- Ich darf ihn nicht enttäuschen und muss ihn glücklich machen.

Beim Mann:

- Ich habe Angst, zu versagen.
- Ich muss ihr eine unvergleichbare Freude bereiten.
- Ich will, dass mich meine Partnerin großartig findet.
- Ich will, dass sie richtig mitmacht.
- Ich will, dass sie mich mehr liebt als jeden Mann vor mir.

Wenn diese Gedanken zu festen Überzeugungen und Handlungsmotiven werden und die sexuelle Vereinigung deshalb ständig von einem Gefühl des Zwangs begleitet wird, können diese inneren Anschauungen die Selbstzweifel erheblich steigern und zu einer depressiven Verstimmung führen, die sich wiederum belastend auf die Funktion der Geschlechtsorgane auswirkt.

Das Aufrechterhalten eines für beide Seiten unglücklichen Zustandes löst permanent Stress aus und kostet endlos viel Kraft, die an anderer Stelle dringender gebraucht würde, beispielsweise bei der Arbeit oder der Erziehung der Kinder. Mit der Zeit schleichen sich psychosomatische Störungen ein, die Leistungsfähigkeit lässt nach und es treten immer öfter schnelle Ermüdung und körperliche Erschöpfung ein. Die Lebensqualität beider nimmt ab. Der ungelöste Konflikt schwelt immer weiter, weil man nicht offen über ihn spricht: Entweder kann man nicht zum Ausdruck bringen, was einen wirklich quält, oder man wagt nicht, es dem anderen zu sagen. Überwindet sich einer von beiden zu einem Vorstoß, wird dabei meist nicht zum wahren Kern vorgedrungen, entweder weil man den anderen nicht mit seiner Verwundbarkeit konfrontieren, also schonen will oder weil man die tieferliegende Ursache nicht genau erkennt und sich damit der Wahrheit nur oberflächlich nähert und dabei unbeholfen argumentiert.

Man findet dann zum Teil kuriose Lösungen, die weder den einen noch den anderen auf Dauer zufriedenstellen: behelfsmäßige Spielregeln oder Grenzsetzungen während des Geschlechtsverkehrs, das Aufsuchen einer Sexualberatung, der gemeinsame Besuch eines Swingerclubs oder die Einführung einer offenen Beziehung. Häufig führen aber die notdürftigen Rettungsversuche dazu, dass der eine nur mitmacht, damit ihn der andere nicht verlässt oder er nicht als Spielverderber gilt, und der andere denkt, er habe keine Lust oder sei an einem konstruktiven Miteinander nicht interessiert. Beide spielen sich abermals gegenseitig etwas vor und meinen, dem anderen einen Gefallen damit zu tun, nur um hinterher behaupten zu können, alles versucht zu haben.

Zwar versucht die Frau tendenziell häufiger, mit dem Mann über die sexuellen Probleme zu reden, dennoch führt dies meist zu nichts, weil am eigentlichen Problem vorbeigeredet wird oder man sich gegenseitig in einseitigen Schuldzuweisungen überbietet. Entweder wird das ganze Thema totgeschwiegen oder man redet wie ein Wasserfall auf den anderen ein, allerdings ohne hinreichend sachkundigen Inhalt und nennenswerte Ergebnisse. Ob man nun redet oder nicht – im Grunde herrscht nur völlige Sprachlosigkeit.

Man darf nicht unterschätzen, dass die sexuelle Problematik für beide Seiten eine erhebliche Belastung darstellt. Beide fügen sich aufgrund unterschiedlicher sexueller Vorstellungen und Erwartungen

fortlaufend Schmerzen zu und greifen dann zu Kompensations-
mechanismen, um den Schmerz zu minimieren: Der Mann drängt
entweder noch mehr oder sucht sich alternative Sexpartner und die
Frau lässt sich kreative Ausreden einfallen oder »richtet sich ein«.
Doch dabei gewinnt keiner – bestenfalls arrangieren sich beide und
pendeln sich auf ein bestimmtes Niveau ein, mit dem sie irgendwie
leben können. Sie empfinden dann den unbefriedigenden Intimverkehr nicht mehr als allzu große Belastung und hinterfragen ihn
daher auch nicht mehr. In besonders belastenden Fällen kann sich
der fortdauernde Kreislauf aus Übergriffen und anschließenden Verweigerungen aber bis zu einer suizidalen Krise steigern. Der Mann
findet keine sexuelle Befriedigung und fühlt sich in seinem Selbstbild zutiefst verletzt, die Frau kann sich nicht mehr verweigern und
muss sich permanent missbrauchen lassen. Irgendwann greifen seelische Kompensations- und Bewältigungsstrategien nicht mehr und
da man keinen Ausweg aus der verzweifelten Lage findet, greift man
zum äußersten Mittel.

Der Mann übernimmt keine Verantwortung für seine Sexualität

Beide beteiligen sich am Hochschaukeln des Konfliktes, doch liegt
der Ursprung in der unsittlichen Triebbefriedigung des Mannes.
Wohlgemerkt: in der unsittlichen. Der Mann kann ja nichts für
seinen Trieb und dieser erfüllt durchaus eine wichtige biologische
Funktion. Er kann aber beim Ausleben seines Triebes zumindest auf
ein ethisch angemessenes Vorgehen achten. Das Problem des Mannes – sein unkontrollierbarer Trieb – wird durch die Unziemlich-
keit, mit der er ihn oft auslebt, zum Problem der Frau. Der Mann
will um jeden Preis Sex bekommen und verhält sich dabei wenig
tugendhaft. Er übernimmt keine Verantwortung für sein Handeln
und sucht nicht nach vernünftigen Lösungen, mithilfe derer er seinen mächtigen Drang so kontrollieren kann, dass niemand davon
belästigt wird – und auch er selbst nicht darunter leiden muss. Dabei
wäre es durchaus seine moralische Pflicht, sich selbst unter Kontrolle zu halten. Der Mann sollte zur Triebregulierung seine Aufmerksamkeit mehr auf sich selbst richten und sich um einen zivilisierten

Umgang mit seinem dominanten Verlangen bemühen, anstatt sich einseitig auf die Reize der Frau zu fixieren, die ihn erst recht aus seinem hormonellen Gleichgewicht bringen. Stattdessen macht es sich der sexgetriebene Mann leicht und lädt die Verantwortung bei der Frau ab, indem er seine Triebhaftigkeit nicht problematisiert, sondern der Frau unterstellt, frigide zu sein. Auf diese Weise wird das Problem aber nur verschoben und nicht aus der Welt geschafft. Der Mann leidet vielleicht nicht mehr, wenn er sich an seiner Partnerin vergreift und seinen Trieb abbauen kann – die Frau dafür umso mehr. Das bedeutet nicht, dass Männer mit ihrem Problem alleingelassen werden sollen. Es sollte nur klar sein, wo der Ursprung des Problems liegt, und dort sollte es auch behandelt werden.

Sexgetriebene Männer bekommen vielfach überhaupt nicht mit, wie viel Leid sie mit ihrer egoistischen und rücksichtslosen Form des Sex erzeugen. Auf der anderen Seite scheinen aber auch die Frauen nicht mitzubekommen, wie viel Hass sich in ihnen aufgrund ihrer ständigen Nachgiebigkeit und Unterwerfung bildet und staut, der sich irgendwann einmal entladen muss und dann nicht selten in einem passiv-aggressiven Verhalten dem Partner gegenüber ausdrückt. In der Beziehung wird regelmäßig negative Energie erzeugt, an deren Produktion sehr wohl beide Partner beteiligt sind – jeder auf seine Weise: Der eine auf offen aggressive Weise, der andere auf verdeckte. Diese Energie breitet sich in der Beziehung und auf das gesamte Familienleben aus. Die unbillige Form des Sex schafft Aggressivität und Feindseligkeit, oft sehr schleichend und unbemerkt über Jahre hinweg, weil über die Form des Sex einfach nicht gesprochen wird, keine wirkliche Aussprache und Klärung stattfindet und kein für beide Seite zufriedenstellender Konsens gefunden wird. Die Art und Qualität der gegenseitigen Lustbefriedigung werden in den meisten Beziehungen totgeschwiegen.

Beide müssen ihren Anteil am Konflikt erkennen

Die Lösung kann nicht darin bestehen, den anderen gewaltsam zu unterdrücken, zu beherrschen und die Problematik schlicht und ergreifend zu ignorieren. Auf der anderen Seite machen Verhaltensweisen wie Nachgeben, Unterwerfen und Aussitzen die Situation auch nicht besser – sie fördern genauso die Unzufriedenheit. Leugnung bringt vielleicht kurzfristig einen Vorteil, schadet aber langfristig der Beziehung. Der Konflikt kann nur gelöst werden, wenn beide aufeinander zugehen, dem anderen aufmerksam zuhören, ihn mit seinen Wünschen und Bedürfnissen, mit seinen Stärken und Schwächen erkennen und annehmen, sich in seine Lage versetzen, Verständnis aufbringen und ihm bei seinen Problemen helfen. Gleichzeitig sollte auf beiden Seiten die Bereitschaft bestehen, sich den eigenen Blockaden und Defiziten zu stellen mit dem Vorsatz, an ihnen arbeiten und sie überwinden zu wollen. Es ist nie nur einer allein schuld an einer Unstimmigkeit: Beide müssen etwas in die Waagschale werfen, wenn die sexuellen Vereinigungen zukünftig eine andere Qualität bekommen und zu einer gemeinsamen Freude werden sollen.

Der Mann muss beginnen, mehr in sich hineinzuschauen und sich mit der Frage zu beschäftigen, wer stärker ist: er oder sein Trieb. Er sollte sich vergegenwärtigen, was ihm langfristig mehr Glück und Zufriedenheit beschert: die kurzzeitige rohe Befriedigung seines sexuellen Begehrens oder der achtsame und einfühlsame Umgang mit seiner Partnerin und die kontinuierliche Pflege einer liebevollen Beziehung. Was führt ihn zu mehr Freude, Ausgeglichenheit und Stabilität – und nebenbei auch zu mehr Energie und Gesundheit?

Sex ist immer ein vorübergehendes Erlebnis. So berauschend die Gefühle während des Intimverkehrs auch sein mögen, sie klingen hinterher ab und man kehrt wieder in den alten Gemütszustand zurück, in dem man sich vor dem Sex befand und deretwegen man ihn möglicherweise erst gebraucht hat. Die Hochgefühle, die man beim Sex erlebt, halten nicht an und müssen immer wieder reproduziert werden. Daher kann Sex leicht einen Suchtcharakter bekommen: Man braucht ihn immer wieder, um sich gut zu fühlen – vor allem dann, wenn man zu oft im Leben oder während des Alltags auf Freuden verzichten muss. Als Ausgleich für den inneren Mangel will man dann ein Hochgefühl erleben – allerdings mit dem Effekt, nach dem Sex wieder dort zu landen, wo man sich zuvor schon befunden hat.

Sex ist nur eine Momentaufnahme. Er gehört zu einer Beziehung dazu, er ist wichtig und kann wunderschön sein. Vor allem kann er ganz wesentlich dazu beitragen, das Vertrauen und die Verbundenheit beider Partner zu festigen. Sex ist herrlich – er ist aber bei Weitem nicht der Hauptbestandteil einer Beziehung und deren Sinn und Fortbestand sollte auch nicht allein vom Sex abhängig gemacht werden. Im Gegensatz zu den flüchtigen Gefühlen, die Sex hervorruft, bleibt das Gefühl von Freundschaft und tiefer Verbundenheit auch dann noch bestehen, wenn man sich nicht mehr im Arm hält, wenn man körperlich nicht in der Nähe des anderen oder gar Tausende von Kilometern voneinander entfernt ist. Das Gefühl der ehrlichen Anteilnahme, für jemanden da zu sein, ihm zu vertrauen, mit ihm zu fühlen, alles mit ihm teilen zu wollen und sich blind auf ihn verlassen zu können, ist immerwährend und muss nicht ständig neu erzeugt werden. Es ist immer da und bleibt, solange man sich seelisch-emotional nah ist.

Die Freude und das Glück resultieren aus dem harmonischen Miteinander und können durch einen beständigen partnerschaftlichen und einfühlsamen Austausch auch erhalten bleiben. Körperliche Nähe wird dann eingegangen, weil man sich seelisch verbunden fühlt und den anderen bei sich haben möchte, ihn spüren will. Dies muss nicht automatisch mit vaginalem Sex einhergehen – er kann aber auf spontane und natürliche Weise daraus entstehen, weil beide sich dazu hingezogen fühlen. Sex stellt in diesem Fall nur den Gipfel der Liebe und Freude dar, aber nicht die Voraussetzung dafür, überhaupt Liebe und Freude zu erleben. Sex sollte die Veredelung einer wunderschönen Beziehung sein, er sollte nicht dazu dienen, sich endlich einmal grandios zu fühlen, und nicht der einzige Beweggrund sein, die Nähe zum Partner zu suchen. Denn das überaus beglückende Gefühl wahrer Liebe sollte sich durch die gesamte Beziehung ziehen und nicht nur in den Augenblicken des Sex erfahren werden. Freude und Glück sollten schon vorher zur Genüge vorhanden sein und sich nicht nur während des Geschlechtsverkehrs aufbauen. Insofern würden sexgetriebene Männer nicht nur zur Zufriedenheit der Frau, sondern auch zur eigenen Zufriedenheit beitragen, wenn sie ihre Aufmerksamkeit mehr auf die Pflege der gesamten Beziehung lenken würden und nicht nur auf den Aspekt der Sexualität. Würden sie den Wert einer liebevollen Beziehung erkennen und daran arbeiten, diesen zu erhalten, würde ihnen ein eventueller Verzicht auf Sex wahrscheinlich sehr viel leichter fallen, weil sie dann in der Beziehung auch auf andere Weise Glücksgefühle erleben würden und dafür nicht allein auf Sex angewiesen wären. Gleichzeitig würde sich die Anzahl weiblicher Zurückweisungen wahrscheinlich deutlich reduzieren und sie würden plötzlich Sex bekommen, ohne ihn einfordern zu müssen.

Der Mann muss einsehen und akzeptieren, dass er sich beim Sex häufig wie die Axt im Walde benimmt und damit nicht gerade zum Aufbau einer glücklichen Beziehung und zum Wohlbefinden seiner Partnerin beiträgt. Er muss erkennen, dass er nur an seiner eigenen kurzfristigen Wunscherfüllung interessiert ist und dass dies einem vertrauensvollen Miteinander entgegensteht. Der Mann kann sich auch nicht dahinter verstecken, dass er mit materiellen oder organisatorischen Leistungen wie beispielsweise der Finanzierung des Lebensunterhaltes, der Beteiligung an Haushaltsarbeiten oder dem Verteilen teurer Geschenke seinen Beitrag zu einer Beziehung leistet. Liebe kann man nicht kaufen. Sie ist eine zutiefst emotionale Angelegenheit und lässt sich daher auch nur auf der emotionalen Ebene verwirklichen. Männer sollten ihre Einstellung ändern und zu der Einsicht gelangen, dass eine Beziehung keinem Zweck dienen soll, sondern der gemeinsamen Freude und dem gegenseitigen seelischen Wachstum. Eine menschliche Beziehung kann nicht mit Geld oder Macht »betrieben« werden, sondern sich allein mithilfe von Vertrauen und Liebe zwanglos entfalten.

Die Frau ihrerseits muss einsehen und akzeptieren, dass sie sich davor drückt, dem Mann seine Fehler und Grenzen deutlich aufzuzeigen – so schwer dies im Einzelfall auch sein mag. Sie muss erkennen, dass sie ebenfalls nur an ihren eigenen kurzfristigen Vorteil denkt, sich in emotionaler oder materieller Sicherheit wiegen will und sich aus diesem Grund dem Mann sexuell fügt und unterwirft. Sie kann sich nicht dahinter verstecken, dass sie sich angeblich aus Liebe zu ihm opfert, um ihrem Partner auf diese Weise zu zeigen, dass sie für ihn da ist, oder um die Beziehung zu retten. Sie bekommt genauso wenig wie der Mann einen Orden für ihre Dienste verliehen, denn sie erreicht dadurch nicht, dass die gegenseitige

Liebe wächst – sie verhindert bestenfalls, dass sie nicht so schnell stirbt. Frauen müssen ihre Einstellung ändern und zu der Einsicht gelangen, dass sie nicht dem Mann dienen sollen, um die Liebe zu erhalten, sondern aufrichtig und authentisch sein sollen, um damit überhaupt erst Liebe in die Beziehung zu tragen. Eine gleichberechtigte, respektvolle Beziehung kann nicht mit Lügen ertrotzt, sondern allein auf der Grundlage von Offenheit und Ehrlichkeit entwickelt werden.

Es geht bei dieser Thematik darum, dass die Frau lernt, selbstbewusster zu werden, um ihre Unterwürfigkeit zu überwinden und sich von dem Mann abzugrenzen, und der Mann lernt, demütiger zu werden, um sein Machtstreben zu überwinden und sich der Frau gleichzustellen. Es geht um seelischen Ausgleich, um die Überwindung von Ängsten und Schwächen. Damit ist jedoch nicht gemeint, dass die Frau plötzlich so hart und kompromisslos wie der Mann und der Mann so weich und nachgiebig wie die Frau sein soll. Weder das eine noch das andere Geschlecht sollte in das entgegengesetzte Extrem fallen. Die Frau sollte nur ihren männlichen Anteil stärker entwickeln und der Mann seinen weiblichen. Es geht dabei um die Harmonisierung und Vervollkommnung der eigenen Persönlichkeit, die am lebenden Beispiel des anderen Geschlechts – des Partners – erkannt werden und gelingen kann. Daher darf in dem anderen nicht länger eine Bedrohung oder Belästigung gesehen werden, sondern die Chance zur persönlichen geistig-seelischen Reifung.

Im Grunde leidet der Mann gar nicht vorrangig unter der Verweigerung der Frau, sondern in erster Linie unter seinem unrealistischen Selbstbild. Er hat eine falsche Vorstellung davon, wie er sein muss und wie er von anderen gesehen werden will. Er meint, stark, groß, mächtig und unbezwingbar sein zu müssen, um dafür Respekt und Anerkennung von anderen zu bekommen. Deswegen sucht er bei der Frau keine Liebe, sondern in erster Linie Bestätigung für sein Größenbild. Dies führt dazu, dass die Frau von dem Mann nur Prahlerei und Machtgebaren erhält, allerdings keine Liebe, auf die sie so dringend angewiesen ist. Sie möchte zwar auch Bestätigung erhalten und sich wertvoll und geliebt fühlen – aber nicht allein über ihre Attraktivität und Leistung, sondern vor allem über gegenseitiges Verständnis und ein Gefühl inniger Zuneigung.

Letztlich wollen beide über den anderen ihren Selbstwert stärken: Der eine über Maskulinität, der andere über Mitgefühl. Der eine will Bewunderung, um sich groß zu fühlen, der andere will Anteilnahme, um sich geborgen zu fühlen. Innerlich wünschen sich beide die Akzeptanz ihres Selbst. Der gemeinsame Nenner wäre die ehrliche Bestätigung für das authentische Ich – das, was den Menschen im Innersten seines Wesens ausmacht und was er wirklich ist – und nicht für eine Fassade, die er sich zugelegt hat und anderen täglich vorspielt, um Anerkennung zu bekommen oder seine verletzbaren Anteile zu schützen. Die Herausforderung liegt darin, den jeweils anderen in seiner Andersartigkeit zu erkennen und zu akzeptieren, sich auf ihn einzulassen und einzustellen, um daran zu lernen und zu wachsen, statt den anderen ständig zu bearbeiten und zu belehren, nur um sich selbst nicht ändern zu müssen.

Männer sollten sich erlauben, weiblicher zu werden, und Frauen sollten sich erlauben, männlicher zu werden. Männer dürfen weicher und gefühlvoller werden, Frauen härter und konsequenter sein. Männer sollten lernen, dass »Weich-Sein« keine Schwäche ist, und Frauen sollten lernen, dass »Hart-Sein« keinen Ungehorsam darstellt. Damit gemeint ist natürlich nicht, dass man völlig verweichlichen oder auf der anderen Seite völlig erbarmungslos werden soll. Es geht darum, flexibel zu sein und je nach Situation und Thema zu unterscheiden, ob man sich zurückhaltend, einfühlsam und kompromissbereit verhalten oder offensiv, entschlossen und konsequent sein sollte. Es geht darum, in jeder Lebenssituation gefestigt zu sein und zu seiner inneren Wahrheit zu stehen, dabei aber anpassungsfähig zu bleiben. Die eigene Individualität soll nicht aufgegeben, sondern integriert werden. Bei diesem Vorgang sollten aber niemals der Respekt und das Mitgefühl dem anderen gegenüber verloren gehen, auch wenn man sich von dem anderen unterscheidet und sich situativ abgrenzen muss.

Männer haben oft Angst, sich weich und feinfühlig zu geben, weil sie glauben, damit einen Teil ihrer Identität zu verraten, ihre verletzliche Seite preiszugeben und sich damit emotionalen Angriffen auszuliefern. Stärke und Unnahbarkeit sind für sie ein seelischer Schutz, der allerdings verhindert, sich offen und einfühlsam auf eine andere Person einzulassen und eine harmonische Beziehung aufzubauen. Das eigene Größenbild ist somit das größte Hindernis für ein feinfühliges, taktvolles und warmherziges Vorgehen. Daher wird auf lange Sicht dieses überzogene Selbstbild zu einer Schwäche und einem Angriffspunkt, weil das starre Festhalten daran verhindert, sich flexibel an veränderte Bedingungen anzupassen. Das Größengefühl von Männern unterbindet, dass andere zu ihnen durchdringen, dass sie sich für Kritik und Verbesserungsvorschläge öffnen, dass sie sich selbst reflektieren und ihr Verhalten in Bezug zu den Reaktionen setzen, die sie aus ihrer Umwelt erfahren. Sie glauben, makellos zu sein oder ihr Gesicht zu verlieren, wenn sie sich einen Fehler eingestehen. Daher lenken sie von sich ab, drücken sich vor der Verantwortung und erwarten, dass Veränderungen von anderen ausgehen.

Frauen hingegen haben vielfach Angst, zu ihren Überzeugungen zu stehen und entschieden Nein zu sagen. Sie fürchten sich vor den Konsequenzen einer autonomen Haltung und davor, sich mit ihren Vorstellungen von denjenigen ihres Partners zu weit zu entfernen. Sie ertragen dann lieber das, was sie im Grunde nicht ertragen wollen. Hinzu kommt, dass sie sich oft schwertun, anderen Menschen die Wahrheit zu sagen und ihnen damit wehzutun, und deswegen bereits jede kleinste Form des Widerspruchs als unschicklich oder sogar unrecht empfinden. Sofort entstehen in ihnen Schuldgefühle – oft schon dann, wenn sie nur an die Möglichkeit eines offensiven, selbstbestimmten Vorgehens denken. Diese unbewusste, reflexartige Abneigung gegenüber jeglicher Form offenen Protestes verhindert aber, dass betroffene Frauen zwischen Angriff und Verteidigung zu unterscheiden lernen. Wenn man ihre Grenzen überschreitet, ist es nicht Ungehorsam, sich zu wehren, sondern eine Notwendigkeit zur Erhaltung der Individualität und somit ein Ausdruck von Selbstliebe. Frauen sind nicht dazu verpflichtet, die Schikanen eines Mannes zu ertragen und sich andauernd verletzen zu lassen. Sie dürfen um ihre Rechte und Bedürfnisse kämpfen und nur weil der Mann ihnen das verbieten will, bedeutet dies nicht, dass es falsch ist.

Wenn nicht beide ihren Anteil erkennen, wird es unmöglich sein, den Konflikt jemals zu überwinden. Der Mann muss sein Herz öffnen und die Frau sollte ihm helfen, seine wahren Gefühle zuzulassen, ohne dass er sich vor ihr fürchten muss. Umgekehrt muss die Frau mutiger werden und unumwunden ihr wahres Befinden und ihre Vorstellungen äußern und der Mann sollte ihr dabei helfen, indem er zuhört und ihr Verständnis entgegenbringt, ohne sich sofort verteidigen und etwas richtigstellen zu wollen. Beide müssen zunächst erkennen und akzeptieren, dass im Körper ihres Partners eine zarte, empfindliche Seele haust, die sich im Laufe des Lebens einen Schutzschild zulegen musste, um emotionale Angriffe abzuwehren. Dieser seelische Wall muss erst einmal durchbrochen werden, um an den Kern des Problems zu gelangen, und dies braucht Zeit, Geduld, Verständnis und Empathie – es geht nicht anders! Jeder, der eine Abkürzung wählt und mit Druck, Zwang und Aggressivität – oder mit Tricks und Lügen – das Problem auszuhebeln versucht, wird auf Dauer alles nur noch schlimmer machen.

Die individuelle Geschlechtskraft muss berücksichtigt werden

An dieser Stelle sei noch erwähnt, dass bei der Bewältigung des sexuellen Konfliktes immer auch die individuelle Geschlechtskraft beider Partner berücksichtigt werden muss. Veranlagungsbedingt können erhebliche Unterschiede im sexuellen Wollen und Können vorliegen. Es gibt Menschen, die nur sehr geringe Geschlechtsimpulse haben. Das bedeutet, dass sie die körperliche Vereinigung nicht so dringend benötigen und viel seltener als andere suchen. Sie können ohne jegliche Einschränkungen über einen langen Zeitraum hinweg enthaltsam leben und dabei glücklich sein. Sie suchen den Geschlechtsverkehr nur wenige Male im Laufe eines Jahres. Demgegenüber gibt es Menschen, die sehr starke Geschlechtsimpulse haben und Sex sogar mehrfach am Tag benötigen, um zufrieden und ausgeglichen zu sein. Müssen sie enthaltsam leben, weil sie keinen Partner haben oder dieser ihnen die sexuelle Befriedigung verwehrt, können sie krank werden.

Zwischen diesen beiden extremen Veranlagungen gibt es natürlich alle möglichen Zwischenstufen, die weitgehend angeboren sind und die man der betroffenen Person nicht zum Vorwurf machen kann. Weder kann man diese genetisch-biologische Anlage kleinreden oder übergehen, noch kann man sie mithilfe eines Therapeuten auflösen. Muss der eine Partner entgegen seiner Veranlagung zu viel Sex eingehen, wird er leiden und mit der Zeit gesundheitliche Probleme bekommen. Umgekehrt wird der geschlechtsstarke Partner auf Dauer unzufrieden und ebenfalls krank werden, wenn er zu wenig Sex bekommt. Daher stellt es keine Lösung dar, dass der eine sich opfert oder der andere verzichtet. Auch ein Kompromiss ist keine Lösung, wenn die sexuellen Triebanlagen zu weit auseinanderliegen. In diesem Fall muss über andere Wege nachgedacht werden.

Kommen zwei Partner zusammen, die völlig entgegengesetzte Geschlechtstriebe haben, dann ist es so, als würde ein Fisch mit einem Hasen eine Beziehung führen wollen: Einer müsste entweder sein Leben unter Wasser verbringen oder der andere an Land gehen. Für einen von beiden würde dies der sichere Tod bedeuten. In diesem Fall wäre eine platonische Beziehung denkbar – sofern auf anderen Gebieten ausreichend Übereinstimmungen und Vorteile für beide existieren – mit der Erlaubnis, außerhalb der Beziehung Sex eingehen zu dürfen. Andernfalls bleibt nur noch die Trennung. Psychotherapeutische Hilfe kann bestenfalls das gegenseitige Verständnis fördern – das Grundproblem wird sie aber nicht beseitigen können, weil sie die Wirkmechanismen der Genetik nicht aushebeln kann.

Da Männer meist die stärkeren Geschlechtsimpulse haben, fühlt sich die Frau häufig schuldig, wenn sie die Bedürfnisse ihres Partners nicht vollumfänglich erfüllen und ihm nicht das geben kann oder will, was er braucht. Da der Mann nicht müde wird, ihr einzubläuen, dass er regelmäßig Sex benötige und es doch ganz normal sei, in einer Beziehung miteinander intim zu werden, bekommt die Frau leicht ein schlechtes Gewissen und denkt, dass es nur an ihr liegt, wenn der Mann unzufrieden ist, und sie nicht normal zu sein scheint. Dabei liegt das Problem ganz allein in der Natur der beiden begründet: Keiner ist schuld, dass einer von beiden ein größeres

Verlangen hat, und keiner ist schuld, dass einer von beiden ein geringeres Verlangen hat. Die Natur wollte es so!

Es ist nicht schwer für einen Menschen, der eine geringe Geschlechtskraft hat, Enthaltsamkeit als Tugend zu proklamieren, als nachahmenswertes Ideal anzupreisen und alles Geschlechtliche zu verdammen. Er hat damit ohnehin nicht viel am Hut und kann den Sex daher getrost aus seinem Leben streichen. Infolgedessen kann er auch leicht sexuell treu bleiben und Fremdgeher verurteilen. Es ist allerdings keine Schande, seine starken Geschlechtsimpulse auf sittliche Weise auszuleben. Ein Mensch mit starken Geschlechtsimpulsen proklamiert guten und häufigen Sex als größte Lebensfreude und besten Erfolgsgaranten für eine gute Beziehung und spricht sich leidenschaftlich für offene und polygame Beziehungen aus. Beide haben aufgrund ihrer individuellen Veranlagung unterschiedliche Lebenseinstellungen. Dabei haben beide recht und es spricht nichts dagegen, auf Sex zu verzichten, wenn man ihn nicht braucht – solange man andere nicht verurteilt, die ihn brauchen –, oder Sex einzugehen, wenn man ohne ihn nicht leben kann, solange man es nicht auf unsittliche Weise tut. Problematisch wird es erst, wenn ein Partner dem anderen seine Vorstellungen aufzwingen will und nicht erkennt, dass der andere nicht die gleichen Bedürfnisse und Veranlagungen hat wie er selbst und diese auch beim besten Willen nicht den seinigen anpassen kann.

9. Wie kann der Konflikt überwunden werden?

Das Mittel der ersten Wahl sollte die Herstellung einer offenen und verständnisvollen Gesprächskultur zum Thema Sexualität sein. Beide Partner sollten ihre sexuellen Bedürfnisse, Gefühle und Fantasien, aber auch ihre Abneigungen offen und ehrlich äußern dürfen. Auf der anderen Seite sollten beide bereit sein, dem anderen aufmerksam zuzuhören, sich in sein Empfinden einzufühlen und Verständnis für seine Vorstellungen von Sexualität aufzubringen. Keiner sollte dem anderen vorschreiben, wie Sex zu funktionieren hat, ihm seine Maßstäbe aufzwingen und etwas von ihm verlangen, was er nicht akzeptieren kann. Der Dialog sollte der Suche nach Gemeinsamkeiten und konstruktiven Lösungen dienen, die für beide gleichermaßen annehmbar sind. Darüber hinaus sollte eine gewisse Experimentierfreudigkeit auf beiden Seiten vorhanden sein, um das Intimleben durch neue Erfahrungen zu bereichern und abwechslungsreicher zu gestalten.

In den Gesprächen sollte es darum gehen, sich untereinander abzustimmen und einvernehmlich Vorgehensweisen zu finden: Wo stimmen die Vorlieben beider Partner überein? Welche sexuellen Praktiken erleben beide als angenehm und stimulierend? Daneben wird es Wünsche und Praktiken geben, die für den einen Partner weniger erwünscht, aber tolerierbar sind und auf die er aus Liebe zu seinem Partner einzugehen bereit ist. Und dann kann es Bedürfnisse und Wünsche geben, auf die der Partner nicht mehr einzugehen bereit ist und die seine Grenzen deutlich überschreiten. Dies muss vom anderen akzeptiert werden. Hier sollte möglicherweise über Alternativen nachgedacht werden, wenn der eine auf die Wünsche, die vom anderen abgelehnt werden, nicht ohne weiteres verzichten kann. Der ablehnende Partner sollte aber immer in die Lösung einbezogen werden, damit die Beziehung nicht unter Misstrauen und Heimlichkeiten zu leiden beginnt.

Vertrauensvolle Gespräche sollen dazu dienen, eine Balance zwischen den eigenen Wünschen und Bedürfnissen und der gegenseitigen Rücksichtnahme auf unterschiedliche Erlebnisweisen zu finden. Dies erfordert ein gewisses Maß an Kooperations- und Anpassungsfähigkeit auf beiden Seiten, um tragfähige Kompromisse zu finden – allerdings ohne dass sich ein Partner bis zur Selbstaufgabe verbiegen muss, nur damit der andere zufrieden ist und die Beziehung nicht leidet.

Leider fehlt es in Beziehungen oft an Gesprächskompetenz auf beiden Seiten. Gerade wenn es um das Thema Sexualität geht, wird eine offene Aussprache häufig gemieden. Männer wollen meist nicht darüber reden, weil sie fürchten, eine Schwäche von sich preiszugeben, und weil sie glauben, dass von ihnen erwartet wird zu wissen, was sich eine Frau wünscht und wie guter Sex funktioniert. Darüber hinaus haben beide Geschlechter oft Angst, den Partner durch ungeschickte Äußerungen zu kränken oder zu verärgern. Deshalb werden die Worte manchmal zu vorsichtig gewählt oder man verliert sich in Andeutungen, was zu Missverständnissen führen kann, die wiederum verletzend sein können. Beide tun sich schwer, sich offen auszudrücken und schambesetzte Themen anzusprechen. Manchmal haben sie aber auch Angst, zu viel von ihrem Innenleben preiszugeben und sich damit verwundbar zu machen. Ein Gespräch über Sexualität kann, wenn es falsch angegangen wird, zu noch mehr Unzufriedenheit auf beiden Seiten führen, weshalb viele Paare lieber schweigen. Doch gerade dieses Schweigen oder eine mangelnde Präzision in den Aussagen ist häufig einer der Gründe, warum die unterschiedlichen Bedürfnisse und Wünsche nicht in den gemeinsamen Sex einfließen.

Da Frauen häufig versuchen, über ein Gespräch Nähe zum Partner herzustellen, besteht die Gefahr, dass sie zu viel über sich und die Beziehung reden und dem Mann damit signalisieren, dass sie mit ihm unzufrieden sind. Probleme werden dann endlos »ausgewalzt«, nur um mit dem Partner in Kontakt zu bleiben, was dazu führen kann, dass der Mann sich minderwertig fühlt, weil er es der Frau scheinbar nicht recht machen kann. Spricht der Mann hingegen zu wenig, signalisiert er der Frau, dass er kein Interesse an ihr hat, und sie fühlt sich ebenfalls minderwertig. Es gibt also viele Fallstricke, an denen ein Gespräch scheitern kann und die zu noch größerer Unzufriedenheit führen können.

Bei der Herausforderung, offen miteinander zu reden und sich gegenseitig über die persönlichen Bedürfnisse und Vorstellungen aufzuklären, geht es vor allem um das WIE: Es geht nicht um das Reden an sich, sondern darum, wie etwas angesprochen und formuliert wird, wie man sich ausdrückt und wie dies beim Partner ankommt. Es ist grundfalsch, einfach drauflozureden. Hier kommt es nicht auf die Quantität, sondern auf die Qualität an. Daher garantiert es selten einen Erfolg, wenn man zwar viel miteinander redet, aber den anderen mit seinen Worten nicht erreicht oder ihm nicht zuhört. Zu einer erfolgreichen Kommunikation gehört nicht nur das Reden, sondern vor allem das Zuhören und auch das Annehmen-Können – was in diesem Fall sogar der wichtigere Teil ist. Ein guter und konstruktiver Dialog sollte darüber hinaus folgende Elemente beinhalten:

- Offenheit und Ehrlichkeit
- Authentizität und Glaubwürdigkeit
- aufmerksames Zuhören und Einfühlen
- innerer Abstand zu den Aussagen des Partners und ein wertfreies Annehmen-Können, ohne sich angegriffen zu fühlen
- Empathie und Wertschätzung
- Geduld und Rücksichtnahme
- Selbstreflexion und Selbstkritik
- Einsichtsfähigkeit und Veränderungswille

Fehlt eine dieser Eigenschaften, wird es schwierig, eine gute Lösung für beide Seiten zu finden. Unter Umständen wird dann ein Berater oder Therapeut benötigt, der klärend und ausgleichend vermitteln kann. In einem Gespräch sollte immer das gegenseitige Verstehen im Vordergrund stehen und nicht eine schnelle Lösung. Die unterschiedlichen Gefühle, Wünsche und Bedürfnisse sollen einen Raum bekommen und offen ausgesprochen werden – unabhängig davon, was später daraus gemacht und wie damit umgegangen wird. Es soll einfach alles einmal zur Sprache kommen und anerkannt werden. Im ersten Schritt geht es um Mitgefühl, Akzeptanz und Wertschätzung – nicht um Lösungen! Man darf nicht davon ausgehen, dass das, was man dem anderen sagt, von diesem automatisch verstanden und akzeptiert wird, sondern dass dieser Zeit braucht, um die Aussagen auf sich wirken zu lassen, und eventuell weitere Erklärungen zum besseren Verständnis einfordert. Dabei sollten die Aussagen des anderen immer wertfrei angenommen und nicht kritisiert werden. In einem klärenden Gespräch geht es nicht darum, herauszufinden, wer Recht und wer Schuld hat. Es geht darum, einander zu verstehen und sich näherzukommen.

Wem es schwerfällt, sich im Gespräch klar und präzise auszudrücken oder dem Partner uneingeschränkt die Wahrheit ins Gesicht zu sagen, kann seine Gedanken und Empfindungen auch in einem Brief, einer E-Mail oder einer Videomitteilung ausdrücken, wenn er fürchtet, vom Partner nicht verstanden oder ständig unterbrochen zu werden. So kann er sich alles von der Seele schreiben oder reden und kommt nicht in Gefahr, sich durch die Anwesenheit des Partners gehemmt zu fühlen oder impulsiv und unangemessen auf seine Reaktion zu antworten. Allerdings sollte man darauf achten, den Partner nicht durch eine ungeschickte Wortwahl oder unbedachte Äußerungen zu verletzen. Vielmehr sollte die Nachricht zu einem fairen und offenen Dialog motivieren.

Wenn die Konversation jedoch nicht gelingt, weil der drängende Partner nicht bereit ist, sich auf die Wünsche und Vorstellungen des anderen einzustellen, die Hilfe einer fachkundigen Person ablehnt und keinerlei Bereitschaft zu einer Änderung erkennen lässt, muss unter Umständen über eine Trennung nachgedacht werden, falls die Problematik des erzwungenen Sex die Beziehung zu stark belastet und die Kräfte des genötigten Partners immer mehr schwinden. In der Regel trennen sich Paare nicht, weil der Sex unbefriedigend ist oder als zu belastend empfunden wird, sondern weil die Beziehung insgesamt nicht mehr befriedigend ist. Wenn der bedrängte Partner Vorteile aus der Beziehung zieht und die Häufigkeit des Intimverkehrs unter Kontrolle halten kann, toleriert er oft auch den ungewollten Sex. Im Einzelfall kann ein fortgesetztes Drängen jedoch so belastend sein, dass auch mögliche Vorteile in der Beziehung nicht mehr damit aufgewogen werden können.

Über den partnerschaftlichen Dialog hinaus sollte jeder einzeln an seinen Problemen und seiner Einstellung arbeiten, um eine Verbesserung im sexuellen Miteinander zu erreichen. Viele Themen können gemeinsam besprochen und auch geklärt werden, aber beispielsweise die Problematiken der Kontrolle der Geschlechtsimpulse, des Aushaltens einer Zurückweisung, des mutigen Eintretens für die eigenen Bedürfnisse und des Ziehens einer klaren Grenze können nicht gemeinsam oder vom Partner gelöst werden. Dies muss jeder Partner für sich selbst tun, wenngleich der Partner behilflich sein und mit einbezogen werden kann.

Was kann der Mann tun, um seinen Trieb unter Kontrolle zu halten?

Sexgetriebene Männer erleben in der Abweisung der Frau eine Niederlage, weshalb sie sich enttäuscht zurückziehen und das Opfer spielen, statt darin ihr übergriffiges und unpassendes Verhalten zu erkennen. Sie suhlen sich in ihrem Leid und geben der Frau die Schuld an ihrem unerfüllten Verlangen. Dabei fällt es ihnen schwer zu akzeptieren, dass sie nicht über die Frau verfügen können und dass sich die Lust eines anderen nicht befehlen oder als selbstverständlich voraussetzen lässt. Solche Männer sollten begreifen, dass es keine Schande ist, wenn sie eine Frau nicht im Handumdrehen erobern können, sondern dass sie mehr dafür tun müssen. Es reicht nicht, einfach zu sagen, dass man Sex will, die Frau ein bisschen zu streicheln und dann zu erwarten, dass sie sich sofort auszieht. Der Mann muss sich in seinem Tempo anpassen und dazu seine Triebimpulse besser regulieren.

Für einen sexgetriebenen Mann sollte es weniger von Belang sein, wie er eine Frau so schnell wie möglich zu einer sexuellen Zusammenkunft bewegt, als vielmehr, wie er die Macht seines Verlangens eindämmen kann, um seine Aufmerksamkeit mehr auf die Bedürfnisse seiner Partnerin zu lenken. Der erste Schritt zur Überwindung des aggressiven Werbens ist die Einsicht, dass man ein ernsthaftes Problem mit seiner Triebsteuerung hat und durch sein egoistisches Verhalten sowohl den Partner als auch die gesamte Beziehung belastet. Der sexgetriebene Mann muss sich der Folgen seines zügellosen Verhaltens für ihn und die Frau bewusstwerden und Verantwortung für seine Sexualität übernehmen. Es ist nicht die Aufgabe der Frau, ihm beim Ausleben seiner Sexualität jederzeit behilflich zu sein. Sie ist nicht das Problem, wenn er keinen Sex bekommt, sondern er ist es selbst. Daher muss er auch selbst Wege zur Befriedigung oder Reduzierung seines Triebes finden. Er muss zu dem Verständnis gelangen, dass die Frau das Recht hat, Nein zu sagen, und dass dies keine Ablehnung und Abwertung seiner Person darstellt. Die Frau wird ihn auch nach einer Ablehnung als Partner schätzen und sicher irgendwann wieder mit ihm intim werden wollen – vor allem, wenn er lernt, ihre Entscheidungen zu respektieren.

Manche Männer fühlen sich aber alleingelassen, wenn sie eine Ablehnung erfahren, und wissen dann nicht, wie sie ihre innere Spannung abbauen können. Was tun, wenn der Weg zum Sex versperrt ist und der sexuelle Druck nicht abnimmt? Einige treiben in solchen Fällen ausgedehnt Sport, um ihre Anspannung und Aggressivität abzubauen, oder stürzen sich in die Arbeit, hämmern auf der Spielekonsole herum, streiten sich mit den Nachbarn oder schimpfen mit den Kindern. Sie suchen sich ein Ventil, über das sie ihren Frust und inneren Druck loswerden können.

Diese Formen des Spannungsabbaus führen aber nur zu weiteren Problemen und tragen in keiner Weise zur Entwicklung eines harmonischen Beziehungs- und Sexuallebens bei. Viele Männer greifen auch zur Selbstbefriedigung, wenn sich die Frau weigert. Dies ist sicherlich eine Alternative und in jedem Fall besser, als die Kinder anzuschreien – es sollte aber nicht zur Gewohnheit werden. Denn nicht selten erleben Männer, dass sich ihr Sexualtrieb noch steigert, je mehr sie masturbieren. Aufgrund der intensiven Hormonausschüttung beim Orgasmus tritt bei regelmäßiger Ausübung eine körperliche Gewöhnung ein, die dazu führt, dass die Selbstbefriedigung ständig wiederholt werden muss, um noch eine Entspannung herbeizuführen. Daher ist es für Männer, die ihren Trieb drosseln wollen, ratsam, öfter einmal Nein zu sich selbst zu sagen und sich in Enthaltsamkeit zu üben. Sie müssen deswegen auf

Masturbation nicht vollständig verzichten, sollten sie jedoch wohl dosieren und sich vorher gut überlegen, ob sie sich eine solche heute gönnen wollen.

Ein lohnenswerterer Ansatz ist es, sich zunächst einmal mit der Frage zu befassen, was hinter dem unbeherrschbaren sexuellen Verlangen steckt und was damit möglicherweise überlagert werden soll. Hinter einem erhöhten Sexbedürfnis oder übermäßiger Masturbation kann der Wunsch nach Glücksgefühlen stecken, weil man sich gegenwärtig vielleicht einsam, frustriert, wertlos, überarbeitet, verlassen, gelangweilt oder verängstigt fühlt. Häufig soll über Sex ein Mangelgefühl gemindert werden: Leere soll mit Lust gefüllt werden. Dieses Verlangen kann aber auch auf anderen Wegen mit einer sehr viel nachhaltigeren Wirkung befriedigt werden. Masturbation und Sex sind nur kurzfristige Lösungen, die Wirkung verpufft sehr schnell und tieferliegende Frust- und Mangelgefühle tauchen in der Regel rasch wieder auf, so dass sich der getriebene Mann bereits nach kurzer Zeit wieder nach Sex sehnt – nicht um darüber ein schönes gemeinsames Erlebnis mit seiner Partnerin zu teilen, sondern um seelische Probleme und Schmerzzustände zu kompensieren. Sex dient in diesem Fall der Bewältigung innerer Konflikte, die mit einer gewissen Zielgerichtetheit einhergeht und Zwang erzeugt.

Die drei großen A des Mannes

Um seinen Trieb zu kontrollieren und einen Verzicht auszuhalten, kann der sexgetriebene Mann die folgenden Methoden ausprobieren, die hier zur besseren Einprägung unter den »drei großen A« zusammengefasst werden: Achtsamkeit, Abschirmung und Ablenkung. Sie wären ein erster Versuch, selbständig das eigene Verlangen zu regulieren und damit die Beziehung als Ganzes wie auch die gemeinsamen sexuellen Erlebnisse gleichermaßen zu verbessern.

Achtsamkeit – innere Impulse wahrnehmen und überprüfen
Männer können lernen, ihren Trieb unter Kontrolle zu bekommen, indem sie mithilfe erhöhter Achtsamkeit innere Impulse frühzeitig registrieren und eine gedankliche Überprüfung vornehmen, statt

ihnen sofort und widerspruchslos zu folgen: Wie gehe ich mit diesem Impuls um? Muss ich dem Impuls nachgeben, kann ich ihn aushalten oder kann ich ihn umlenken? Der Mann sollte zunächst die Intensität des Impulses wahrnehmen und diesem Gefühl nachgehen. Oft baut sich dieses Gefühl der sexuellen Erregung allein schon durch die positive Annahme wieder ab, wenn es für einen Moment lang bewusst wahrgenommen und gespürt wird. Manchmal kann es auch helfen, sich der tieferen Gründe für das Aufkommen dieses Gefühls bewusst zu werden und zu prüfen, ob möglicherweise andere Motive hinter dem vordergründigen Wunsch nach Sex stecken. Dann wäre es sinnvoll, sich diesem Thema zuzuwenden, statt dem Druck des Triebes gedankenlos nachzugeben. Hält die Intensität des Impulses an oder verstärkt sie sich infolge der bewussten Wahrnehmung sogar noch, sollte sich der Mann nacheinander mit den folgenden Fragen beschäftigen:

- Brauche ich jetzt unbedingt Sex mit meiner Partnerin, um die innere Spannung abzubauen, oder kann ich dies auch über andere Wege erreichen?
- Wenn ich den Sex gerade brauche: Ist jetzt der passende Moment dafür?
- Wenn jetzt ein passender Moment ist: Möchte meine Partnerin auch Sex haben?
- Wenn sie jetzt keinen Sex haben möchte: Wie gehe ich mit meinem Drang um?
- Wenn sie Sex haben möchte: Wie möchte sie ihn haben?
- Welche Folgen wird es haben, wenn ich ihre Bedürfnisse nicht berücksichtige?

Indem der Mann alle Möglichkeiten des Umgangs mit seinem ihn drängenden Trieb einmal systematisch durchspielt, bevor er überstürzt zur Tat schreitet, kann er sich die Folgen eines unüberlegten Handelns bewusst machen und gegebenenfalls über Alternativen nachdenken. Der Mann darf sich nicht zum Sklaven seines inneren Triebes machen, sondern sollte eine bewusste Entscheidung treffen und sich auf diese Weise eine Enttäuschung ersparen, die aus einer

Nichterfüllung seines Wunsches oder anderen Konsequenzen resultiert. Achtsamkeit ermöglicht es, die Verantwortung für die eigenen Impulse und das eigene Handeln zu übernehmen, indem man vor dem Ausleben des Triebes eine bewusste Wahl trifft.

Dies setzt natürlich voraus, dass man ein gutes Selbstgefühl besitzt und innere Regungen sehr fein wahrnimmt, um sofort mit der bewussten Steuerung beginnen zu können. Das Selbstgefühl kann trainiert werden, indem man regelmäßig in sich hineinspürt und sowohl die unterschiedlichen Körperempfindungen als auch die mentalen und emotionalen Vorgänge im Inneren spürt und ihnen nachgeht. Mental- und Entspannungsübungen wie Meditationen, autosuggestives Training, Yoga oder andere Körperverfahren können die Selbstwahrnehmung erhöhen und ganz erheblich dazu beitragen, dass man sich seines Innenlebens bewusstwird und deswegen frühzeitig gegenregulieren kann. Man kann lernen, nicht jedem Impuls und jedem Gedanken nachzugehen, sondern ihn an sich vorbeiziehen zu lassen. Auf diese Weise kann die Erfahrung gemacht werden, dass nicht allem, was sich im Körper oder im Geist abspielt, sofort nachgegangen werden muss, sondern dass es sich um einen harmlosen Impuls handelt, dem man nachgehen kann oder auch nicht. Man kann ihm bewusst begegnen, ihn annehmen und aushalten lernen, um dann zu entscheiden, ob daraus eine Handlung folgen muss oder nicht. Durch erhöhte Achtsamkeit wird der Mann zum Herrn seines eigenen Körpers und überlässt es nicht diesem, was als Nächstes passiert. Nicht der Trieb entscheidet dann, was der Mann macht, sondern der Mann entscheidet, was er mit seinem Trieb macht.

Wenn man seine Körperempfindungen beobachtet und sich ihrer Beherrschbarkeit bewusstwird, münden körperliche Nähe und zärtliche Berührungen nicht zwangsläufig in Sex. Die erotisierende Wirkung dieser Form menschlicher Annäherung kann gemindert werden, indem man sich in erster Linie auf die emotionale Nähe zum Partner konzentriert und das damit einhergehende angenehme Körpergefühl zwar genießt, es aber auf einem kontrollierbaren Level hält und damit dem vaginalen Verkehr widersteht. Um diesen Zustand zu erlangen, können unter anderem Streichelübungen eingesetzt werden, bei denen die Partnerin die Erregung des Mannes sukzessive steigert und dieser lernt, die angenehmen Körperempfindungen, die die Frau über ihre Berührungen bei ihm auslöst, passiv zu genießen, ohne dabei an Geschlechtsverkehr zu denken: Die Partnerin streichelt zunächst nur die Arme, den Bauch oder die Brust, geht dann langsam zu den Genitalien und berührt sie nur leicht und sanft, berührt ihn am ganzen Körper zärtlich und führt den Penis des Mannes an ihre Scheide, ohne das Genital jedoch einzuführen. So kann der Mann die allmähliche Steigerung seiner Erregung wahrnehmen und seinen Drang, den vaginalen Verkehr beginnen zu wollen, beobachten und kontrollieren. Erreicht der Mann den Punkt der Erregung, an dem er sich nicht mehr zurückhalten kann, verringert die Frau die Stimulation und geht wieder zum sanften Streicheln der Arme über oder macht eine Pause, bis sich der Mann beruhigt hat, und beginnt dann erneut, dessen Erregung zu steigern.

Auf diese Weise bekommt der Mann ein Gefühl für seine körperlichen Reaktionen. Gleichzeitig kann er sich darauf konzentrieren, emotionale Nähe und Verbundenheit mit seiner Partnerin aufzubauen sowie deren Befinden und Bedürfnisse aktiv wahrzunehmen und zu spüren. Indem er lernt, seinen Trieb zu kontrollieren, und die Erfahrung macht, dass körperliche Berührungen nicht sofort zu Sex und einem schnellen Orgasmus führen müssen, kann er seine Aufmerksamkeit intensiver auf die Frau richten und das sexuelle Spiel zu einem Wir-Erlebnis machen. Ein sexgetriebener Mann muss ein gewisses Maß an Selbstkontrolle, Disziplin und Bewusstheit erlernen, um der ständigen Verlockung zu widerstehen. Hierin zeigt sich auch die wahre Stärke eines Mannes – in seiner Selbstbeherrschung – und weniger in der Art und Weise, wie er die Frau erobert, ihr seinen Willen aufzwingt und sie unterwirft.

Der Mann kann lernen, abzuwarten oder auch ganz zu verzichten und es nicht als Bestrafung zu empfinden, wenn körperliche Nähe nicht bis zum Äußersten führt, sondern einfach nur dem Gefühl von Innigkeit nachspüren, ohne an die Möglichkeit eines Orgasmus zu denken. Die bewusste Steuerung der Wahrnehmung führt gleichzeitig zur Reduzierung des inneren Drucks und lässt den weiteren

Verlauf offen: Der Mann fixiert sich nicht auf den Sex und einen darüber zu erlangenden Orgasmus, sondern genießt das wunderbare Gefühl der Verbundenheit, das mehr als nur ein schöner Ersatz sein kann, wenn der Geschlechtsverkehr ausbleibt. Mindestens ebenso reizvoll kann es sein, wenn sich die erotische Spannung langsam aufbaut und voll ausgekostet wird.

Achtsamkeit kann auch zu mehr Mitgefühl führen: Der Mann sollte in einer ruhigen Minute einmal nachempfinden, was er der Frau mit seinem übergriffigen Verhalten antut, was es in ihr auslöst, wenn er sie ständig unter Druck setzt, und was sie dabei aushalten muss, wie lange sie sich mit der Verarbeitung dieser demütigenden Erfahrungen befassen muss und wie viel Kraft es sie kostet, die ihr für andere Aufgaben dann fehlt. Er sollte nachempfinden, wie sehr er seine Partnerin damit schwächt, und erkennen, dass sie ihn für dieses Benehmen auch beim besten Willen niemals wird lieben können. Er sollte sich einmal in die Lage seiner Partnerin versetzen, sein aufdringliches Verhalten mit ihren Augen sehen und sich vorstellen, wie er sich fühlen würde, wenn er derart bedrängt würde. Er sollte sich klarmachen, wie erniedrigend sich ein solches Erlebnis anfühlt und wie sehr er seine Partnerin, die Beziehung und am Ende sich selbst mit seinem unkontrollierten und unpassenden Verhalten belastet. Letztlich leiden beide darunter, wenn er seinen Trieb nicht adäquat steuern kann. Aus diesem Grund sollte er lernen, seine niederen Bedürfnisse zu Gunsten höherer Werte wie Vertrauen, Aufrichtigkeit, Achtsamkeit und Wertschätzung hintanzustellen und sein mächtiges Verlangen über die Bewusstwerdung zu zügeln. Die Beziehung selbst sollte für ihn einen höheren Wert darstellen als die Befriedigung seines Triebes.

Wenn es sexgetriebenen Männern gelingt, ihren Trieb besser zu regulieren und sich stattdessen mehr auf ihre Partnerin zu konzentrieren, und wenn sie versuchen, sie zu verstehen und ihr Erleben nachzuempfinden, trainieren sie darüber gleichzeitig ihr Einfühlungsvermögen, das für die Pflege einer guten Beziehung – und nebenbei auch für guten und liebevollen Sex – unentbehrlich ist. Einfühlsamkeit stellt die Grundvoraussetzung dar, sich ein ethisch vertretbares Verhalten zulegen und die eigenen Bedürfnisse unter

Berücksichtigung der Wünsche der Partnerin in die Beziehung und das Sexualleben einfließen lassen zu können. Wünsche können respektvoll, höflich, angemessen und taktvoll vorgebracht werden – und nicht, um darüber das zu bekommen, wonach es den Mann so stark verlangt. Ein ethisch vertretbares Verhalten soll kein Mittel zum Zweck sein. Er sollte es sich nicht aneignen, wenn ihm der tiefere Sinn hierfür nicht klar ist und er im Grunde gar keine Freude an sittlichen Umgangsformen entwickeln kann. Er sollte dies nur machen, wenn es einen Wert für ihn darstellt und er Freude dabei empfindet, Rücksicht auf einen anderen Menschen zu nehmen und diesen glücklich zu machen. Er sollte es als selbstverständlich erachten, seine sexuellen Wünsche nur in Absprache mit seiner Partnerin zu verwirklichen, und nicht über deren Unterdrückung. Schließlich möchte er auch nicht übergangen werden und regt sich über die ständige Verweigerung der Frau genauso auf, wie die Frau sich über seine Übergriffigkeit aufregt. Er möchte selbst respektvoll behandelt werden, also sollte er auch dem anderen Respekt entgegenbringen.

Es ist kein Zeichen von Schwäche, der Frau den Vortritt zu lassen, sie nach ihren Bedürfnissen zu fragen und sich auf sie einzustellen. Der Mann muss akzeptieren, dass er nicht immer wissen kann, was seiner Partnerin gerade gefällt. Jede Frau ist anders und ein und dieselbe Frau kann zu verschiedenen Zeiten ganz andere Wünsche haben. Es spielt überhaupt keine Rolle, wie erfahren ein Mann ist und wie oft es ihm schon gelungen ist, eine Frau zu befriedigen: In dem Moment, in dem er sich auf eine Frau einlässt, beginnt alles von vorn und alles ist neu. Er kommt nicht darum herum, sich in jedem Moment von neuem mit seiner Partnerin zu beschäftigen und herauszufinden, was sie gerade braucht. Er kann es erspüren, indem er sich vorsichtig herantastet und die subtilen Reaktionen der Frau gründlich beobachtet und deutet – oder er fragt nach. Er muss lernen, dass ein guter Liebhaber nicht jederzeit alles weiß, sondern bereit ist, sich auf die Individualität der Frau einzulassen, sie kennenzulernen, sie als bereichernd zu empfinden und daran zu wachsen.

Abschirmung – erotisierenden Reizen ausweichen

Ein sexgetriebener Mann sollte seine Gewohnheiten daraufhin überprüfen, inwieweit sie mit erotischen Inhalten zusammenhängen: Surfen auf Pornoseiten im Internet, Anstarren von Frauen auf der Straße, ausgiebiges Betrachten von Models auf Plakaten und in Zeitschriften. Wenn visuelle Reize zu einer schnellen Erregung führen, sollte dies als Warnsignal ernst genommen und die Aufmerksamkeit sofort auf andere Inhalte gelenkt werden, um eine Verstärkung der Erregung zu vermeiden: Er kann beispielsweise den Ort verlassen oder stattdessen telefonieren, fernsehen, Musik hören, ein Buch lesen oder Sport treiben. Wer zu häufig und intensiv seine Aufmerksamkeit auf erotische Inhalte lenkt, kann leicht einer Sucht verfallen. Der Trieb wächst dann aufgrund der ununterbrochenen Beschäftigung mit sinnlichen Bildern stetig an.

Zum Erlernen der Triebkontrolle bei körperlicher Nähe kann es hilfreich sein, anfangs Berührungen zu vermeiden und den Blick nur auf die Augen und Ohren oder das Kinn der Partnerin zu richten und nicht auf ihre Formen. Die Aufmerksamkeit sollte auf den Inhalt des Gesprächs und auf das seelische Befinden der Partnerin gelenkt werden, um dem Trieb gar nicht erst die Chance zu geben, sich unkontrolliert zu entfalten. Allerdings sollte der Mann dieses Vorgehen vorher mit seiner Partnerin absprechen, um zu vermeiden, dass sie sich aufgrund der ausbleibenden oder nur spärlichen zärtlichen Berührungen Sorgen um die Beziehung macht.

Ablenkung – den Sinn auf andere Themen lenken

Weil sich der Körper an sexueller Betätigung zur Spannungsregulierung gewöhnt hat, ist es wichtig, ihn während der Entzugsphase anderweitig zu beschäftigen: beispielsweise mit Sport, Gesellschaftsspielen, der Aneignung neuer Wissensinhalte wie dem Erlernen einer Sprache, Hobbys, der Beschäftigung mit den Kindern, dem Treffen mit Freunden. Vor allem, wenn er mit der Reduzierung sexueller Gewohnheiten beginnt, sollte sich der Mann durch Unternehmungen mit der Familie, Freunden oder Bekannten ablenken. Es darf erst gar keine Gelegenheit entstehen, in der er allein ist, nichts mit sich anzufangen weiß, von einem Mangelgefühl überrollt wird und dann entweder zur Selbstbefriedigung greift oder den Körper der Frau zum Spannungsabbau missbrauchen will.

Der Mann sollte lernen, Freude an anderen Dingen zu finden, die ebenfalls mit einem beglückenden Gefühl einhergehen. Viele Tätigkeiten, denen man sich hingibt und in die man sich vertieft, können eine wohltuende Befriedigung erzeugen, unter günstigen Umständen lösen sie sogar den Zustand eines Flows aus. Flow bezeichnet einen mentalen Zustand, der durch die völlige Vertiefung und das restlose Aufgehen in einer Beschäftigung oder einem tiefsinnigen, äußerst bewegenden Gespräch mit einer anderen Person mit einem überaus beglückenden Gefühl einhergeht. Zwar ist es nicht leicht, diesen außerordentlichen Zustand zu erreichen, und er lässt sich auch nicht willentlich herbeiführen, er zeigt aber, dass es wunderbare Alternativen zu einem Orgasmus gibt und dass wohltuende oder gar ekstatische Gefühle nicht allein über Sex entstehen müssen.

Der Mann sollte seinen Tagesablauf gut strukturieren und darauf achten, dass die Möglichkeiten, erotischen Inhalten zu begegnen, verringert werden. Allerdings sollte erwähnt werden, dass es nicht darum geht, dass der Mann für den Rest seines Lebens auf Sex verzichten soll. Es geht darum, den Trieb besser kontrollieren und einen Verzicht aushalten zu können sowie die Qualität der sexuellen Vereinigung mit der Partnerin zu erhöhen. Er sollte sich stets die Vorteile vor Augen führen, die ein vernünftiger Umgang mit seiner Sexualität hat, und daraus die Motivation schöpfen, an der Notwendigkeit einer vorübergehenden Einschränkung des Sexuallebens festzuhalten. Das schließt nicht aus, mit der Partnerin von Zeit zu Zeit sexuelle Kontakte einzugehen, um sich darüber zum einen mehr Achtsamkeit im sexuellen Umgang mit der Partnerin anzueignen und zum anderen eine motivierende Perspektive zu haben.

Um sich bei der Anwendung der aufgeführten Methoden selbst zu kontrollieren, kann der Mann die Ergebnisse und seine Fortschritte in einem Tagebuch oder in Form von Listen festhalten: Wie oft habe ich verzichtet, wie habe ich mich dabei gefühlt, wie habe ich gegengesteuert und wie entwickelte sich daraufhin mein Verlangen? Die nachträgliche schriftliche Bearbeitung der Erfahrungen mit der eigenen Triebanlage dient der Selbstreflexion und Verfeinerung der gewählten Methoden. Auch kann die Unterstützung eines fachkundigen Therapeuten hilfreich sein, wenn man allein nicht den rechten Zugang zu diesen Methoden findet oder diese nicht die erhoffte Wirkung entfalten.

Männer sollten ihre Sexualität überdenken

Männer, die mit ihrer Triebkontrolle ein Problem haben, sollten ihre Sexualität neu überdenken. Sie sollten ihr Wissen und ihre Erfahrungen erweitern und nicht nur das übliche »Rein-raus-Spiel« betreiben, das keinen echten Mehrwert bietet – weder für die Frau noch für die Pflege der Beziehung. Eine körperliche Vereinigung kann weitaus mehr umfassen als einen schnellen Orgasmus. Männer sollten sich mehr Zeit für Sex nehmen, sich auf die Frau einstimmen und ihre Lust zurückhalten, ohne allerdings der Frau damit zu signalisieren, kein Interesse an ihr zu haben. Wenn sie sich selbst einfach hingeben und abwarten, was passiert, fühlt sich auch die Frau gleich entspannter. In dieser Verfassung ist sie viel eher bereit, auch mal die Initiative zu ergreifen. Der Mann muss sich nicht immer um alles kümmern, er kann lernen, auch die passive Rolle zu übernehmen und sich von seiner Partnerin verwöhnen zu lassen, ihre Berührungen auf sich wirken zu lassen oder einfach ihrem Rhythmus zu folgen – ohne dabei seine Autorität einzubüßen.

Der Mann will durch die Unterwürfigkeit und Willenlosigkeit der Frau das Gefühl von Macht und Stärke vermittelt bekommen. Die damit einhergehende mangelnde Wertschätzung der Frau führt aber auf Dauer dazu, dass sie sich ihm immer mehr verschließt und den Sex verweigert. Der Mann muss dann immer mehr um Sex betteln und gerät dadurch in die unterlegene Position. Obwohl er immer stark und mächtig sein will, fühlt er sich plötzlich schwach und ohnmächtig und versteht die Welt nicht mehr. Auf diese Weise kommt schließlich doch eine Schwäche von ihm ans Licht, die er ursprünglich unbedingt verbergen oder sich nicht eingestehen wollte. Das zwanghafte Verbergen unerwünschter Persönlichkeitsanteile führt also erst recht dazu, dass diese zum Vorschein kommen und genau das eintritt, wovor man sich so sehr gefürchtet hat.

Was kann die Frau tun, um sich aus der Bedrängnis zu befreien?

Die Frau muss den Tatbestand der Übergriffigkeit anerkennen und sich eingestehen, dass sie dem Mann erlaubt, ihre Grenze zu übertreten. Sie darf sich nicht länger hinter Beschönigungen, Verharmlosungen und fadenscheinigen Begründungen verstecken, sondern muss das Drängen des Mannes ungeschminkt als sexuelle Belästigung werten. Indem sie die Wahrheit leugnet und unter den Teppich kehrt, trägt sie ihren Teil dazu bei, dass der Intimverkehr unbefriedigend verläuft. Sie muss sich eingestehen, dass sie etwas gegen ihren Willen tut, dass es ihr nicht gefällt, was sie dem Mann gestattet, und dass sie damit ihrerseits die Grundlage für einen Dauerkonflikt schafft. Die Frau muss zu der Einstellung gelangen, dass ihr Körper ihr ganz allein gehört und dass nur sie allein darüber bestimmen darf, was mit ihm geschieht. Wenn ihr Partner dies nicht versteht und darauf keine Rücksicht nimmt, gibt es keinen deutlicheren Beweis dafür, dass er nicht aus Liebe mit der Frau zusammen ist oder zumindest nicht verstanden hat, was wahre Liebe ist. Allein die Tatsache, dass er mit der Frau Sex hat – egal wie – beweist noch lange nicht, dass er sie liebt.

Die Frau muss sich den Druck eingestehen, unter dem sie leidet und der von außen über ihren Partner an sie herangetragen wird oder den sie sich selbst auferlegt. Die Grenzen sind fließend, ab wann es sich bei einer sexuellen Annäherung lediglich um ein Angebot, eine Manipulation, eine Belästigung oder gar die Bemächtigung des Körpers eines anderen handelt. Daher ist es für die Frau auch nicht immer leicht zu beurteilen, wann der Partner die Grenze zur Übergriffigkeit überschreitet und wann er einfach nur »bemüht« ist. Die Frau muss daher wahrnehmen, wann ihre Grenze erreicht ist, und diese sodann markieren. Sie muss Verantwortung übernehmen und kann nicht von ihrem Partner erwarten, dass er dies für sie tut. Je mehr die Frau allerdings mit Ängsten oder Zwängen behaftet ist und je mehr sie sich auf die Vorstellungen ihres Partners fixiert und glaubt, ihm alles recht machen zu müssen, desto schwerer wird es ihr fallen, bei sich selbst zu bleiben und ihre Grenze zu spüren. Sie kann dann kaum noch unterscheiden, ob sie dem Sex zustimmt, weil sie ihn wirklich möchte oder weil sie denkt, er müsste sein. Die Frau muss sich daher der Motive ihres Fühlens und Handelns bewusstwerden. Sie muss ehrlich zu sich selbst sein und ihren eigenen Bedürfnissen treu bleiben. Wenn sich alles immer nur um die Bedürfnisse eines anderen dreht, verliert man sehr schnell das Gefühl für sich selbst und das, was der andere will, wird zur Direktive. Sicher ist es in Ordnung, in der Partnerschaft für den anderen auch mal zurückzustehen. Kommt dies allerdings zu oft vor und muss man die eigenen Bedürfnisse dafür unentwegt unterdrücken, nimmt die Beziehung eine ungesunde Entwicklung.

Die Frau muss zu der Einsicht gelangen, dass mit dem Sexualleben in der Beziehung etwas nicht stimmt und dass es keineswegs in Ordnung ist, wenn sie sich beim Intimverkehr nicht wohlfühlt und nicht dieselbe Freude erlebt wie der Mann. Es ist nicht in Ordnung, wenn sich der Mann nicht um Rücksicht und Einfühlsamkeit bemüht. Allerdings muss sie auch erkennen, dass sie über ihr Schweigen und Erdulden die Selbstsüchtigkeit des Mannes noch verstärkt, statt der Belästigung zu entkommen. Zurückhaltung, Leugnung, Lügen oder andere unangemessene Abwehrreaktionen machen das Problem nur noch größer und werden nicht dazu beitragen, die Position gegenüber dem Partner zu verändern – geschweige denn zu verbessern.

Die Frau überfrachtet sich mit Pflichten

Ein unverstellter Blick auf die Wahrheit wird für manche Frau schwierig, wenn sie ein falsches Bild von ihrer Rolle innerhalb der Partnerschaft hat. Wenn Frauen beispielsweise Mütter werden, stellen sie häufig ihre eigenen Interessen hinter ihre Mutterpflichten. Sie setzen Mütterlichkeit mit Selbstaufopferung und Selbstverleugnung gleich und denken, kein Anrecht mehr auf Vergnügen zu haben. Sie stellen alles in den Dienst der Kinder und gönnen sich keinen Freiraum mehr. Sexualität wird dann aus ihrem Leben gestrichen. Sie nehmen sich keine Zeit, um auch die Paarebene zu pflegen und ihren eigenen Bedürfnissen nachzugehen. Sie verlieren sich selbst aus den Augen und opfern sich für die Kinder – und entscheiden damit gleichzeitig auch über die Bedürfniserfüllung des

Mannes, ohne ihn allerdings in diese Entscheidung einzubinden. Sie meinen, jetzt für andere da sein zu müssen, und verzichten daher auf ihre Bedürfnisse – und setzen diese Ansicht auch bei ihrem Partner voraus.

Sexualität gehört aber zu einer Beziehung dazu und in der Regel war dies am Anfang der Beziehung auch unstrittig. Viele Frauen wünschen sich durchaus sexuelle Intimität, sind aber mental mit so vielen anderen Dingen beschäftigt, dass sie dafür keine Zeit mehr finden. Frauen würden sich und ihrem Partner einen Gefallen tun, wenn sie sich einmal von ihrer Mutterrolle losgelöst betrachten würden: als eine Frau, die sich auch nach Körperlichkeit sehnt und sexuelles Vergnügen erleben darf. Dafür muss sie Freiräume schaffen, indem sie die Kinder nicht den ganzen Tag wie eine Glucke beaufsichtigt, sondern es auch anderen Betreuungspersonen zutraut, verantwortungsvoll mit ihren Kindern umzugehen, oder von den Kindern altersentsprechend mehr Selbständigkeit einfordert. Wenn keine freie Zeit vorhanden ist, entsteht auch kaum Raum für spontane sexuelle Betätigung, der benötigt wird, um Sex zu einer Freude und nicht zu einem Zwang werden zu lassen. Durch die Entsagung der Frau wird der Mann dann notgedrungen zu einem sexuellen Dränger – auch wenn er an sich gar kein übersteigertes sexuelles Bedürfnis hat und seine Triebe mühelos regulieren kann.

Auch das Vorschieben anderer Gründe wie zu viel Stress auf der Arbeit, eine langwierige Erkrankung (z. B. ständige Beckenschmerzen) oder anstehende Termine und Verpflichtungen, um den Mann von sexuellen Annäherungen abzuhalten, kann keine dauerhafte Lösung sein. Die Frau wird sich nicht ewig vor Sex drücken können und im Grunde sehnt sie sich auch nach körperlicher Nähe und Zärtlichkeit. Deshalb sollte sie sich auch mit daran beteiligen, Bedingungen zu schaffen, die Sex ermöglichen. Denn sie erwartet ja auch vom Mann, dass er entsprechende Voraussetzungen schafft, unter denen sie sich wohlfühlen und auf ihn einlassen kann. So elementare Bestandteile einer Beziehung wie Sex können nicht einfach unter den Teppich gekehrt werden. Der Unrat, von dem man sich befreien will, taucht irgendwann wieder auf.

Authentizität wagen und das Gespräch suchen

Durch Verleugnen, Abwehren oder passiv-aggressives Verhalten wird die Frau dem Problem nicht beikommen können, auch wenn sie dadurch kurzfristig einen Vorteil erzielt. Auf lange Sicht wird der Stress aber noch größer. Es ist keine Lösung, den Mann auf Abstand zu halten und sich hinter Ausreden oder einer Rolle zu verschanzen in der Hoffnung, dass der Kelch an einen vorübergeht oder der Mann von selbst erkennt, was er ändern muss. Das Problem muss angesprochen und klar benannt werden, um es zu klären. Die Frau sollte beginnen, ihrem Partner selbstbewusst gegenüberzutreten und ihre Einstellung, Bedürfnisse und Sehnsüchte mitzuteilen – denn woher soll der Mann wissen, was sie sich wünscht und was er noch nicht entdeckt hat? Will man die Qualität der Beziehung und das Sexualleben auf ein anderes Niveau bringen, dann hilft nur ein respektvoller Austausch in Form eines vertrauensvollen Dialogs und die ehrliche Offenlegung der eigenen, authentischen Bedürfnisse und Vorstellungen.

Frauen fällt es oft schwer, sich aus alten Mustern und Prägungen, aus partnerschaftlichen und familiären Zwängen zu befreien. Es braucht Mut, sich davon zu lösen und der inneren Wahrheit zu folgen. Leider wird Frauen schon seit Jahrhunderten suggeriert, sie seien auf den Schutz des Mannes angewiesen und kämen allein nicht zurecht. Das mag früher einmal so gewesen sein, als der Mann als Ernährer und Beschützer vor Bedrohungen wichtig war, aber mit der heutigen Realität hat dieses Klischee nichts mehr zu tun. Eine Frau, die glaubt, ohne die Kraft und den Schutz eines Mannes nicht überleben zu können, begibt sich in eine Abhängigkeit, die ihre Autonomie und Würde untergräbt.

Authentisch sein heißt nicht, so zu sein, wie andere einen haben wollen, sondern selbstbewusst das zu leben, was im Innersten des Menschen steckt und von dort herausfließen will. Ein authentischer Mensch schöpft aus sich selbst, kennt seine Werte und Bedürfnisse, weiß um seine Stärken und Schwächen und bildet sich eine eigene Meinung. Er steht zu seiner inneren Wahrheit und vertritt sie nach außen, ohne sich von der Meinung oder dem Urteil anderer beirren zu lassen. Das bedeutet nicht, dass sich seine Werte und

Überzeugungen nicht auch ändern können und er nicht aus Erfahrungen lernt. Aber er prüft eine Anpassung seiner Einstellung sehr genau und wird sie nur dann vornehmen und in sein Selbstkonzept integrieren, wenn sie wirklich mit seinem innersten Gefühl übereinstimmt und seine Grundwerte dadurch nicht verletzt werden. Ein authentischer Mensch lässt sich nichts von außen einreden oder aufzwingen, er unterliegt keinen Beeinflussungen und Verlockungen und tut nichts für andere, wenn er sich dabei nicht wohlfühlt, Schaden nehmen könnte oder sich selbst verrät.

In Beziehungen kommt es oft unbemerkt zu einem Verlust an Authentizität, weil man sich immer mehr dem Partner anpasst und sich nach seinem Willen ausrichtet aus Angst, von ihm verlassen zu werden. Aus diesem Grund neigt die Frau häufig dazu, sich dem Partner gegenüber nachgiebig und gehorsam zu zeigen und auf dessen Wünsche und Forderungen einzugehen – selbst dann, wenn sie es eigentlich gar nicht will. Doch werden die Bedürfnisse des Partners über die eigenen gestellt, der Partner wird wichtiger als man selbst. Dies führt zwar auf der einen Seite dazu, dass der Mann zufrieden ist und sich in der Beziehung sicher fühlt, weil ihm alles erfüllt und gestattet wird, auf der anderen Seite verliert er aber zunehmend den Respekt vor der Frau, weil diese ja alles bedingungslos akzeptiert und ihm keine Grenzen setzt. Auf diese Weise werden seine Wünsche und Ansprüche mit der Zeit immer maßloser, er gibt sich keine Mühe mehr, freundlich auf seine Partnerin zuzugehen, und sieht es als unnötig an, sie für ihr Verhalten zu loben oder sich bei ihr zu bedanken. Alles wird für ihn zur Selbstverständlichkeit – und mehr noch: Wenn es nicht so läuft, wie er es sich vorstellt, erntet die Frau sofort Kritik und wird noch beleidigt. Ihre Nachgiebigkeit führt somit dazu, dass sie von dem Mann immer schlechter und unwürdiger behandelt wird. Er nimmt sich alle Freiheiten heraus, weil er keinen oder kaum Widerstand erfährt und keine unangenehmen Reaktionen seiner Partnerin befürchten muss. Er lernt durch ihre bedingungslose Zustimmung, dass er sich nie so unmanierlich verhalten kann, als dass sie ihm am Ende nicht verzeihen würde.

So bekommt die Frau aufgrund ihrer Nachgiebigkeit immer weniger liebevolle Aufmerksamkeit und Wertschätzung, obwohl dies genau die Werte sind, die sie sich so sehr wünscht und braucht – und die dann nicht nur im Beziehungsleben, sondern auch beim Sex fehlen. Der Mann macht im Bett mir ihr, was er will, er stellt sich nicht auf ihre Bedürfnisse ein und sie wagt auch keine Versuche, die den Mann verärgern könnten. Der Gehorsam, den der Mann von der Frau einfordert, führt aber gerade dazu, dass es dem Mann irgendwann zu langweilig wird, weil er ja widerstandslos alles bekommt, was er verlangt – wie ein kleines Kind, das jeden Tag seinen Schokopudding zum Nachtisch erhält und mit der Zeit den Appetit darauf verliert. Der Pudding ist nichts Besonderes mehr, es fehlt die Abwechslung. Nicht selten schaut sich der Mann dann nach Abenteuern um, um wieder einen Kick zu erleben. Der Sex mit der Frau ist zu vorhersehbar, zu routiniert, zu grau und alltäglich. Dann besteht die Gefahr, dass sich der Mann neu verliebt und die Frau durch ihr devotes Verhalten genau das erreicht, was sie damit eigentlich vermeiden wollte: Der Mann verlässt sie.

Sich zu verstellen, um einem anderen zu gefallen und damit der Angst zu entgehen, ihn verlieren zu können und allein zu sein, führt genau diesen beängstigenden Zustand herbei. Die Frau gewinnt nichts, wenn sie sich dem Mann unterwirft und ihre Persönlichkeit aus Liebe zum Mann verbiegt. Das, was sie wirklich ist, verbirgt sie vor ihrem Partner, um ihm nichts zuzumuten, was ihn verscheuchen könnte. Daher bemüht sie sich beinahe zwanghaft um Gleichklang in der Beziehung und macht sich von der Meinung und den Wünschen ihres Partners abhängig, statt nach Differenzierung und Authentizität zu streben, was eine Beziehung erst spannend und abwechslungsreich – sprich lebendig – macht. Sie will kein Risiko eingehen, um damit möglicherweise die Beziehung zu gefährden. Am Ende führt dieses Verhalten allerdings dazu, dass sie nicht mehr sie selbst ist und daher immer ein Gefühl des Unerfülltseins mit sich herumträgt. Die Frau ist unehrlich – sich selbst und dem Mann gegenüber –, weil sie glaubt, damit die Beziehung zu erhalten, ohne zu merken, dass Lügen nichts mit Liebe zu tun haben und per se die Beziehung gefährden.

Auf das Sexualverhalten bezogen bedeutet dies, dass die Frau mehr auf ihre eigenen Wünsche und Bedürfnisse achten sollte. Sie sollte sich ihren eigenen Gefühlen hingeben und sich weniger darum sorgen, wie sie es dem Mann recht machen kann, damit er glücklich ist. Dies bedeutet nicht, dass sie sich egoistisch und rücksichtslos allein um die Befriedigung ihrer Bedürfnisse kümmern soll und den Partner gar nicht beachtet. Die Frau sollte nicht ihrerseits den Körper und die Geschlechtskraft des Mannes missbrauchen, sondern sie sollte sich von dem abgrenzen, was ihr nicht gefällt und guttut, und dabei von dem Mann nichts verlangen, was ihm wiederum nicht gefällt oder guttut. Sie sollte darauf achten, nicht zu kurz zu kommen, ohne allerdings den Mann ihrerseits zu unterdrücken.

Die Frau sollte mutig die Initiative ergreifen, um selbst herauszubekommen, was sie erregt. Sie kommt nicht umher, aktiv dazu beizutragen, dass der Sex für beide zu einem schönen Erlebnis wird – entweder indem sie mit dem Mann darüber spricht, wie sie es gern hätte, oder indem sie während des Sex selbstbestimmt und kreativ wird und nur die Positionen eingeht oder ausprobiert, die auch ihr behagen. Wenn sie nur daliegt und darauf wartet, dass etwas Gutes geschieht und der Mann schon weiß, was ihr gefällt, wird sie wohl ewig warten. Sie muss sich aktiv einbringen, denn der Mann könnte zu lange dafür brauchen herauszufinden, was ihr gefällt – und in der Zwischenzeit kann der Frau die Lust schon vergangen sein. Sich für die eigene Sexualität verantwortlich zu fühlen und nicht alles dem Mann zu überlassen, sondern das Gefühl zu erlangen, Herr über den eigenen Körper und ein autonomes Geschöpf zu sein, das sich nicht von dem Sexualverhalten des Mannes abhängig macht, zeugt von freiem und selbstbestimmtem Handeln.

Wenn die Frau beginnt, selbstbestimmter zu werden und sich mehr um ihre Bedürfnisse zu kümmern, ohne dabei egoistisch zu werden, hat dies natürlich einen Einfluss auf den Mann. Das veränderte Verhalten der Frau wird ihn zu einer Anpassung zwingen, was ihm in den meisten Fällen nicht auf Anhieb gefallen wird. Vermutlich wird er auf unterschiedlichsten Wegen Widerstand leisten und die alten, vertrauten Verhältnisse wiederherstellen wollen. Doch wenn die Frau standfest bleibt, weil sie ihrer inneren Wahrheit folgt, wird dem Mann nichts anderes übrigbleiben, als sich auch zu ändern, will er die Beziehung aufrechterhalten. Die Frau hat somit einen weitaus größeren Einfluss auf das Verhalten ihres Partners, wenn sie bei sich selbst ansetzt und ihre eigene Einstellung verändert, als bei dem Versuch, den Mann und seine Einstellung zu ändern. Wenn die Frau fest entschlossen ist, für ihre Rechte und Bedürfnisse einzustehen, und auch nicht viel Spielraum zuzugestehen bereit ist, der Mann jedoch ihre Vorstellungen nicht akzeptieren will, ist es natürlich möglich, dass sie vor eine Entscheidung gestellt wird: Bleibe ich in der Beziehung und gebe ich mich auf oder gehe ich und gebe den Partner auf?

Die drei großen A der Frau

Genau wie beim Mann können auch der Frau »drei große A« als Hilfe an die Hand gegeben werden, der sexuellen Übergriffigkeit ihres Partners zu begegnen: Authentizität, Abgrenzung und Annäherung. Wenn sie keinen Sex möchte und sich von ihrem Partner genötigt fühlt, dann sollte sie den Versuch eines Übergriffs abwehren und ein klares NEIN äußern. Sie sollte nichts tun, was sie nicht will. Doch oft ist es gar nicht so leicht, ein klares NEIN über die Lippen zu bekommen, wenn die Frau nie gelernt hat, die Unzufriedenheit eines anderen aufgrund ihrer Ablehnung auszuhalten. Daher wäre es empfehlenswert, wenn die Frau das Nein-Sagen zunächst in Situationen trainiert, in denen sie in der Vergangenheit auch zu selten NEIN gesagt hat, die aber für sie weniger bedrohlich sind als die Absage ihrem Partner gegenüber. Auch kann sie sich Situationen ausdenken oder sich an reale Vorfälle in der Vergangenheit erinnern, in denen sie hätte NEIN sagen sollen, und sich in ihrer Fantasie vorstellen, was sie nun tun würde, welche Worte sie wählen und wie sich dies für sie anfühlen würde, um dann in realen Situationen auf diese Erfahrung zurückzugreifen. Sie sollte ihren Mut schon im Vorfeld trainieren und vielleicht auch häufiger einmal NEIN bei Angelegenheiten sagen, die ihr eigentlich nicht so wichtig sind. Der Organismus muss auf diese Verhaltensvariante konditioniert werden, damit im Fall einer sexuellen Belästigung das NEIN nicht mehr ganz so schwer über die Lippen kommt und aufkommende Schuldgefühle leichter ausgehalten werden können.

Zudem sollte die Frau hinterfragen, welche Ängste oder Motive dahinterstecken, wenn sie nicht einvernehmlichen Sex mit dem Mann eingeht. Sie sollte sich der tieferen Gründe ihrer Nachgiebigkeit bewusstwerden. Gleichzeitig sollte sie sich ihre unangemessenen Abwehrreaktionen vergegenwärtigen sowie die daraus resultierenden Konsequenzen für ihr Sexual- und Beziehungsleben, wenn sie dem Partner Sex ständig verweigert. Erst wenn die Frau erkennt, dass sie mit Sex, den sie gar nicht will, einen Zweck verfolgt, der mit seinem natürlichen Zweck nichts zu tun hat, kann sie sich entschieden abgrenzen und Nein sagen. Sex sollte der beiderseitigen Freude dienen und nicht aus Schuld-, Pflicht- oder Angstgefühlen heraus eingegangen werden. Die Frau sollte die Ursachen für diese Gefühle ergründen, damit sie nicht länger Unterwürfigkeit zur Folge haben.

Im nächsten Schritt sollte sie sich ihre wahren Gefühle und Bedürfnisse vergegenwärtigen und herausfinden, was sie wirklich möchte und wonach sie verlangt. Was hindert sie daran, so zu sein, wie sie ist, und so zu fühlen und zu leben, wie sie möchte? Und was kann sie dafür tun, diese Freiheit zu erlangen? Sie sollte an ihren seelischen Konflikten arbeiten, die sie dazu bringen, ungewollten Sex einzugehen oder Sex zu meiden und sich jeglichen sexuellen Genuss zu verbieten. Sie sollte einen klaren Blick für ihre Ängste und die damit zusammenhängenden Vermeidungsstrategien und Abhängigkeiten bekommen und erkennen, dass sie sich dadurch selbst verliert und nicht mehr der Mensch ist, der sie im Kern ihres Wesens eigentlich ist. Ihre Aufgabe ist es, ihren authentischen Kern zu finden und zu ihren Bedürfnissen und Werten zu stehen.

Wenn sich die Frau darüber im Klaren geworden ist, was für sie richtig ist, und zu der Einsicht gelangt, in ihrem Leben etwas ändern zu wollen, dann sollte sie mit ihrem Partner darüber reden. Sie sollte klar und unmissverständlich für die eigenen, berechtigten Ansprüche einstehen – allerdings auf eine freundliche Art und Weise. Sie sollte den Mann nicht meiden, ihn nicht beschimpfen oder verfluchen, sondern mit ihm in einen verständnisvollen Dialog eintreten. Die Frau sollte dem Mann klarmachen, dass sie genauso gerne Sex haben möchte wie er, sich aber eine andere Vorgehensweise wünscht. Außerdem sollte in diesem Gespräch geklärt werden, was hinter der aggressiven Forderung des Mannes nach Sex und der hartnäckigen Verweigerung der Frau steckt und wie diese Verhaltensweisen aus der Beziehung entfernt werden können.

Die Frau sollte grundsätzlich ihre Bereitschaft signalisieren und aktiv daran mitwirken, dass sowohl die eigenen Bedürfnisse als auch die des Mannes beim Sex berücksichtigt werden. Es geht bei diesem Prozess um eine Annäherung, in der die unterschiedlichen Bedürfnisse abgestimmt und sowohl in den Sex als auch in die gesamte Beziehung integriert werden. Je klarer die Bedürfnisse und Ängste erkannt werden, die hinter bestimmten Verhaltensmustern stecken, desto leichter findet man in der Regel Übereinstimmungen und merkt, dass man zwar nach außen unterschiedlich agiert und sich zuweilen missverständlich ausdrückt, sich in Wahrheit aber genau dasselbe wünscht wie der Partner. Notfalls kann für diesen Klärungsprozess auch therapeutische Hilfe hinzugezogen werden, um die Beziehungskompetenz auf beiden Seiten zu verbessern.

Zur Abgrenzung gehört allerdings auch, sich vor einer möglichen Gewaltanwendung des Mannes zu schützen. Wenn dieser nicht zu einem partnerschaftlichen Dialog bereit ist und sich nicht mit den tieferliegenden Ursachen auseinandersetzen möchte – oder gar keine Notwendigkeit sieht, an dem Sexualleben etwas zu ändern, und sein Verhalten auch nicht als übergriffig ansieht –, könnte er versucht sein, die Frau wieder mit psychischer oder körperlicher Gewalt dazu zu zwingen, mit ihm intim zu werden. In diesem Fall bleibt der Frau nichts anderes übrig, als sich von dem Mann zu distanzieren – zumindest so lange, bis er Einsicht zeigt und bereit ist, gemeinsam mit der Frau an dem Problem zu arbeiten. Der Mann muss lernen, dass er seinen Willen nicht mehr mit Gewalt und Einschüchterung durchsetzen kann.

Was müssen beide ändern, um sich anzunähern?

Am Ende führt sowohl das Verhalten der Frau als auch das des Mannes genau zum Gegenteil von dem, was sie mit ihrer Absicht erreichen wollen: Die Frau verliert durch ihre Nachgiebigkeit und die Aufweichung ihrer Grenzen die Achtung des Mannes und der Mann verliert durch sein Dominanzverhalten und seine mangelnde

Empathie die Achtung der Frau. In sexueller Hinsicht bedeutet dies, dass die Frau keinen Spaß mehr am Sex hat, weil der Mann keine Rücksicht auf sie nimmt, und der Mann folglich zum Sex drängen muss, weil sich die Frau ständig verweigert. Auf diese Weise demütigen sich beide fortlaufend in der Beziehung und halten eigensinnig an ihren Verhaltensweisen fest, um entweder ihre Bedürfnisse erfüllt zu bekommen oder sich vor emotionalen Verletzungen zu schützen.

Um diese verfahrene Situation zu ändern, kommt niemand der beiden daran vorbei, die eigenen unbewussten Verhaltensmuster zu erkennen und sich vor Augen zu führen, wie sehr er den anderen damit verletzt und die Beziehung belastet. Er muss sich eingestehen, dass er mit seinem Verhalten und seinen Reaktionen zum Teil des Problems wird und dass es nicht nur an dem anderen liegt, wenn dieser nicht das tut, was er selbst gerne möchte. Gespräch und Annäherung sind die einzigen Möglichkeiten, das Problem zu lösen und das Sexualleben zu verbessern.

Jeder muss zunächst an seinen eigenen Baustellen arbeiten und sich bewusstwerden, warum er etwas tut und verlangt und welche Bedürfnisse oder Ängste dahinterstecken. Eine Grundvoraussetzung für eine stabile und glückliche Beziehung ist, dass jeder Partner sich für sein eigenes Handeln und Fühlen selbst verantwortlich fühlt und bereit ist, sich mit sich selbst auseinanderzusetzen, statt die Schuld und Verantwortung auf den Partner abzuwälzen. Er muss sich von der Opferrolle lösen und seine eigenen Konflikte aufarbeiten. Der Schwerpunkt wird so auf die Selbstbeobachtung und Selbstkontrolle verlagert, statt sich einseitig auf die Beobachtung und Kontrolle des Partners zu beschränken in der Hoffnung, damit die eigenen Ängste regulieren zu können und seine Bedürfnisse erfüllt zu bekommen. Es geht darum, mehr auf sich selbst und die eigenen Defizite zu schauen als nur auf die des anderen.

10. Was ist liebevoller Sex?

Zwischen Mann und Frau soll vor allem enge seelische Gemeinschaft bestehen. Ist die Verbindung allein körperlicher Art, wird sie eine Quelle der Unzufriedenheit auf beiden Seiten sein.

– Jean Paul –

Beim liebevollen Sex steht das Gefühl von tiefer Verbundenheit, inniger Zuneigung und echtem Interesse an dem Partner im Vordergrund des Geschehens. Man möchte dem Partner nahe sein, seine Gefühle und Sehnsüchte teilen, ihn spüren und halten. Das körperliche Interesse und der Wunsch nach sexuellem Verkehr treten hinter das seelische Interesse und den Wunsch nach emotionaler Geborgenheit zurück: Das gegenseitige Verstehen-Wollen, Füreinander-da-Sein, Beschützen, Stärken und Umsorgen sind hier der Antrieb für die körperliche Vereinigung. Alles Fühlen, Denken und Handeln ist von einem fürsorglichen und hingebungsvollen Miteinander geprägt und kann, wenn sich die gegenseitige Anziehung durch den liebevollen Austausch zunehmend verstärkt und von körperlichen Zärtlichkeiten begleitet wird, in sexuelle Aktivitäten übergehen. Die Nähe zum Partner kann ein starkes Gefühl der Leidenschaft und körperlichen Begierde erzeugen, das aber immer einem Gefühl intensivster seelischer Verbundenheit entspringt. Nicht ein ungezügelter Trieb oder eine starre Fixierung auf körperliche Reize führt zum Geschlechtsverkehr, sondern die Sehnsucht nach der emotionalen Nähe zum Partner und der Wunsch nach seelischem Eins-Werden. Aus dieser Stimmung heraus wächst die Freude am Miteinander und das Bedürfnis nach zärtlichen Berührungen, woraufhin die erogenen Zonen zunehmend nach Stimulation verlangen, bis die wachsende Erregung schließlich in die körperliche Verschmelzung übergeht und in einer Ekstase mündet. Letztlich ist es aber unerheblich, ob es bei dieser Form seliger Vereinigung zu einem Orgasmus oder überhaupt zum vaginalen Verkehr kommt. Allein das alles überlagernde Gefühl von inniger Nähe,

Vertrauen und Zusammengehörigkeit reicht aus, um höchstes Glück zu empfinden.

Wenn zwischen den Partnern grundsätzlich ein Gefühl der Verbundenheit vorhanden ist, sie sich aber während des Intimverkehrs zu sehr mit sich selbst beschäftigen, bricht die emotionale Verbindung ab und man konzentriert sich überwiegend auf die eigenen Empfindungen. Auch wenn man seine Aufmerksamkeit hauptsächlich auf den Körper des Partners richtet, in Gedanken abschweift und sich in Überlegungen, Erinnerungen oder Schwärmereien verliert, zu sehr darauf bedacht ist, eine gute Leistung abzuliefern, oder besorgt darauf achtet, nicht die Kontrolle zu verlieren, ist man emotional nicht mehr mit seinem Partner verbunden. Man verliert sich in der eigenen Gedanken- und Gefühlswelt und nimmt seinen Partner nur noch schemenhaft wahr. Sobald das Denken einsetzt, treten Wünsche, Ängste und Erwartungen in den Vordergrund. Man konzentriert sich auf die Technik und denkt darüber nach, wie man selbst etwas tun sollte, was der Partner tun sollte, wie es sich anfühlt, wie es sich besser anfühlen könnte, wie es sich für den Partner anfühlt und ob es ihm gefällt. Das analysierende Denken während des sexuellen Aktes erzeugt einen Leistungs- und Erwartungsdruck. Die inneren Bilder führen dazu, dass man zu stark mit sich selbst beschäftigt ist und sich innerlich von dem Partner entfernt. Man lässt sich nicht mehr von seinem Sinnen leiten, sondern will den sexuellen Akt zu seinen Gunsten steuern und beeinflussen: Es soll schön sein, man will nicht versagen und den anderen nicht enttäuschen, aber gleichzeitig ein körperliches Hochgefühl erleben – oder man spaltet sich innerlich ab, weil man den Sex gar nicht will, und kämpft die ganze Zeit gegen den inneren Widerstand an. Dieser innere Druck führt dazu, dass der Partner der eigenen Wahrnehmung entrückt, obwohl er gar nicht näher sein könnte. Doch lässt man ihn seelisch nicht an sich heran, man fühlt nicht, was er fühlt, sondern schneidet ihn ab und verschanzt sich in seiner eigenen Welt.

Seelische Verbundenheit besteht nur, wenn man beim Sex mit seinen Sinnen ganz bei dem anderen ist, wenn man ihn wahrnimmt, spürt, riecht, schmeckt, fühlt und erlebt – und sonst nichts weiter im Inneren abläuft: keine Ängste, keine Zwänge, keine Gedanken und keine Wünsche – nichts. Man ist einfach nur mit dem anderen zusammen und fühlt ihn, denkt aber nichts dabei und kontrolliert oder hinterfragt auch nichts. Sex wird umso schöner und intensiver, je weniger er innerpsychischem Druck und inneren Konflikten ausgesetzt ist. Wenn die Sinne nicht mehr durch Ängste, Zweifel, Schuldgefühle, Vorurteile und sonstige Gedanken getrübt werden, ist man ganz bei sich und seinem Partner. Man spürt besser, was man selbst braucht, und auch, wonach der Partner verlangt. Da man frei von seelischen Belastungen ist, kann man sich dem Partner hingeben und unbefangen auf Sex einlassen. Man will mit Sex nichts erreichen, hat keine Erwartungen, folgt keiner Idealvorstellung und will auch keine Probleme damit lösen oder überdecken. Sex wird ausschließlich aus einem intuitiven Wunsch nach beiderseitiger Freude eingegangen. Man ist entspannt, heiter und unbestimmt im Handeln: Alles ist möglich, aber nichts muss geschehen. Auf diese Weise wird Sexualität zum Ausdruck von Liebe und nicht nur zur eigensüchtigen körperlichen Befriedigung oder zur Selbstbestätigung benutzt.

Wie bleibt das Gefühl von Verbundenheit beim Sex erhalten?

Wenn man sich einseitig auf die erotischen Reize des anderen konzentriert (Brüste, Po, Mund, Augen), entfernt man sich emotional von seinem Partner. Man sieht den Körper des Partners zwar und spürt ihn intensiv, die eigene Erregung überlagert aber das Empfinden für den Partner. Erschwert wird dies zusätzlich, wenn man die eigenen Wünsche und Erwartungen in den Partner hineinprojiziert und etwas in ihm sieht oder sehen will, was gar nicht da ist. Dann nimmt man ihn wie durch einen Filter wahr. Liebevoller Sex kann aber nur entstehen, wenn man dem Partner nah ist, ihn in seiner ganzen Persönlichkeit und Individualität sieht und akzeptiert, aus dessen Gefühlsäußerungen sein inneres Befinden und seine Wünsche ablesen kann und sich daran orientiert.

Guter Sex wird häufig auf die Frage der richtigen Technik reduziert, statt dem Aspekt der emotionalen Nähe mehr Beachtung zu schenken. Dabei ist die Technik meist gar nicht so wichtig, wenn man gelernt hat, sich emotional wirklich nahe zu sein. Technik allein – und sei sie noch so ausgefeilt – kann kein Gefühl tiefer Verbundenheit und Zuneigung erzeugen. Im Gegenteil: Das einseitige Feilen an einer perfekten Technik und die permanente Optimierung der eigenen Leistung erschweren einen innigen Kontakt zum Partner. Es geht dann in erster Linie darum, mit einer gut einstudierten Technik eine positive Wirkung hinsichtlich der eigenen Erregung oder derjenigen des Partners zu erzielen, und weniger darum, emotionale Nähe herzustellen. Es geht darum, eine gute Leistung zu erbringen und dem anderen zu gefallen. Zweifellos kann eine perfekte Technik beeindrucken, sie trägt aber nichts zum Aufbau von emotionaler Nähe und Verbundenheit bei. Häufig wird die angewandte Technik auch zu einem Streitpunkt zwischen den Partnern, worunter die seelische Verbundenheit allemal leidet.

Auch das gegenseitige Aufklären über sexuelle Bedürfnisse, Wünsche und Fantasien wird oft als Erfolgsrezept für guten Sex angesehen. Ein enger Dialog ist sicherlich hilfreich und kann dazu beitragen, das Sexualleben zu verbessern, er birgt allerdings auch Gefahren: Er kann die Spontanität und das Entstehen von Lust während des sexuellen Spiels unterbinden. Wenn man sich gegenseitig von seinen Wünschen und Vorstellungen berichtet, erzeugt dies unterschwellig eine gewisse Erwartungshaltung: Man hofft, dass der Partner auf die Wünsche eingehen und diese zur Zufriedenheit erfüllen wird. Dies könnte allerdings beim Partner die Angst auslösen, den Vorstellungen des anderen nicht gerecht zu werden, weshalb er sich entweder beim Sex zu sehr anstrengt und darauf achtet, nur nichts falsch zu machen, oder sogar demotiviert ist, weil er sich überfordert fühlt oder glaubt, etwas tun zu müssen, woran er keine rechte Freude hat. Es besteht die Gefahr, dass er durch die Wunschäußerungen seines Partners von seinen spontanen Neigungen abgebracht wird und sich aufgrund der Fremdbeeinflussung gehemmt fühlt.

Hinzu kommt, dass der Partner enttäuscht sein könnte, selbst wenn sich der andere die größte Mühe gibt, auf seine Wünsche einzugehen, weil die Wunscherfüllung nicht der Vorstellung entspricht.

Entweder greift er dann korrigierend ein und riskiert, seinen Partner damit zu verletzen, oder er lässt es geschehen, sagt nichts, fühlt sich unwohl und ist entmutigt. Der eine könnte sich zurückgesetzt und herumkommandiert fühlen, der andere könnte sich falsch verstanden und betrogen fühlen. Das bedeutet, dass das Äußern der eigenen Wünsche nicht automatisch zu besserem Sex führen muss.

Wenn man sich zu viel über die gegenseitigen Wünsche und Vorstellungen aufklären muss, weil es scheinbar nicht anders geht, entsteht ein gewisser Druck. Das kann dazu führen, dass sich der Sex zwar durch die Absprachen verbessert, auf Dauer aber eintönig und langweilig wird, weil jeder den anderen befriedigen will und sich daher strikt an dessen Vorgaben hält: Es wird nicht mehr experimentiert und damit Spannung und Abwechslung erzeugt, und irgendwann wird auch nicht mehr überprüft, ob der Partner mit der Verwöhnung wirklich zufrieden ist. Man macht nur noch das, was besprochen und festgelegt wurde. Da sich aber bei jeder sexuellen Begegnung die Stimmungen und Vorlieben ändern können, muss nicht unbedingt das gefallen, was gestern noch Spaß machte. Beim nächsten Mal kann das zuvor noch Erwünschte auf einmal die Lust verderben, genau wie das, was beim letzten Mal nicht erwünscht war, dieses Mal zum Wunsch wird. Daher sind das Einlassen, Ausprobieren und behutsame Vortasten so wichtig und sollten in freier Neigung und Betätigung ablaufen, ohne viele Worte darüber zu verlieren.

Wenn die Bedürfnisse und unterschiedlichen Vorstellungen nicht optimal zueinander passen, werden zuweilen auch Kompromisse ausgehandelt, damit beide beim Sex auf ihre Kosten kommen – ganz nach dem Motto: »*Wenn du etwas für mich tust, dann tue ich auch etwas für dich!*« Die gegenseitigen Wünsche werden dann abwechselnd erfüllt – erst kommt der eine, dann der andere an die Reihe –, unabhängig davon, ob es einem selbst gefällt, was man für den anderen tut. Der eine tut dem anderen einen Gefallen, erfüllt seine Pflicht und wartet, bis er an der Reihe ist. Diese Art von geordnetem Sex besteht aus dem permanenten Ausgleich einer wechselseitigen Schuld. Es liegt auf der Hand, dass diese Form von sexueller Befriedigung das Gefühl der Verbundenheit unterbricht, da man nicht zeitgleich Freude erlebt: Der eine muss zurückstehen, der andere lässt sich verwöhnen.

Jeder verbale Austausch, jede Äußerung von Vorlieben – vor allem, wenn sie den Unterton eines Befehls trägt – kann die Romantik töten. Man erwartet, dass der andere genau das tut, was man sich von ihm wünscht, oder man den anderen vollkommen befriedigt, weil man das für ihn tut, was er erwartet. Natürlich kann man auf die Wünsche des anderen eingehen, doch sollte man es nur tun, wenn man es selbst will und sich dabei wohlfühlt. Der andere wiederum sollte nach einer Wunschäußerung nicht erwarten, dass sich seine Fantasie unmittelbar erfüllt. Daher sollte er sie auch als Empfehlung, als eine Orientierungshilfe, nicht aber als Bedingung äußern.

Gespräche über sexuelle Wünsche und die Verbesserung der Technik können zwar kurzfristig zur Steigerung des Lustempfindens beitragen – vielleicht sogar das Sexualleben überhaupt erst in Gang bringen –, langfristig lösen sie aber das Problem der mangelnden seelischen Verbundenheit nicht. Sexuelle Techniken können Gefühle wie Zuneigung und Anteilnahme, Vertrauen und Hingabe, Sehnsucht und Liebe nicht erzeugen. Sie können Lustgefühle erzeugen, berühren aber nicht das Herz des Partners. Gehen tiefere Gefühle für den Partner irgendwann verloren, kann auch mit einer veränderten Technik die Lust nicht zurückgebracht werden.

Sex kann natürlich rein mechanisch abgewickelt werden und für beide Partner durchaus ein Hochgenuss sein. Er ist dann für beide nichts weiter als ein Vergnügen, bei dem sie durch die körperliche Stimulierung eine heftige Ekstase erleben. Liebe und tiefe Verbundenheit müssen dabei nicht unbedingt im Spiel sein. Oft ist das sexuelle Beisammensein sogar der kleinste oder gar letzte gemeinsame Nenner, der die Beziehung noch zusammenhält. Weil beim Sex eine meisterliche Technik angewendet wird, erscheint die Beziehung lohnenswert oder unverzichtbar. Dann ist man abhängig geworden von den Glücksgefühlen, die beim Sex entstehen, und glaubt, ohne sie nicht mehr leben zu können – auch wenn es sonst keine weiteren Gemeinsamkeiten oder Vorteile in der Beziehung gibt.

Die gefühlsmäßige Verbindung ist unabhängig von der Stimulierung erogener Zonen. Wenn Sex nur als Funktion begriffen wird, die einen bestimmten Nutzen stiften soll, geht das tiefere Gefühl für die Person, mit der man intim ist, verloren. Sex gleicht dann eher einer Jagd nach ekstatischen Gefühlen, anstatt sich Zeit zu nehmen, sich aufeinander einzustimmen und den Sex einfach »geschehen zu lassen«. Technisches Rüstzeug und eine operative Maßnahmenplanung können zwar zu einer starken körperlichen Stimulierung führen, sie allein führen aber nicht dazu, dass man sich während des Sex auch auf der seelischen Ebene begegnet. Liebevoller Sex macht sich von all dem frei, er folgt keinen Regeln, keiner Logik und auch keiner Vorschrift. Zwar braucht es auch für liebevollen Sex ein gewisses Handwerkszeug, dieses wird aber nicht zielgerichtet eingesetzt. Im Vordergrund stehen die Liebe und die tiefe Anteilnahme am Partner, die sich nur aufbauen können, wenn man offen und unbestimmt ist, sich einlässt und schaut, wohin es führt, wenn man sich seiner freien Neigung hingibt und von seinen Ängsten und Erwartungen löst. Daher kann Sex auch dann als wunderschön empfunden werden, wenn weniger Erfahrung und Know-how vorhanden sind und man sich nicht so genau mit erogener Stimulation auskennt. Wenn Sex in einem liebevollen, innigen und intimen Kontext abläuft, kann er sich erfüllender anfühlen als auf der körperlichen Ebene, wenn eine größte Erregung erzeugt wird, das Herz aber abgeschaltet bleibt.

Sex mit allen Sinnen erleben

Seelische Verbundenheit entsteht, wenn man füreinander empfindet, wenn man spürt, was im anderen vorgeht, und wenn man wahrnimmt, was der andere braucht. Das Ego tritt zurück und das Mitgefühl und die Sorge um den anderen stehen im Mittelpunkt. Diese Form der seelischen Verbundenheit kann man am besten von anderen Gefühlen unterscheiden lernen, indem man die Augen schließt, so dass man den Körper des anderen nicht mehr vor sich sieht, und sich eine seiner charakteristischen Ausdrucksweisen vorstellt (z. B. seine Stimme, seine Wortwahl, seine Meinung oder sein Verhalten) und dabei ein unglaublich starkes, alles erfüllendes Gefühl für ihn empfindet. Der Wunsch, den Körper des anderen zu berühren, erfolgt dann nicht aus Begierde, sondern als Ausdruck von Zuneigung und Verbundenheit.

Statt über ein aufklärendes Gespräch oder das Einstudieren von geeigneten Techniken sollten über gegenseitige zärtliche Berührungen und die nachfolgende Reaktion des Partners dessen Lust und Vorlieben entdeckt werden. Der Körper und die Augen des Partners können nicht lügen und zeigen es, wenn wirklich angenehme oder erregende Punkte getroffen werden. Der Ausdruck des anderen dient somit als Wegweiser für das eigene Vorantasten: Man probiert und beobachtet, korrigiert sich selbst infolge erhöhter Achtsamkeit und bildet darüber seine Fertigkeiten aus. Man lernt auf diese Weise nichts über Sex im Allgemeinen, sondern über Sex mit dem einen, speziellen Partner. Sex wird auf diese Weise individuell und immer wieder aufs Neue zu einem einzigartigen Erlebnis.

Die Voraussetzung für intuitiven Sex, der allein über die Empfindung und nicht über zielführende Gespräche und Absprachen gesteuert wird, sind ein intaktes Selbstgefühl und Empathie. Um die eigenen authentischen Bedürfnisse zu spüren und sich nicht von gesellschaftlichen Normen, Fantasiebildern und Angst- oder Schuldgefühlen beeinflussen zu lassen, braucht es einen gesunden Zugang zur eigenen Gefühlswelt. Die eigenen Bedürfnisse und Grenzen, aber auch die des Partners können nur wahrgenommen werden, wenn man intensiven Kontakt zu seinem Innenleben hat und diesem nachspürt, ohne es gleich durch Denken erklären und bewerten zu wollen. Allein die Tatsache, ob sich etwas gut oder schlecht, richtig oder falsch anfühlt, weist den Weg zu schönem Sex. Man spürt, wenn sich etwas gut und richtig anfühlt oder eine Grenze überschritten wird, ohne lange darüber nachdenken oder reden zu müssen. An den nonverbalen Zeichen des Partners kann man sehr genau dessen Befinden ablesen, wenn man gelernt hat, Gefühle differenziert wahrzunehmen und zu deuten. Fehlt ein feines Gespür für menschliches Erleben, mangelt es an Einfühlungsvermögen und ethischen Werten, kann es leicht zu Enttäuschungen und vor allem zu Grenzverletzungen kommen.

Körperliche Berührungen verstärken das Gefühl von Verbundenheit sowie die Freude am Miteinander und können bei anhaltender Intensität die Entstehung sexueller Lust begünstigen. Gefühlvolle, zarte und langsame Berührungen, die an einer bestimmten Stelle oder über den ganzen Körper verteilt über eine längere Zeitspanne ausgeführt werden, lösen schöne Gefühle aus und sorgen für eine tiefe, anhaltende Entspannung. Sanftes, federleichtes Streicheln, begleitet von einem liebevollen Blick und warmen, einfühlsamen Worten, löst Wohlbehagen aus und schafft erst das Vertrauen, um loslassen, Ängste und Sorgen abstellen und sich hingeben zu können. Wird auf ein sanftes Einstimmen verzichtet oder wird es nur halbherzig durchgeführt, geht das Gefühl von Verbundenheit verloren, weil man sich nicht wirklich auf den Partner einlässt und für ihn da sein will.

Das Streicheln und Berühren sollten nicht als eine lästige Notwendigkeit empfunden werden, um endlich den vaginalen Verkehr einläuten zu können, sondern als eine aufregende Erkundung des Körpers des Partners angesehen werden, um ihn besser kennenzulernen und sich mit ihm emotional zu verbinden. Die Berührungen sollten bewusst nachempfunden und die verschiedenen Hautpartien neugierig erforscht werden, um den Partner zu erfahren und ihm näherzukommen. So fördert der Tastsinn auf natürliche Weise das Gefühl von Verbundenheit.

Leichte, beinahe unmerkliche Berührungen führen an sich schon zu einem unvergleichlichen Wohlgenuss. Es muss dann gar nicht zielgerichtet auf den Geschlechtsverkehr zugesteuert werden, weil die Berührungen an sich schon erregend genug sind. Man gleitet sanft mit den Fingern oder dem Mund über die Haut des Partners und macht hin und wieder eine kurze Pause, um die Spannung zu erhöhen. Man wandert über den ganzen Körper des Partners, erregt ihn und tut so, als sei man im Inbegriff, mit dem Geschlechtsverkehr zu beginnen, nur um dann die ansteigende Vorfreude wieder zu unterbrechen. Ein sinnlicher Partner genießt den Körper des anderen und es erregt ihn, diesen sanft und zärtlich zu berühren und dem Partner damit eine Freude zu bereiten.

Sex wird erst zu einem Hochgenuss, wenn wirklich alle Sinne beteiligt sind: Sehen, Schmecken, Hören, Riechen und Tasten. Je zahlreicher und angenehmer die Variationen an Sinneserfahrungen sind, umso erregender wirken sie und umso eher kann man in einen Zustand völliger Gedanken- und Willenlosigkeit geraten. Daher sollten beim Sex möglichst alle Sinne angesprochen werden: Wie riecht mein Partner, wie schmeckt er, wie fühlt er sich an, wie hört er sich an und wie sieht er aus? Wer seine sinnliche Wahrnehmung erweitert, wird in eine neue Dimension der Sexualität eintreten und feststellen, wie langweilig es ist, wenn man immer nur an denselben Stellen geküsst und gestreichelt wird und immer die gleiche Technik anwendet. Die Abwechslung, Sorgfalt, Geduld und Intensität, mit denen Berührungen erfolgen, machen den Lustgewinn aus.

Um sowohl das Gefühl gegenseitiger Verbundenheit aufrechtzuerhalten als auch die Erregung langsam ansteigen zu lassen, ist zudem der Blickkontakt beim Intimverkehr von unschätzbarem Wert. Viele können die Augen beim Sex nicht offen halten, dem Partner nicht in die Augen sehen und diesen Kontakt aushalten und genießen. Es bringt sie in Verlegenheit, sie fühlen sich beobachtet und ausspioniert, weil sie Angst haben, ihr Partner könnte zu tief in sie hineinblicken. Daher ziehen auch solche Menschen Sex im Dunkeln vor, die sich nicht in ihr Innerstes blicken lassen möchten oder sich vielleicht auch für ihren Körper schämen. Dabei entsteht emotionale Verbundenheit aber vor allem über einen intensiven Blickkontakt. Diese Erfahrung macht jeder, wenn er dabei ist, sich in eine Person frisch zu verlieben. Der Blick des anderen verrät, ob seine Gefühle die gleiche Schwingung haben wie die eigenen und ob dadurch der Wunsch nach Nähe verstärkt wird.

Liebe entsteht nicht über bloße Worte oder Berührungen, sondern über den Gefühlsausdruck, von dem sie begleitet werden. Werden zwar nette Worte und Komplimente geäußert, fehlt aber der entsprechende Gefühlsausdruck, dann wirken sie unecht und vorgetäuscht. Finden zwar Berührungen statt, erfolgen sie aber in monotoner, oberflächlicher Weise, offenbaren sie das mangelnde Interesse am Partner. Liebe äußert sich nur, wenn man sich mit seiner ganzen Aufmerksamkeit im Hier und Jetzt befindet und seine ganze Wahrnehmung auf den Partner richtet, alles sehr fein und differenziert mit seinen Sinnen erfasst und erlebt und alles, was man tut und sagt, mit äußerster Bedachtsamkeit und größtem Feingefühl tut, um damit das Glück und Wohlbefinden des anderen zu steigern.

Die Lust über die Individualität lebendig halten

Um Sex zu einem besonderen und einzigartigen Erlebnis zu machen, ist es wichtig, dass jeder Partner in der Beziehung seinen Freiraum behält, um seinen individuellen Neigungen nachzugehen. Partner sollten lernen, aufeinander verzichten zu können, auch ohne den anderen auszukommen, sich nicht gegenseitig in ihrer Entfaltung zu behindern und eigene Interessen und Wege zu verfolgen. Als erwünschter Nebeneffekt stellt sich dabei eine gewisse Distanz zum Partner ein, die ihn in einem anderen Licht erscheinen lässt und neue Aspekte offenbart, die ihn immer wieder interessant machen. Durch den Freiraum, den jeder dem anderen gewährt, entsteht ein natürlicher Abstand, der – je größer er wird, desto stärker – Sehnsucht nach dem Partner auslöst. Wenn man sich jeden Tag sieht und ständig miteinander beschäftigt ist, entsteht gar nicht erst das Gefühl, den Partner zu vermissen. Manchmal ist man im Gegenteil sogar froh, allein zu sein. Daher kann die Verkürzung der gemeinsamen Zeit und sexuellen Begegnungen das Interesse am Partner sowie die Lust auf Sex fördern und den Intimverkehr wieder zu einem besonderen Event machen.

Am Anfang der Beziehung ist alles noch neu, man freut sich auf den Partner, will ihn in seiner Nähe haben, mit ihm sprechen, ihn fühlen und begehren. Anfänglich kann man kann gar nicht genug von ihm bekommen, man will ihn immer wieder küssen, streicheln und im Arm halten. Sex ist in dieser Phase meist kein Problem, man geht ihn spontan und ungehemmt ein, lässt sich von seinem Rausch mitreißen und taucht ein in die Wogen der Leidenschaft. Am Anfang sieht man in dem anderen noch den langersehnten Traumpartner, der alles richtig zu machen scheint, der genau zu einem passt und alle Anforderungen erfüllt, die man an einen idealen Partner stellt. Mit der Zeit kommen aber die weniger erotischen Seiten des Partners zum Vorschein und es stellt sich auf einmal heraus, dass man ihn noch gar nicht richtig kennt, dass man offenbar nur das wahrgenommen hat, was man wahrnehmen wollte, und die eigenen Wunschvorstellungen auf ihn projizierte. Auf einmal kommen Eigenschaften ans Licht, die man nicht mag, die störend wirken und lästig sind. Man entdeckt entgegen der anfänglichen Euphorie, dass der Partner keineswegs perfekt ist.

Hinzu kommt, dass in einer Beziehung gegenseitige Kränkungen niemals ganz ausbleiben: Unterschiedliche Vorstellungen, Gewohnheiten und Erwartungen und häufig auch unpassende oder unberechtigte Kritik führen dazu, dass man sich innerlich voneinander distanziert und das Gefühl von Verbundenheit verlorengeht. Außerdem töten die Pflichten des Alltags und die immer wiederkehrende Routine allmählich die gegenseitige Anziehung und Leidenschaft und das Beziehungsleben verödet und wird zunehmend grau. So kommt es, dass der Lustfaktor in der Beziehung immer mehr abnimmt und es kaum noch zu Sex oder nur noch zu unbefriedigendem Sex kommt.

Das Problem liegt aber nicht darin, dass die Partner an Attraktivität verloren haben, sondern darin, dass die gegenseitige Liebe in der Beziehung nicht von Anfang an gepflegt und entwickelt wurde – vielleicht, weil man von Liebe nicht allzu viel versteht, weil man aufgrund täglicher Pflichten nicht dazu kam oder weil man fälschlicherweise annahm, dass sich die Liebe schon von allein einstellen und entwickeln würde. Da man sich am Anfang so nah war und gar nicht genug von dem anderen bekommen konnte, glaubte man, diese großartige Liebe könne niemals vergehen. Dies ist aber ein Irrtum. Häufig stellt sich heraus, dass die Liebe von Begierde überlagert war und nur noch wenig davon übrigbleibt, wenn man sich an dem anderen »sattgeliebt« hat.

Es liegt nicht an dem Partner, wenn sich keine Lust mehr einstellen will, sondern an der Liebe, die nun schwindet, da sie nicht gepflegt und als selbstverständlich betrachtet wurde. Es wurde versäumt, neben sexuellen Freuden auch andere Gemeinsamkeiten zu entwickeln, dem Partner die notwendige Aufmerksamkeit, Empathie und Wertschätzung entgegenzubringen, sich offen und ehrlich in die Partnerschaft einzubringen und den Partner an seinem Innenleben teilhaben zu lassen. Die meisten kennen ihren Partner nicht wirklich, weil sie es vermeiden, ihn emotional zu dicht an sich heranzulassen, oder weil sie viel zu sehr mit sich selbst beschäftigt sind. Manche spielen dem Partner auch nur etwas vor, um ihm zu gefallen oder ihn nicht zu verärgern und damit zu verlieren. Manche wollen ihren Partner auch gar nicht in all seinen Facetten sehen, sondern nur die wenigen Eigenschaften, die ihrem eigenen Vorteil dienen oder ihnen angenehm sind. Dieser Mangel an Aufrichtigkeit führt dazu, dass in den seltensten Fällen der Partner so gesehen wird, wie er tatsächlich ist, oder man sich seinem Partner in den seltensten Fällen so zeigt, wie man in Wahrheit ist. Jeder Partner bekommt nur ein unvollständiges und verzerrtes Bild von dem anderen präsentiert. Dieses Bild geradezurücken und die Mannigfaltigkeit in der Persönlichkeit des Partners zu entdecken, um die Individualität und damit das Besondere an dieser Person schätzen zu lernen, macht erst die Spannung im zwischenmenschlichen Miteinander aus und schafft Nähe und Vertrauen. Wenn die Verbindung nur auf körperlicher Anziehung basiert und die seelische Dimension vernachlässigt wird oder im Sturm der Gefühle untergeht, verkümmert der Sex mit der Zeit, weil es am Körper des Partners nichts Neues mehr zu entdecken gibt. Zur wahren Liebe gehören die Erkundung und Akzeptanz des ganzen Menschen mit all seinen Eigenschaften und seelischen Vorgängen, seinen Stärken und Schwächen, seinen Ängsten und Hoffnungen.

Wie sieht liebevoller Sex aus?

Beim liebevollen Sex verliert der Orgasmus an Bedeutung. Er stellt nicht mehr das einzig Erstrebenswerte beim Geschlechtsverkehr dar, sondern stattdessen die gemeinsame Freude an einer stundenlangen gegenseitigen Verwöhnung und schier unerschöpflichen Erregung. Die größte Freude beim liebevollen Sex besteht darin, die Erregung so lange wie möglich aufrechtzuerhalten, ohne dass es zum Orgasmus kommt. Dabei werden die eigene körperliche Erregung und das Verlangen nach der Nähe zum Partner ebenso intensiv wahrgenommen wie sämtliche Gefühle und Empfindungen des Partners. Die Sinnestätigkeit ist extrem gesteigert und alle Eindrücke werden sehr bewusst und intensiv, zuweilen aber auch als fremdartig und unwirklich erlebt. Die Wahrnehmung und die Erregung konzentrieren sich nicht nur auf den Genitalbereich, sondern erstrecken sich über den gesamten Körper. Alles ist in den Liebesakt mit einbezogen, man spürt ein Kribbeln und Vibrieren, das sich über alle Glieder und Organe erstreckt, und besonders von den Stellen, an denen man von seinem Partner berührt wird, breitet sich eine himmlische Woge tiefster Befriedigung aus.

Die sexuelle Verschmelzung findet im Zustand höchster Achtsamkeit und tiefster Verbundenheit statt. Die überaus intensiv empfundene Nähe und Liebe zum Partner drängen danach, sich auf der körperlichen Ebene auszudrücken, um darüber die innige Zuneigung und das bedingungslose Vertrauen sichtbar werden zu lassen. Während der gegenseitigen Verwöhnung und Fürsorge befinden sich beide Partner ganz im Hier und Jetzt. Es existiert keine andere Realität und man vergisst Raum und Zeit. Das Denken ist abgestellt, das Bewusstsein beschäftigt sich nur noch mit Fühlen und Empfinden. In diesem Zustand fühlt sich alles vertraut und selbstverständlich an, alles ist erlaubt und alles fließt auf ganz natürliche Weise. Keine Berührung, keine Bewegung, kein Wort stört oder unterbricht den harmonischen Fluss. Alles passt zueinander und alles greift ineinander.

Jeder verschenkt sich an den anderen und bekommt gleichzeitig alles von ihm zurück. In der Regel nimmt man die Lust des anderen sehr viel intensiver wahr als die eigene, was zusätzlich erregt. Beiden geht es nur um den anderen, weshalb sich die Wahrnehmung insbesondere auf die Empfindungen des anderen richtet und dessen Reaktionen das eigene Handeln steuern. Auf diese Weise werden die emotionalen Bedürfnisse beider Partner auf natürliche Weise berücksichtigt und befriedigt: Jeder passt sich dem anderen an, ohne auf etwas verzichten zu müssen, niemand will dominieren und niemand muss kontrollieren. Aus diesem Grund ist liebevoller Sex von unendlich viel Ruhe, Zartheit, Einfühlsamkeit, Anschmiegsamkeit, weichen, langsamen rhythmischen Bewegungen sowie von Rücksicht und Herzensgüte gekennzeichnet. Jeder stellt sich auf den anderen ein und so passen sich beide aneinander an, ohne dass jemand den Kurs vorgeben und der andere zurückstehen muss.

Getragen von einem Gefühl der Einheit und Untrennbarkeit, lässt man sich von seinen Empfindungen und denen des Partners treiben, gibt sich dem Wohlgefühl hin und erwartet nichts, sondern lässt alles willenlos geschehen. Dabei vermischt sich das eigene Erleben mit dem des Partners: Das, was man fühlt, sind die Gefühle des Partners, der seinerseits die Gefühle des anderen erlebt. Die eigenen Emotionen spiegeln sich sowohl im Gesichtsausdruck des Partners als auch in seinen Bewegungen und Berührungen wider. Alles synchronisiert sich, alles fließt zusammen und alles ist eins. Die Grenze zwischen dem ICH und DU löst sich auf und der eigene Ausdruck sowie der des Partners können ungewöhnliche, zuweilen bizarre Formen annehmen. Dieses überwältigende Empfinden von Eins-Werden und Eins-Sein kann auf seinem Höhepunkt Tränen in die Augen steigen lassen.

Es gibt keinen vereinbarten Zeitpunkt, zu dem mit dem Intimverkehr begonnen wird, und es gibt auch keine Absprachen, wie er vonstattengehen soll. Er geschieht einfach, wenn beide sich zueinander hingezogen fühlen, wenn über den Austausch zärtlicher Worte und Berührungen eine vertrauensvolle Nähe entsteht und sich daraus die Lust an sexueller Zweisamkeit entwickelt. Niemand muss den anderen erst zum Sex überreden und niemand muss den anderen bremsen. Nichts muss vor dem geschlechtlichen Verkehr festgelegt oder ausgeschlossen werden. Alles geschieht wie von selbst, weil beide es in diesem Moment fühlen und sich wünschen.

Der Intimverkehr ist nicht durch einen gleichbleibenden Stil gekennzeichnet, der sich aus vergangenen sexuellen Erfahrungen mit dem Partner ergeben hat und zur Gewohnheit geworden ist, sondern man lässt sich jedes Mal aufs Neue auf seinen Partner ein, ohne vorher zu wissen, worauf es dieses Mal hinausläuft und wie es sich anfühlen wird. Der sexuelle Ablauf richtet sich nicht an festgelegten Vorstellungen und Erwartungen beider Partner aus, sondern alles beginnt immer wieder von vorn, so als wäre es die allererste sexuelle Begegnung. Auf diese Weise wird jedes körperliche Beisammensein zum Abenteuer: spannend, abwechslungsreich und einzigartig. Nie wird es so, wie es schon einmal war, es ist jedes Mal ein einmaliges Erlebnis.

Die Kunst beim liebevollen Sex besteht darin, das Bewusstsein vollständig auf den Partner zu lenken und sich von seiner eigenen Erregung nicht derart vereinnahmen zu lassen, dass man über das eigene Empfinden hinaus nichts mehr wahrnimmt. Wenn das Fühlen des anderen zum Bezugspunkt wird und sich mit dem eigenen

Fühlen vereint, verstärkt sich dadurch die Wahrnehmung und Erregung um ein Vielfaches und die Intensität der Nähe und Verbundenheit zum Partner erreicht ein nie zuvor erlebtes Maß. Auf diese Weise findet eine Form von Liebe ihren Ausdruck, die von einer bedingungslosen Hingabe zeugt und in der das Geben und nicht das Verlangen im Vordergrund steht. So kann Sex nicht nur schöne Gefühle hervorrufen, sondern auch die Wahrnehmungsfähigkeit, Empfindungstiefe und Achtsamkeit schulen und dazu beitragen, dass beide Partner die Erfahrung einer selbstlosen Liebe machen, die in ihnen Vertrauen und Stärke weckt und dabei ihr Bewusstsein transformiert.

Liebevoller Sex erfolgt aus freier, intuitiver und unbestimmter Absicht heraus. Die aus aufrichtiger Zuneigung und tiefster Verbundenheit entstandene Hingabe eines Menschen ist etwas, was man nicht einfordern kann. Man kann sie nicht befehlen oder erzwingen. Sie ist ein Geschenk und entspringt tiefster Dankbarkeit und Wertschätzung für die wertvolle Zeit, die man gemeinsam mit dem Partner verbringen darf. Diese Einstellung ist das Ergebnis einer intensiven Auseinandersetzung mit dem wahren Wesen des Partners sowie den eigenen Bedürfnissen und Ängsten, einer kontinuierlichen Pflege der Beziehung und dem Aufbau einer echten Wir-Mentalität. Gegenseitige Wertschätzung kann nur entstehen und erhalten bleiben, wenn sich beide Partner aufeinander einstellen und jeder seinen Teil dazu beisteuert, dass sich die Liebe entfaltet und jeden Tag ein bisschen vergrößert.

Sex gehört zu den größten Freuden, die uns die Natur geschenkt hat, und es sollte schöne Gefühle auslösen, wenn man an Sex mit seinem Partner denkt. Sex sollte das Herrlichste sein, was man sich in der Beziehung mit seinem Partner vorstellen kann. Er sollte nicht zu einer Selbstverständlichkeit und fahlen Routine verkommen. Auch sollte er nichts sein, zu dem man sich verpflichtet fühlt oder worauf man einen Anspruch zu haben meint. Sex sollte etwas Auserlesenes sein, etwas Einmaliges, auf das man sich freut, auf das man sich vorbereitet, auf das man sich einstimmt und das man kultiviert. Er sollte feierlich zelebriert und nicht als alltägliche Begebenheit abgearbeitet werden. In dem Moment, in dem er möglich zu werden scheint, sollte man sich seiner damit einhergehenden Verantwortung bewusstwerden, damit dieses außergewöhnliche Ereignis für beide Seiten zu einem unvergesslichen Erlebnis wird, das die gegenseitige Liebe stärkt – und nicht erstickt.

11.   Literaturverzeichnis

Fliegel, Steffen: Unsere Sexualität, dgvt, Tübingen 2022

Hite, Shere: Hite-Report, Das sexuelle Erleben der Frau, Goldmann, München 1977

Hook, Bell: Alles über Liebe – Neue Sichtweisen, Harper Collins, Hamburg 2022

Lauster, Peter: Die Erotikformel – Leidenschaftlich leben in Liebesbeziehungen, Rowohlt, Reinbek 2005

Linton, Sam und Colby, Craig: Lust und Liebe – Die Sexualität des Menschen, DVD – Discovery Home & Health, Discovery Communications 2006

Perel, Esther: Was Liebe braucht – Das Geheimnis des Begehrens in festen Beziehungen, Harper Collins, Hamburg 2020

Schnarch, David: Die Psychologie sexueller Leidenschaft, Klett-Cotta, Stuttgart 2006/2016

Torenz, Rona: Ja heißt Ja? – Feministische Debatte um einvernehmlichen Sex, Schmetterling, Stuttgart 2022

Wardetzki, Bärbel: Eitle Liebe – Wie narzisstische Beziehungen scheitern und gelingen können, Kösel, München 2010

Willi, Jürg: Die Zweierbeziehung, Rowohlt, Reinbek 2016

Zilbergeld, Bernhard: Männliche Sexualität – Was (nicht) alle schon immer über Männer wußten, dgvt, München 2020

12. Zum Autor

Sven Grüttefien ist ausgebildeter Heilpraktiker für Psychotherapie und zählt im deutschsprachigen Raum zu den bekannten Experten auf dem Gebiet des Narzissmus. Er hat sich auf die Beratung von Menschen, die unter narzisstischem Missbrauch leiden, spezialisiert und bietet zu diesem Thema zahlreiche Bücher, Coachings, Seminare und Vorträge an. Weitere Informationen hierzu finden Sie auf seiner Webseite: https://www.umgang-mit-narzissten.de

Außerdem hat er weitere Sachbücher zu den Themen Liebe, Selbstfindung und Bewusstseinsentwicklung verfasst.